Die Abgrenzung zwischen einseitigen Maßnahmen
und kooperativen Verhaltensweisen im amerikanischen
und europäischen Recht der vertikalen Wettbewerbsbeschränkungen

Europäische Hochschulschriften
Publications Universitaires Européennes
European University Studies

Reihe II
Rechtswissenschaft

Série II Series II
Droit
Law

Bd./Vol. 3277

PETER LANG
Frankfurt am Main · Berlin · Bern · Bruxelles · New York · Oxford · Wien

Volkmar Bruckner

Die Abgrenzung zwischen einseitigen Maßnahmen und kooperativen Verhaltensweisen im amerikanischen und europäischen Recht der vertikalen Wettbewerbsbeschränkungen

Analyse und Vergleich der Rechtslage

PETER LANG
Europäischer Verlag der Wissenschaften

Die Deutsche Bibliothek - CIP-Einheitsaufnahme

Bruckner, Volkmar :

Die Abgrenzung zwischen einseitigen Maßnahmen und kooperativen Verhaltensweisen im amerikanischen und europäischen Recht der vertikalen Wettbewerbsbeschränkungen : Analyse und Vergleich der Rechtslage / Volkmar Bruckner. - Frankfurt am Main ; Berlin ; Bern ; Bruxelles ; New York ; Oxford ; Wien : Lang, 2002
(Europäische Hochschulschriften : Reihe 2, Rechtswissenschaft ; Bd. 3277)
Zugl.: Erlangen, Nürnberg, Univ., Diss., 2001
ISBN 3-631-38632-X

D 29 (n2)
ISSN 0531-7312
ISBN 3-631-38632-X

www.peterlang.de

"Put simply, many situations can be interpreted as either an 'agreement' or 'unilateral action,' depending on whether one wants to prohibit or control the underlying activity."[1]

---

1 Wegman Burns, Rethinking the "Agreement" Element in Vertical Antitrust Restraints, 51 Ohio State Law Journal 1, 6 (1990).

Inhaltsverzeichnis

Literaturverzeichnis

Ackermann, Thomas: Die Zukunft vertikaler Vertriebsvereinbarungen im EG-Kartellrecht, EuZW 1997, 271.

Alford, Roger P.: Subsidiarity and Competition: Decentralized Enforcement of EU Competition Laws, 27 Cornell International Law Journal 271 (Frühjahr 1994).

Alprin, Katherine J.: Moving Towards an Antitrust Policy Based on Consumer Welfare: State Oil v. Khan, 73 Tulane Law Review 353 (1998).

Amato, Giuliano: Antitrust and the Bounds of Power (1997).

American Bar Association (Hrsg.): Antitrust Law Developments, Vierte Auflage 1997.

American Bar Association (Hrsg.): State Antitrust Practice and Statutes 1990.

Andersen, William R./Rogers, C. Paul III: Antitrust Law: Policy and Practice (1985).

Areeda, Philip: Antitrust Law: An Analysis of Antitrust Principles and Their Application, Band VI (1986).

Baker, Donald I.: Vertical Pricing, Territorial, and Customer Restraints: The Search for Clarity (or at least Sanity), 876 PLI/Corp 9 (Januar 1995).

Baker, D./Blumenthal, W.: The 1982 Guidelines and Preexisting Law, 71 California Law Review 311 (1983).

Baker, Jonathan B.: Recent Developments in Economics that Challenge Chicago School Views, 58 Antitrust Law Journal 645 (1989).

Baker, Tyler A.: Interconnected Problems of Doctrine and Economics in the Section One Labyrinth: Is Sylvania a way out?, 67 Virginia Law Review 1457 (1981).

Banthje, Udo: Gentlemen's Agreement und Abgestimmtes Verhalten (1982).

Bartels, Hans-Joachim: Methode und Gegenstand intersystemarer Rechtsvergleichung (1982).

Bartsch, Marco: Die kartellrechtlichen Empfehlungsverbote (1999).

Basedow, Jürgen: Weltkartellrecht, 1998.

Baxter, William F.: The Viability of Vertical Restraints Doctrine, 75 California Law Review 933 (1987) .

Baxter, William F./Kessler, Daniel P.: Toward a Consistent Theory of the Welfare Analysis of Agreements, 47 Stanford Law Review 615 (April 1995).

Bechtold, Rainer: Das neue Kartellgesetz, NJW 1998, 2769.

Blair, Roger D./Lopatka, John E.: Albrecht Overruled – At last, 66 Antitrust Law Journal 537 (1998).
Blechman, Michael D.: Conscious Parallelism, Signaling and Faciliating Devices: The Problem of Tacit Collusion Under the Antitrust Laws, 24 New York Law School Law Review 881 (1979).
Blechman, Michael D.: Relationships among Competitors, 890 PLI/Corp. 7 (Januar 1995).
Bloom, Morris: Alliterative Illegalities in Antitrust Law: Contract Combination and Conspiracy, 15 Memphis State University Law Review 239 (1985).
Bork, Robert H.: The Antitrust Paradox - A Policy at War with Itself, 2. Auflage (1993).
Bork, Robert H.: Legislative Intent and the Policy of the Sherman Act, 9 L.J. & Econ. 7 (1966).
Bright, Christopher: Deregulation of EC Competition Policy: Rethinking Article 85(1), Fordham Corporate Law Institute 1994, 505.
Brockmeyer, Michael F.: Vertical Price Restraints, SC66 ALI-ABA 49 (1998).
Brodley, Joseph F.: The Economic Goals of Antitrust: Efficiency, Consumer Welfare, and Technological Progress, 62 New York University Law Review 1020 (November 1987).
Brzezinski, Carolyn: Competition and Antitrust Law in Central Europe: Poland, The Czech Republic, Slovakia, and Hungary, 15 Michigan Journal of International Law 1129 (Sommer 1994).
Bunkert, Thomas O.J./Hirsch, Martin/Gleiss, Alfred: Kommentar zum EG-Kartellrecht, Band 1 Art. 85 und Gruppenfreistellungsverordnungen, 4. Auflage (1993) .
Bunte, Hermann- Josef/Langen, Eugen: Kommentar zum deutschen und europäischen Kartellrecht, 7. Auflage (1994).
Bunte, Hermann-Josef: Die 6. GWB-Novelle – Das neue Gesetz gegen Wettbewerbsbeschränkungen, DB 1998, 1748.
Bunte, Hermann-Josef: Das Verhältnis von deutschem zu europäischem Kartellrecht, WuW 1989, 7.
Calvani, Terry: The Per se Rule and the Rule Of Reason, C998 ALI-ABA 147 (März 1995).
Charbonnier, Volker: Vertikale Absprachen im europäischen und internationalen Kartellrecht, DZWir 1996, 266.
Comanor, William S.: The Two Economics of Vertical Restraints, 21 Southwestern University Law Review 1265 (1992).
Creuzig, Jürgen: Zum Fortbestand des selektiven und exklusiven Vertriebssystems nach der Kartellentscheidung der Kommission, EuZW 1998, 293.
Crotti, Alfred F.: Trading under EEC and US Antitrust Laws (1977).

Dara, Gabriele: Antitrust Law in the European Community and the United States: A Comparative Analysis, 47 Louisiana Law Review 761 (März 1987).
Deacon, David: Vertical Restraints Under EU Competition Law: New Directions, Fordham Corporate Law Institute 1995, 307.
Deringer, Arved: Stellungnahme zum Weissbuch der Europäischen Kommission über die Modernisierung der Vorschriften zur Anwendung der Art. 85 und 86 EWG-Vertrag (Art. 81 und 82 EG), EuZW 2000, 5.
Easterbrook, Frank H.: Vertical Arrangements and the Rule of Reason, 53 Antitrust Law Journal 135 (1984).
Ebel, Hans-Rudolf: Kartellrecht, GWB und EG-Vertrag, Loseblattsammlung, Stand: September 1999.
Ebert, Kurt Hanns: Rechtsvergleichung (1987).
Eggers, Christopher: Vertikale vertragliche Vertriebssysteme für Markenartikel (1990).
Ehlermann, C.D.: Antitrust Issues in an International Dimension, 1992 University of Chicago Legal Forum 241 (1992).
Elzinga, Kenneth G./Breit, William: The Antitrust Penalties: A Study in Law and Economics (1976).
Elzinga, Kenneth: The Economics of Distribution, CA63 ALI-ABA 1 (Januar 1996).
Emmerich, Volker: Kartellrecht, 8. Auflage (1999).
Fajer, Marc A.: Taming the Wayward Children of Monsanto and Sylvania: Some Thoughts on Developmental Disorders in Vertical Restraints Doctrine, 68 Temple Law Review 1 (Frühjahr 1995).
Festa, Lawrence T. III: Eastman Kodak Co. v. Image Technical Services, Inc.: The Decline and the Fall of the Chicago Empire?, 68 Notre Dame Law Review 619 (1993).
Fischer, Thomas C.: Extraterritorial Application of the United States Law against United States and Alien Defendants (Sherman Act), 29 New England Law Review 577 (Frühjahr 1995).
Fogt, Howard W. Jr./Knable Gotts, Ilene: The Antitrust and Technology Transfer Licensing Interface: A Comparative Analysis of the Current Developments, 13 International Tax and Business Lawyer 1 (1995).
Folsom, Ralph H./Gordon, Michael W.: International Business Transactions (1995).
Fox, Eleanor M.: Consumer Beware Chicago, 84 Michigan Law Review 1714 (1986).
Fox, Eleanor M.: Harmonization of Law and Procedures in a Globalized World: Why, What and How?, 60 Antitrust Law Journal 593 (1992).

Fox, Eleanor M.: The Battle for the Soul of Antitrust, 75 California Law Review 917 (1987).

Fox, Eleanor M.: The Merger Regulation and ist Territorial Reach: Genor Ltd. v. Commission, [1999] E.C.L.R. 334.

Fox, Eleanor M./Sullivan, Lawrence: Antitrust-Retrospective and Prospective: Where Are We Coming From? Where Are We Going?, 62 New York University Law Review 936 (1987).

Gamet-Pol, Francoise J.: Franchising Agreements in the E.E.C.: Exemption or Clearance from Article 85(1) Prohibition?, 7 New York International Law Review 99 (Sommer 1994).

Garret, Lames J. (Hrsg.): World Antitrust Law and Practice, Loseblatt, Nachlieferung Nr. 1 (Mai1997).

Gerla, Thomas: A Microeconomic Approach To Antitrust Law: Games Managers Play, 86 Michigan Law Review 892 (1988).

Gifford, Daniel J./Raskind, Leo J.: Federal Antitrust Law, Cases and Materials (1983).

Givens, Richard A.: Antitrust: An Economic Approach, Loseblattsammlung (Stand 1998).

Gleiss, Alfred/Hirsch, Martin/Bunkert, Thomas O.J.: Kommentar zum EG-Kartellrecht, Band 1 Art. 85 und Gruppenfreistellungsverordnungen, 4. Auflage (1993).

Gonzalez Diaz, F. Enrique: The Notion of Ancillary Restraints under EC Competition Law, 19 Fordham International Law Journal 951 (Februar 1996).

Grabitz, Eberhard/Hilf, Meinhard: Kommentar zur Europäischen Union, Loseblatt, 12. Ergänzungslieferung (Mai 1998).

Griffin, Joseph P.: Extraterritoriality in U.S. and EU Antitrust Enforcement, 67 Antitrust Law Journal 159 .

Griffiths, Mark: A Glorification of the de minimis – The Regulation on Vertical Agreements, [2000] E.C.L.R. 241.

Grimes, Warren S.: Brand Marketing, Intrabrand Competition, and the Multibrand Retailer: The Antitrust Law of Vertical Restraints, 64 Antitrust Law Journal 83 (Herbst 1995).

Grimes, Warren S.: Spiff, Polish and Consumer Demand Quality, Vertical Price Restraints Revisited, 80 California Law Review 815 (1992).

Grimes, Warren S.: The Seven Myths of Vertical Price Fixing: The Politics and Economics of a Century-Long Debate, 21 Southwestern University Law Review 1285 (1992) .

Grimes, Warren S.: Antitrust Tie-In Analysis After Kodak: Understanding the Role of Market Imperfections, 62 Antitrust Law Journal 263 (1994).

Gröben, Hans von der/Thiesing Jochen/Ehlermann, Claus-Dieter: Handbuch des Europäischen Rechts, Loseblattsammlung .

Gröben, Hans von der/Thiesing Jochen/Ehlermann, Claus-Dieter: Kommentar zum EWG-Vertrag, 2. Band Art. 85-109, 4. Auflage (1991).

Grossfeld, Bernhard: Kernfragen der Rechtsvergleichung (1996).

Guerrin, Maurice/Kyriazis, Geogios: Cartels: Proof and Procedural Issues, 16 Fordham International Journal 266 (1992/93).

Haley, John O.: Antitrust Sanction and Remedies: A Comparative Study of German and Japanese Law, 59 Washington Law Review 471 (Juli 1984).

Hawk, Barry E.: The American (Anti-trust) Revolution: Lessons for the EEC?, [1988] E.C.L.R. 53 .

Hawk, Barry E.: The International Application of the Sherman Act in Its Second Century, 59 Antitrust Law Journal 161 (1990).

Hawk, Barry E.: System Failure: Vertical Restraints and EC Competition Law, Common Market Law Review 32, 973 (1995).

Hawk, Barry E. (Hrsg.): United States, Common Market and International Antitrust: A Comparative Guide, Zweite Auflage (1994), Loseblattsammlung, (Stand: Nachlieferung 1996-1).

Hay, George A.: Observations: Sylvania in Retrospect, 60 Antitrust Law Journal 61(1991).

Hay, George A.: Vertical Restraints after Monsanto, 70 Cornell Law Review 418 (1985).

Hefti, H. Thomas: European Union Competition Law, 18 Seton Hall Legislative Journal 613 (1994).

Henle, Walter R.: Geographische Preisdifferenzierungen im Gemeinsamen Markt (1985).

Holley, Donald L.: EEC Competition Practice: A Thirty-Year Retrospective, 16 Fordham International Law Journal 342 (1992/1993).

Hölscheidt, Sven/Baldus, Christian: EU und EG als terminologisches Problem, DVBL 1996, 1409.

Immenga, Ulrich/Mestmäcker, Ernst-Joachim: GWB, Kommentar zum Kartellgesetz, 2. Auflage 1992 .

Joerges, Christian: Selektiver Vertrieb und Wettbewerbspolitik: Eine konzeptionelle Analyse der Entscheidungspraxis von Kommission und Gerichtshof zu Art. 85 EG-Vertrag, GRUR Int. 1984, 222.

Kalinowski, Julian O. von/Sullivan, Peter/McGuirl, Maureen: Antitrust Laws and Trade Regulation, 2. Auflage, Loseblattsammlung, 109. Lieferung, (Stand Dezember 1998).

Kalinowski, Julian O. von/Van Beal, Ivo/Bellis, Jean-Francois: World Law of Competition, Band 1, Loseblattsammlung (Stand 1982).

Kapp, Thomas: Wettbewerbsbeschränkungen durch vertikale Vertriebsbindungen? (1984).
Kartte, Wolfgang/Kulka, Michael: Vertikale Wettbewerbsbeschränkungen im deutschen und US-amerikanischen Kartellrecht, in: Festschrift für Ernst C. Stiefel (1987) 371.
Kaplan, Lewis A./White, Philip R.: International Discovery, 502 PLI/Corp 115 (November 1985).
Kintner, Earl W.: Federal Antitrust Law (1980).
Kintner, Earl W.: The Legislative History of the Federal Antitrust Laws and Related Statutes (1978).
Klein, Benjamin/Murphy, Kevin M.: Vertical Restraints as Contract Enforcement Mechanism, 31 Journal of Law and Economics 265 (1988) .
Kobak, James B.: Running the Gauntlet: Antitrust and Intellectual Property Pitfalls on the Two Sides of the Atlantic, 64 Antitrust Law Journal 341 (Winter 1996).
Korah, Valentine: Collaborative Joint Ventures for Research and Development where Markets are Concentrated: The Competition Rules of the Common Market and the Invalidity of Contracts, 15 Fordham International Law Review 248 (1991/92) .
Korah, Valentine: The Judgement in Delimitis – A Milestone towards a Realistic Assessment of the Effects of an Agreement – or a Damp Squib?, 8 Tulane European and Civil Law Forum 17 (Herbst 1993) .
Kovacic, William E.: Reagan's Judicial Appointees and Antitrust in the 1990s, 60 Fordham Law Review 49 (1991).
Krugman, Edward P.: Soap, Cream of Wheat, and Bakeries: The Intellectual Origins of the Colgate Doctrine, 65 St. John's Law Review 827 (1991).
Lande, Robert H.: Wealth Transfers as the Original and Primary Concern of Antitrust: The Efficiency Interpretation Challenged, 34 Hastings Law Journal 67 (1982).
Larson, Alexander C.: Antitrust Tie-In Analysis After Kodak: A Comment, 63 Antitrust Law Journal 239 (1994).
Lenz, Carl Otto: Kommentar zu dem Vertrag zur Gründung der Europäischen Gemeinschaften (1994).
Lever, Jeremy/Neubauer, Silke: Vertical Restraints, Their Motivation and Justification, [2000] E.C.L.R. 7.
Liebeler, Wesley J.: Economic Review of Antitrust Developments: The Distinction between Price and Nonprice Distribution Restrictions, 31 UCLA Law Review 384 (1983).
Liebeler, Wesley J.: Intrabrand "Cartels" Under GTE Sylvania, 30 UCLA Law Review 1 (1982).

Lübbert, Hans-Dieter: Das Verbot abgestimmten Verhaltens im deutschen und europäischen Kartellrecht (1975).

Lugard, Paul H. H.: Vertical Restraints under EC Competition Law: A Horizontal Approach?, [1996] 3 E.C.L.R. 166.

McNamara, Thomas W.: Defining a Single Entity for Purposes of Section 1 Sherman Act Post Copperweld: A Suggested Approach, 22 San Diego Law Review 1245 (1985).

Marvel, Howard P.: The Resale Price Maintenance Controversy: Beyond Conventional Wisdom, 63 Antitrust Law Journal 59 (1994).

Mastromanolis, Emmanuel P.: Insights form the U.S. Antitrust Law on Exclusive and Restricted Territorial Distribution: The Creation of a New Legal Standard for European Union Competition Law, 15 University of Pennsylvania Journal of International Business Law (Winter 1995).

Mestmäcker, Ernst-Joachim: Versuch einer kartellpolitischen Wende in der EU, EuZW 1999, 523.

Meyer, Jayma M.: Relaxation of the *Per se* Mantra in the Vertical Price Fixing Arena, 68 Southern California Law Review 73 (November 1994).

Morgan, Thomas D.: Modern Antitrust Law and its Origins (1994).

Möschel, Wernhard: Systemwechsel im Europäischen Wettbewerbsrecht, JZ 2000, 61.

Müller-Henneberg, Hans/Schwartz, Gustav (Hrsg.): Gesetz gegen Wettbewerbsbeschränkungen und Europäisches Kartellrecht, Gemeinschaftskommentar, 3. Auflage, 3. Lieferung (1972).

Nazerali, Julie/Cowan, David: Reforming E.U. Distribution Rules – Has the Commission Found Vertical Reality?, [1999] E.C.L.R. 159.

Neale, Alan Derrett: Jurisdictional Conflicts Arising from Antitrust Enforcement, 54 Antitrust Law Journal 761 (1985).

Neale, Alan Derrett/Goyder, D.G.: The Antitrust Laws of the United States of America, Dritte Auflage (1980).

Overton, Todd R.: Substantive Distinctions Between United States Antitrust Law and the Competition Policy of the European Community: A Comparative Analysis of Divergent Policies, 13 Houston Journal of International Law 315 (Frühjahr 1991).

Paton, Richard: Review of the European Court of Justice: Price Restraints, Patent Rights, and Extraterritorial Jurisdiction, 2 Transnational Lawyer 185 (Frühjahr 1989).

Peritz, Rudolph J. R.: Competition Policy in America 1888 – 1992 (1996).

Pitofsky, Robert: Antitrust Policy in a Clinton Administration, 62 Antitrust Law Journal 217 (Sommer 1993).

Pitofsky, Robert: Commentary, In Defense of Discounters: The No-Frills Case for a Per se Rule Against Vertical Price Fixing, 71 Georgetown Law Journal 1487 (1983) .

Pitofsky, Robert: The Sylvania Case: Antitrust Analysis of Non-Price Vertical Restrictions, 78 Columbia Law Review 1 (1978).

Posner, Richard A./Easterbrook, Frank H.: Antitrust, Cases, Economic Notes and other Material, Zweite Auflage (1981).

Posner, Richard A./Landes, William M.: Market Power in Antitrust Cases, 94 Harvard Law Review 93.

Posner, Richard A.: Antitrust Law: An Economic Perspective (1976).

Posner, Richard A.: Antitrust Policy and the Supreme Court: An Analysis of the Restricted Distribution, Horizontal Merger and Potential Competition Decisions, 75 Columbia Law Review 282 (1975).

Posner, Richard A.: The Next Step in the Antitrust Treatment of Restricted Distribution: Per se Legality, 48 University of Chicago Law Review 6 .

Posner, Richard A.: The Rule of Reason and the Economic Approach: Reflections on the Sylvania Decision, 45 University of Chicago Law Review 1 (Herbst 1977).

Rahl, James A.: Conspiracy and the Anti-Trust Laws, 44 Illinois Law Review 743 (1950).

Robinson, Glenn O.: Explaining Vertical Agreements: The Colgate Puzzle and Antitrust Method, 80 Virginia Law Review 577 (1994).

Saferstein, Harvey I.: Federal Antitrust and Related Issues in Dealer Terminations and Refusals to Deals, 876 PLI/Corp 751 (Januar 1995).

Scherer, F. M.: The Economics of Vertical Restraints, 52 Antitrust Law Journal 687 (1983).

Schuster, Stephan: Atypische Vertriebsformen im Recht der vertikalen Wettbewerbsbeschränkungen (1990).

Schnitzer, Adolf E.: Vergleichende Rechtslehre (1945).

Siberman, Alan H.: Antitrust Issues in Distribution: A Review of Selected Advanced Problems in Vertical Antitrust Behavior, 928 PLI/Corp 155 (März 1996) .

Siberman, Alan H.: Antitrust Issues in Distribution: A Review of Selected Advanced Problems in Vertical Antitrust Behavior, 1040 PLI/Corp. 99 (März 1998).

Siefahrt, Thomas: "Weltkartellrecht" – Wie stehen die Chancen für eine weltweite Wettbewerbsordnung?, DAJV-Newsletter 4/98, 95.

Smith, Eric Scott: Antitrust: Harold's v. Dillard: It Takes Two to Tango – Except in Oklahoma: The Tenth Circuit interprets Oklahoma Antitrust Law to Reach Unilateral Activity, 50 Oklahoma Law Review 405 (1997).

Steiner, Robert L.: How Manufacturers Deal with the Price-Cutting Dealer: When are Vertical Restraints Efficient? 65 Antitrust Law Journal 407 (Winter 1997).
Steiner, Robert L.: Intrabrand Competition – Stepchild of Antitrust, 36 Antitrust Bulletin 155 (1991).
Steiner, Robert L.: The Nature of Vertical Restraints, 30 Antitrust Bulletin 143 (1985).
Steiner, Robert L.: Sylvania Economics – A Critique, 60 Antitrust Law Journal 41 (1991).
Sullivan, Lawrence A.: Handbook of the Law of Antitrust (1977).
Telser, Lester G.: Why Should Manufacturers Want Fair Trade? 3 Journal of Law and Economics 86 (1960).
Turner, Donald F.: The Definition of Agreement Under the Sherman Act: Conscious Parallelism and Refusals to Deal, 75 Harvard Law Review 655 (1962).
Vagts, Detlev: Extraterritorial Jurisdiction: The General Theory, 54 Antitrust Law Journal 819 (1985).
Ward, Peter C.: Federal Trade Commission: Law, Practice and Procedure, Loseblattsammlung, Lieferung 22 (1998).
Wegener, Richard J.: Dancing with Dinosaurs: Using Legal Analysis to Determine the Role of Vertical Non-Price Restraints in Competitive Strategy, CA63 ALI-ABA 73 (Januar 1995).
Wegmann Burns, Jean: Vertical Restraints, Efficiency, and the Real World, 62 Fordham Law Review 597 (Dezember 1993).
Wegmann Burns, Jean: Rethinking the "Agreement" Element in Vertical Antitrust Restraints, 51 Ohio State Law Journal 1 (1990).
White, Barbara Ann: Black and White Thinking in the Gray Areas of Antitrust: The Dismantling of Vertical Restraints Regulation, 60 George Washington Law Review 1 (1991).
White, Philip R./Kaplan, Lewis A.: International Discovery, 502 PLI/Corp 115 (November 1985).
Wiedemann, Gerhard: Handbuch des Kartellrechts, 1999.
Williamson, Oliver E.: Assessing Vertical Market Restrictions: Antitrust Ramifications of the Transaction Costs Approach, 127 University of Pennsylvania Law Review 953 (1979).
Yelpaala, Kojo: Strategy and Planning in Global Product Distribution – Beyond the Distribution Contract, 25 Law and Policy in International Business 839 (Frühjahr 1994).
Zeidman, Philip F. (Hrsg.): Legal Aspects of Selling and Buying, Zweite Auflage.

Zwisler, Margaret M.: The Susceptibility of Vertical Restraints to Summary Adjudication: Procedural Avenues to Substantive Objectives, 67 Antitrust Law Journal 327 (1999).

Entscheidungsverzeichnis

I. Entscheidungen des US Supreme Court

- Agostini v. Felton, 117 S.Ct. 1997 (1997)
- Albrecht v. Herald Co., 390 U.S. 145 (1968)
- Atlantic Richfield Co. v. USA Petroleum Co., 495 U.S. 328 (1990)
- Brown Shoe Co. v. United States, 370 U.S. 294 (1962)
- Brunswick Corp. v. Pueblo Bowl-O-Mat, Inc., 429 U.S. 477 (1977)
- Burnet v. Coronado Oil & Gas Co., 285 U.S. 393 (1932)
- Business Electronics Corporation v. Sharp Electronics Corporation, 485 U.S. 717 (1988)
- Callanan v. United States, 364 U.S. 587 (1961)
- Chicago Board of Trade v. United States, 246 U.S. 231 (1918)
- Continental T.V., Inc. v. GTE Sylvania Incorporated, 433 U.S. 36 (1977)
- Copperweld Corp. v. Independence Tube Corp., 467 U.S. 752 (1984)
- Dr. Miles Medical Company v. John D. Park & Sons Company, 220 U.S. 373 (1911)
- Eastman Kodak Company v. Image Technical Services, Inc. 504 U.S. 451 (1992)
- Fashion Originators' Guild of America v. Federal Trade Commission, 312 U.S. 457
- Federal Trade Commission v. Beech-Nut-Packing Co, 257 U.S. 441 (1922)
- Frey & Sons, Inc. v. Cudahy Packing Co., 256 U.S. 208 (1921)
- Jefferson Parish Hospital Dist. No. 2 v. Hyde, 466 U.S. 2 (1984)
- Klor's, Inc. v. Braodway-Hale Stores. 359 U.S. 207 (1959)
- Lochner v. New York, 198 U.S. 45 (1905)
- Matsushita Electric Industrial Co. Ltd. v. Zenith Radio Corporation, 475 U.S. 574 (1986)
- Mitsubishi Motors Corp. v. Soler Chrysler-Plymouth, Inc., 473 U.S. 614 (1985)
- Monsanto Company v. Spray-Rite Service Corporation, 465 U.S. 752 (1984)
- Northern Pacific Railway Company v. United States, 365 U.S. 1 (1958)
- Simpson v. Union Oil Co, 377 U.S. 13 (1964)
- Standard Oil Company of New Jersey v. United States, 221 U.S. 1 (1911)
- State v. Jack, 199 U.S. 372 (1905)

- State Oil Co. v. Khan, 118 S.Ct. 275 (1997)
- United States v. Arnold, Schwinn & Co., 388 U.S. 365 (1967)
- United States v. Bausch & Lomb Optical Co., 321 U.S. 707 (1944)
- United States v. Colgate & Co., 250 U.S. 300 (1919)
- United States v. General Electric Co., 272 U.S. 476 (1926)
- United States v. Kissel, 218 U.S. 601 (1910)
- United States v. Masonite Corp., 316 U.S. 265 (1942)
- United States v. Paramount Pictures, Inc., 334 U.S. 131 (1948)
- United States v. Parke, Davis and Company, 362 U.S. 29 (1960)
- United States v. Schrader's Son, Inc, 252 U.S. 85 (1920)
- United States v. Sealy, Inc., 388 U.S. 350 (1967)
- United States v. Trans-Missouri Freight Association, 166 U.S. 290 (1897)
- United States v. Trenton Potteries Co., 273 U.S. 392 (1927)
- United States v. Topco Associates, Inc., 405 U.S. 596 (1972)
- White Motor Company v. United States, 372 U.S. 253 (1963)

II. Entscheidungen der US Circuit Gerichte

- Advanced Health-Care Services v. Radford Community Hospital, 910 F.2d. 139 (4th Cir. 1990)
- Bogosian v. Gulf Oil Corp., 561 F.2d 434 (3d Cir. 1977)
- Continental T.V. Inc. v. GTE Sylvania Inc., 694 F.2d. 1132 (9th Cir. 1982)
- Denny's Marina, Incorporated v. Renfro Productions, Incorporated, 8 F.3d. 1217 (7th Cir. 1993)
- Eastern Scientific Company v. Wild Heerbrugg Instruments, Inc., 572 F.2d. 883 (1st Cir. 1978)
- Edward J. Sweeney & Sons, Inc v. Texaco, Inc, 637 F.2d. 105 (3d Cir. 1980)
- Elder-Beerman Stores Corp. v. Federal Department Stores, Inc., 459 F.2d. 138 (6th Cir. 1972)
- Garment District, Inc. v. Belk Stores Services, Inc., 799 F.2d. 905 (4th Cir. 1986)
- Great Atlantic & Pacific Tea Co. v. Cream of Wheat Co., 227 F. 46 (2d Cir. 1915)
- Harold's Stores, Inc. v. Dillard Department Stores, Inc., 82 F.3d. 1533 (10th Cir. 1996)
- James R. Snyder Co. v. Associated General Contractors, 677 F.2d. 1111 (6th Cir. 1982)
- Khan v. State Oil, 93 F.3d. 1358 (1996)

- Modern Home Institute Inc. v. Hartford Accident and Indemnity Co., 513 F.2d. 102 (2d Cir. 1975)
- Nelson Radio & Supply Co. v. Motorola, Inc., 200 F.2d. 911, 914 (5th Cir. 1952)
- Pink Supply Corp. v. Hiebert, Inc., 788 F.2d. 1313 (8th Cir. 1986)
- State v. Jack, 76 P. 911 (Kan. 1904)
- State of New York v. Anheuser-Busch, Inc., 811 F.Supp. 848 (US District Court 1993)
- USA Petroleum Co. v. Altantic Richfield Co., 972 F.2d. 1070 (9th Cir. 1992)
- United States v. Aluminium Co. of America, 148 F.2d. 416 (2d. Cir. 1945)
- United States v. American Precision Prods. Corp., 115 F. Supp. 823, 826 (D.N.J. 1953)
- United States v. Schrader's Son, Inc., 264 F. 175 (1919)
- White v. Hearst Corp., 669 F.2d. 14 (1st Cir. 1982)

III. Entscheidungen/Veröffentlichungen der EG-Kommission

- XXVIII. Bericht der EG-Kommission über die Wettbewerbspolitik (1998)
- Adalat, Entscheidung der Kommission vom 10. Januar 1996, ABl. (EG) 1996, Nr. L 201, 1
- AEG - Telefunken, Entscheidung der Kommission vom 6. Januar 1982, ABl. (EG) 1982, Nr. L 117, 15
- Gosme/Martell - DMP, Entscheidung der Kommission vom 15. Mai 1991, ABl. (EG) 1991, Nr. L. 185, 23
- Grünbuch der Kommission zu vertikalen Wettbewerbsbeschränkungen, KOM (96) 721 endg.; [1997] 4 C.M.L.R 519
- Hasselblad, Entscheidung der Kommission vom 2. Dezember 1981, ABl. (EG) 1982, Nr. L 161, 18
- John Deere, Entscheidung der Kommission vom 14. Dezember 1984, ABl. (EG) 1985, Nr. L 35, 58
- Johnson & Johnson, Entscheidung Kommission vom 25. November 1980, ABl. (EG) 1980, Nr. L 377, 16
- LDPE - Entscheidung der Kommission vom 21. Dezember 1988, ABl. (EG) 1989 Nr. L 74, 21
- Parker – Entscheidung der Kommission vom 15.7.1992, ABl. (EG) 1992, Nr. L 233, 27
- Pittsburgh Corning Europe, Entscheidung der Kommission vom 23. November 1972, ABl. (EG) 1972, Nr. L 272, 35

- PVC - Entscheidung der Kommission vom 21. Dezember 1988, ABl. (EG) 1989 Nr. L 74, 1
- Sandoz, Entscheidung der Kommission vom 13. Juli 1987, ABl. (EG) 1987, Nr. L. 222, 28
- Verkauf von Fahrausweisen im Eisenbahnverkehr durch Reisebüros, Entscheidung der Kommission vom 25. November 1992, ABl. (EG) 1992, Nr. L 366, 47
- Vertriebssystem der Ford-Werke AG - Einstweilige Anordnung, Entscheidung der Kommission vom 18. August 1982, ABl. (EG) 1982, Nr. L 256, 20
- Vertriebssystem der Ford-Werke AG, Entscheidung der EG Kommission vom 16. November 1983, ABl. (EG) 1983, Nr. L 327, 31
- Verordnung der Kommission über die Anwendung von Art. 81 Absatz 3 EG-Vertrag auf Gruppen von vertikalen Vereinbarungen und aufeinander abgestimmten Verhaltensweisen, ABl. (EG) Nr. L 336, 21 vom 22.12.1999
- VW - Entscheidung der Kommission vom 28. Januar 1998, ABl. (EG) 1998, Nr. L 124, 60
- Weissbuch über die Modernisierung der Vorschriften zur Anwendung der Artikel 85 und 86 EG-Vertrag, Mitteilung der Kommission vom 12.5.1999, ABl. (EG) 1999, Nr. C 132, 1
- Zellstoff - Entscheidung der Kommission vom 19. Dezember 1984, ABl. (EG) 1985 Nr. L. 85, 1

IV. Entscheidungen des EuGH und des EuG

- Ahlström Osakeyhtiö u.a. ./. Kommission der Europäischen Gemeinschaften, Urt. v. 31. März 1993, Rs. C - 89/85, Slg. 1993 I, 1307
- Akzo Chemie BV ./. Kommission der Europäischen Gemeinschaften, Urt. v. 3. Juli 1991, Rs. 62/86, Slg. 1991 I, 3439
- Allgemeine Elektricitäts-Gesellschaft AEG - Telefunken AG ./. Kommission der Europäischen Gemeinschaften, Urt. v. 25. Oktober 1983, Rs. C - 107/82, Slg. 1983, 3151
- Bayer AG ./. Kommission der Europäischen Gemeinschaften, Einstweilige Anordnung v. 3. Juni 1996, Rs. T - 41/96 R, Slg. 1996, II 381
- Bayerische Motorenwerke AG ./. ALD Auto-Leasing D GmbH, Urt. v. 24. Oktober 1995, Rs. C - 70/93, Slg. 1995, 3439
- Bundeskartellamt ./. Volkswagen AG und VAG Leasing GmbH, Urt. v. 24. Oktober 1995, Rs. C-266/93, Slg. 1995, 3477
- Cementhandelaren ./. Kommission der Europäischen Gemeinschaften, Urt. v. 17. Oktober 1972, Rs. 8/72, Slg. 1972, 977

- Centrafarm B.V. und Adriaan De Peijper ./. Sterling Drug Inc., Urt. v. 31.10.1974, Rs. 15/74, Slg. 1974, 1147
- Europemballage, Continental Can ./. Kommission der Europäischen Gemeinschaften, Urt. v. 21.2.1973, Rs. 6/72, Slg. 1973, 215
- Ford of Europe Incorporated und Ford-Werke AG ./. Kommission der Europäischen Gemeinschaften, Urt. v. 28. Februar 1984, verbundene Rs. C - 228/82 und 229/82, Slg. 1984, 1129 (Ford I)
- Ford-Werke AG u.a. ./. Kommission der Europäischen Gemeinschaften u.a., Urt. vom 17. September 1985, verbundene Rs. C-25/84 und 26/84, Slg. 1985, 2736 (Ford II)
- Consten GmbH und Grundig-Verkaufs-GmbH ./. Kommission der EWG, Urt. v. 13. Juli 1966, verbundene Rs. 56 und 58/64, Slg. 1966, 321
- Hasselblad (GB) Ltd. ./. Kommission der Europäischen Gemeinschaften, Urt. v. 21. Februar 1984, Rs. C - 86/82, Slg 1984, 883
- Herlitz AG ./. Kommission der Europäischen Gemeinschaften, Rs. T-66/92, Slg. 1994 II, 531
- Hoffmann La Roche ./. Kommission der Europäischen Gemeinschaften, Urt. v. 13. Februar 1979, Rs. 85/76, Slg. 1979, 461
- Hydrotherm Gerätebau GmbH ./. Compact del Dott Ing. Mario Andreoli und C. sas, Urt. v. 12. Juli 1984, Rs. 170/83, Slg. 1984 , 2999
- Imperial Chemical Industries Ltd. ./. Kommission der Europäischen Gemeinschaften, Urt. v.14.07.1984, Rs. 48/69, Slg. 1972, 619
- Italien ./. Kommission der Europäischen Gemeinschaften, Urt. v. 13. Juli 1966, Rs. C - 32/65, Slg. 1966, 457
- Maria Salonia ./. Giorgio Poidomani und Franca Giglio, verwitwete Baglieri, Urt. v. 16. Juni 1981, Rs. C - 126/80, Slg. 1981, 1563
- Metro SB-Großmärkte GmbH & Co. KG ./. Kommission der Europäischen Gemeinschaften, Urt. v. 25. Oktober 1977, Rs. C - 26/76, Slg. 1977, 1875
- Metro SB-Großmärkte GmbH & Co. KG ./. Kommission der Europäischen Gemeinschaften, Urt. v. 22. Oktober 1986, Slg. 1986, 3021
- Musique Diffusion Francaise ./. Kommission der Europäischen Gemeinschaften, Urt. v. 07. Juni 1983, Rs. 100 bis 103/80, Slg. 1983, 1825
- NV l'Oreal und SA l'Oreal ./. PVBA De nieuwe Amck, Urt. v. 11. Dezember 1980, Rs. C - 31/80, Slg. 1980, 3775
- Pronuptia de Paris GmbH ./. Schillgalis, Urt. v. 28.01.1986, Rs. C – 161/84, Slg. 1986, 832
- SA Lacome und Cosparfrance Nederland BV ./. Etos BV und Albert Heyn Supermarkt BV, Urt. v. 10 Juli 1980, Rs. C - 99/79, Slg. 1980, 2511
- Sandoz produtti farmaceutici SpA ./. Kommission der Europäischen Gemeinschaften, Urt. vom 11. Januar 1990, Rs. C-277/87, Slg. 1990 I, 45

- Societa Italiana Vetro SpA u.a. ./. Kommission der Europäischen Gemeinschaften, Urt. v. 10.03.1992, Rs. T 77/89, Slg. 1992 II, 1403
- Societe Technique Miniere ./. Maschinenbau Ulm GmbH, Urt. v. 30.06.1966, Rs. C – 56/65, Slg. 1966, 281
- Stergios Delimitis ./. Henninger Bräu, Urt. v. 28. Februar 1991, Rs. C - 234/89, Slg. 1991 I, 935
- Suiker Unie u.a. ./. Kommission der Europäischen Kommissionen, Urt. v. 16. Dezember 1975, verbundene Rs. C - 40 bis 48, 50, 54 bis 56, 111, 113 und 114/73, Slg. 1975, 1663
- United Brands ./. Kommission der Europäischen Gemeinschaften, Urt. v. 14. Februar 1978, Rs. 27/76, Slg. 1978, 207
- Viho Europe BV ./. Kommission der Europäischen Gemeinschaften, Urt. v. 24. Oktober 1996, Rs. C - 73/95 P, Slg. 1996 I, 5457
- Volkswagen AG ./. Kommission der Europäischen Gemeinschaften, Urt. v. 6. Juni 2000, Rs. T-62/98, veröffentlicht im Internet unter http://www.jura.uni-sb.de/urheberrecht/entscheidungen/
- Walt Wilhelm u.a. ./. Bundeskartellamt, Urt. v.13.02.1969, Rs. 14/68, Slg. 1969, 1

Einleitung

Obwohl das Kartellrecht eine wichtige Rolle im täglichen Wirtschaftsleben einnimmt, wird diese Rolle häufig unterschätzt. Kartellrecht regelt nicht nur die Zulässigkeit der viel beachteten Fusionen zwischen Großunternehmen und die Zulässigkeit von Vereinbarungen zwischen Wettbewerbern. Der sachliche Anwendungsbereich von Kartellrecht ist umfassend.[2] Viele andere Transaktionen, Verträge und Verhaltensweisen sind kartellrechtlich problematisch, auch wenn man dies auf den ersten Blick nicht vermutet. So unterliegen zum Beispiel Vereinbarungen zwischen Händlern auf verschiedenen Vertriebsebenen, sogenannte vertikale Vereinbarungen, dem Kartellrecht. Teilweise fallen diese vertikalen Vereinbarungen in den Anwendungsbereich der allgemeinen kartellrechtlichen Bestimmungen,[3] teilweise sehen die Kartellrechtsordnungen eigene Vorschriften hierfür vor.[4]

Neben diesem weiten sachlichen Anwendungsgebiet hat das Kartellrecht häufig einen geographischen Anwendungsbereich, der über Staatsgrenzen hinaus reicht. Selbst wenn eine Transaktion keinen direkten Bezug zu einem bestimmten Staat hat, kann dessen Kartellrecht einschlägig sein. Ausländische Behörden und Gerichte wenden ihr Kartellrecht unter Umständen selbst dann auf eine Transaktion an, wenn diese in ihrem Staat lediglich Folgewirkungen entfaltet[5] ("Auswirkungsprinzip")[6]. Hierbei handelt es sich um das viel diskutierte Problem der ex-

---

2 Vgl. allgemein dazu Siberman, Antitrust in Distribution: A Review of Advanced Selected Problems in Vertical Antitrust Behavior, 928 PLI/Corp 155.

3 Artikel 81 EGV unterscheidet vom Wortlaut her nicht zwischen horizontalen und vertikalen Wettbewerbsbeschränkungen (siehe dazu unten Kapitel III.A.1.). Gleiches gilt für Section 1 Sherman Act (siehe dazu unten Kapitel II.A.1.).

4 In Deutschland zum Beispiel sind solche Verträge speziell in den §§ 14 ff. GWB geregelt.

5 So haben die US-amerikanischen Behörden und Gerichte beispielsweise US-Kartellrecht angewandt, als ein Aluminiumkartell, das ausschließlich außerhalb der USA operierte, in den USA zu Preiserhöhungen führte; vgl. United States v. Aluminium Co. of America, 148 F.2d. 416 (2d Cir. 1945); siehe weitere Beispiele bei Vagts, Extraterritorial Jurisdiction: The General Theory, 54 Antitrust Law Journal 819, 820f.

6 Zum Auswirkungsprinzip siehe Langen/Bunte, Kommentar zum deutschen und europäischen Kartellrecht, Rdnr. 115ff. zu § 98 Abs. 2 m.w.N. und die in Fußnote 7 genannten Fundstellen.

traterritorialen Anwendung von Kartellrecht.[7] Daher ist für viele Geschäftspraktiken nicht nur nationales Kartellrecht von Bedeutung. Auch die zunehmende Globalisierung von Wirtschaft und Handel macht es erforderlich, sich der kartellrechtlichen Bestimmungen internationaler bzw. supranationaler und ausländischer Rechtsordnungen bewusst zu sein.[8] Wer Geschäfte im Ausland tätigt, muss wissen, dass er den dort geltenden kartellrechtlichen Bestimmungen unterliegeet.[9]

Wer Geschäfte innerhalb der Europäischen Union tätigt, muss stets europarechtliche Kartellrechtsvorschriften beachten. Selbst dann, wenn die Geschäfte ausschließlich innerhalb Deutschlands abgewickelt werden, kann EU-Recht einschlägig sein.[10] Aber auch für Transaktionen, die keinen direkten Bezug zum

---

7 Zu diesem Problemkreis gibt es umfangreiche Literatur; siehe nur Basedow, Weltkartellrecht; Emmerich, Kartellrecht, § 36, 4, m.w.N.; Hawk, The International Application of the Sherman Act in its Second Century, 59 Antitrust Law Journal 161; Fischer, Extraterritorial Application of the United States Law Against United States and Alien Defendants (Sherman Act), 29 New England Law Review 577; Vagts, Extraterritorial Jurisdiction: The General Theory, 54 Antitrust Law Journal 819; Hefti, European Union Competition Law, 18 Seton Hall Legislative Journal 613, 633 (1994); zu den völkerrechtlichen Grenzen der extraterritorialen Jurisdiktionsausübung im Kartellrecht siehe Gröben/Thiesing/Ehlermann, Kommentar zum EWG-Vertrag, Rdnr. 99ff. vor Artikel 81-89; Fox, The Merger Regulation and its Territorial Reach: Genor Ltd. v. Commission, [1999] E.C.L.R. 334; Griffin, Extraterritoriality in U.S. and EU Antitrust Enforcement, 67 Antitrust Law Journal 159; Brzezinski, Competition and Antitrust Law in Central Europe: Poland, The Czech Republic, Slovakia, and Hungary, 15 Michigan Journal of International Law 1129 (Sommer 1994); Kaplan/White, International Discovery, 502 PLI/Corp 115 (1985).

8 Siehe zum Beispiel Immenga/Mestmäcker, GWB Kommentar zum Kartellgesetz, § 98 Abs. 2 Rdnr. 242 ff. und Vor. § 23 Rdnr. 232; siehe auch Ehlermann, Antitrust Issues in an International Dimension, University of Chicago Legal Forum 1992, 241, der für eine gewisse Angleichung der einzelnen Kartellrechtsordnungen eintritt. Teilweise wird die Forderung nach einem "Weltkartellrecht" laut; vgl. dazu zum Beispiel Siefahrt, "Weltkartellrecht" - Wie stehen die Chancen für eine weltweite Wettbewerbsordnung?, DAJV-News Letter 4/98, Seite 95; vgl. zu diesem Thema auch Fox, Harmonization of Law and Procedures in a Globalized World: Why, What and How?, 60 Antitrust Law Journal 593 (1992). Hierzu gibt es bereits erste Bestrebungen, wie zum Beispiel das Abkommen zwischen der Europäischen Union und den USA über die Anwendung ihrer Wettbewerbsgesetze (ABl. (EG) 1995 Nr. L 95, 47). Siehe den 28. Bericht über die Wettbewerbspolitik (1998), Einleitung S. 6.

9 Kartellrecht ist nicht disponibel, weil eine Abdingbarkeit dem Sinn und Zweck des Kartellrechts widerspräche.

10 Dies ist gemäß Artikel 81 Absatz 1, Artikel 82 EGV dann der Fall, wenn die wettbewerbsbeschränkenden Maßnahmen geeignet sind, den Handel zwischen den Mitgliedsstaaten zu beeinträchtigen. Nach ständiger Rechtsprechung des EuGH genügt dazu bereits, daß die betreffende Maßnahme aufgrund der gesamten Umstände geeignet ist, unmittelbar oder mittelbar, tatsächlich oder der Möglichkeit nach den Handel zwischen den Mitgliedsstaaten zu beeinträchtigen, und für die Verwirkli-

Gemeinsamen Markt haben, ist das EG-Kartellrecht von Bedeutung. Die EG-Kommission[11] wendet europäisches Kartellrecht unter bestimmten Voraussetzungen auf außereuropäische Vorgänge an, wenn diese Vorgänge nachhaltige Auswirkungen auf den Gemeinsamen Markt haben.[12]

Folge eines Verstoßes gegen Kartellrecht ist häufig die Nichtigkeit des Vertrages.[13] Darüber hinaus riskieren die beteiligten Parteien erhebliche Schadenser-

---

chung der Ziele eines einheitlichen zwischenstaatlichen Marktes nachteilig sein kann, indem sie zur Errichtung von Handelsschranken im gemeinsamen Markt beiträgt und die vom Vertrag gewollte, gegenseitige Durchdringung erschwert; vgl. z.B. Societe Technique Miniere ./. Maschinenbau Ulm GmbH, Urt. v. 30.6.1966, Rs. 56/65, Slg. 1966, 281 (303); Emmerich, § 33, 5 m.w.N. So kann auch ein Kartell, das nur auf dem Gebiet eines Mitgliedsstaates operiert, unter Artikel 81 EGV fallen, wenn es zu einer Abschottung des nationalen Marktes führt; vgl. EuGH, Urt. v. 17.10.1972, Rs.8/72, Slg. 1972, 977 (991) Cementhandelaren/Kommission; siehe auch Dara, Comparative Analysis, S. 767 m.w.N.

11 Der Gebrauch der Bezeichnungen der Organe der Europäischen Gemeinschaften ist nach Inkrafttreten des Vertrages über die Europäische Union nicht einheitlich. Manche sprechen von “EU-Recht” und “EU-Kommission”, andere verwenden nach wie vor die Begriffe “EG-Recht” und “EG-Kommission”. Unabhängig davon, ob dies sachlich richtig ist, zeichnet sich ein gewisser Trend ab, die Bezeichnung “EG” durch “EU” zu ersetzen. Dies mag daran liegen, daß das Verhältnis der Europäischen Union zu den drei europäischen Gemeinschaften im Sprachgebrauch nicht immer klar beachtet wird. Im folgenden wird an der Bezeichnung “EG-Kommission” und "EG-Kartellrecht" festgehalten, da die EG-Kommission im Bereich des Kartellrechts als Organ der Europäischen Gemeinschaft handelt; siehe dazu auch Hölscheid/Baldus, EU und EG als terminologisches Problem, DVBl. 1996, 1409.

12 Vgl. zum Beispiel die Entscheidung der Kommission, ABl. (EG) 1985 Nr L. 85, 1 - "Zellstoff"; siehe auch Dara, Antitrust Law in the European Community and the United States: A Comparative Analysis, 47 Louisiana Law Review 761, 769 (März 1987).

13 So führt zum Beispiel ein Verstoß gegen § 1 GWB zur Unwirksamkeit der Vereinbarung (vgl. Bechtold, Das neue Kartellgesetz, NJW 1998, 2769, 2770). Ein Verstoß gegen Artikel 81 Absatz 1 EGV hat nach Artikel 81 Absatz 2 EGV in Verbindung mit Artikel 1 der VO [EWG] 17/62 die Nichtigkeit des Vertrages zur Folge, sofern der Vertrag nicht ausnahmsweise nach Artikel 81 Absatz 3 EGV Gültigkeit behält (nichtig sind jedoch nur die Vertragsklauseln, die gegen Artikel 81 Absatz 1 EGV verstoßen; siehe Korah, Collaborative Joint Ventures for Research and Development Where Markets are Concentrated: The Competition Rules of the Common Market and the Invalidity of Contracts, 15 Fordham International Law Forum 248, 255 (1991/1992)). Ein Verstoß gegen Section 1 Sherman Act führt ebenfalls zur Ungültigkeit der verstoßenden Vereinbarung; siehe zum Beispiel Dr. Miles Medical Company v. John D. Park & Sons Company, 220 U.S. 373, 408 (1911).

satzforderungen[14] und empfindliche Geldbußen.[15] Sogar Haftstrafen sind möglich.[16] Daher ist es nicht nur für den wirtschaftlichen Erfolg einer bestimmten Transaktion, sondern unter Umständen auch für die Existenz eines Unternehmens wesentlich, dass die Geschäftspraktiken des Unternehmens kartellrechtskonform sind.

Nachfolgend wird die Rechtslage zur Abgrenzung zwischen einseitigen Maßnahmen und kooperativen Verhaltensweisen im Bereich der vertikalen Wettbewerbsbeschränkungen untersucht. Diese Abgrenzung ist für die kartellrechtliche

---

14 Insbesondere in den USA können die Schadensersatzforderungen astronomische Höhen erreichen. So sieht Section 15 Sherman Act vor, daß der tatsächlich erlittene Schaden automatisch verdreifacht wird ("treble damages"). Wenn zudem eine Jury die Schadenshöhe veranschlagt, kann das Verfahren für die betroffenen Unternehmen schnell existenzbedrohend werden. Art. 81 EGV ist Schutzgesetz in Sinne des § 823 Absatz 2 BGB; vgl. zum Beispiel LG Düsseldorf, Urt. vom 16.4.1997, CR 1997, 687.

15 So ist die EG-Kommission nach Artikel 15 und 16 der Verordnung [EWG] 17/62 ("Kartellverordnung") befugt, Geldbußen und Zwangsgelder gegen die beteiligten Unternehmen zu verhängen, sofern die Unternehmen schuldhaft handeln. Die Höhe der Geldbuße richtet sich u.a. nach der Schwere des Verstoßes und der Dauer der Zuwiderhandlung und kann entsprechend Artikel 15 Absatz 2 der Kartellverordnung bis zehn Prozent des Vorjahresumsatzes des betroffenen Unternehmens erreichen. Dabei hat die Kommission einen weiten Ermessensspielraum; vgl. z.B. EuGH, Urt. v. 07.06.1983, Rs. 100 bis 103/80, Slg. 1983, 1825 (1905 ff.) – „Musique Diffusion Francaise/Kommission". Daß die Kommission nicht davor zurückschreckt, auch sehr hohe Bußgelder zu verhängen, zeigt die Entscheidung in *Volkswagen*, in der die Kommission der Volkswagen AG eine Geldbuße von 102 Millionen ECU (knapp 200 Millionen Mark) auferlegte (siehe unten Kapitel III.B.1., S. 174 ff.). Zu anderen Fällen, in denen die Kommission erhebliche Geldbußen wegen Verstößen gegen EG-Kartellrecht verhängt hat, siehe unten Kapitel III.B.1.(b); vgl. dazu auch Guerrin/Kyriazis, Cartels: Proof and Procedural Issues, Seite 271. Unter dem Sherman Act können gemäß Section 1 und Section 2 Geldstrafen von bis zu 350.000,-- US Dollar, im Falle eines Verstoßes durch ein Unternehmen sogar von bis zu 10 Millionen US Dollar pro Verstoß verhängt werden; vgl. dazu allgemein auch Gorden/Folsom, International Business Transactions, § 30.7 und Elzinga/Breit, The Antitrust Penalties: A Study in Law and Economics.

16 So kann im US-amerikanischen Recht gemäß Section 1 und Section 2 Sherman Act ein Verstoß gegen diese Vorschriften mit Haftstrafe bis zu 3 Jahren geahndet werden. Das Recht der Europäischen Union und das deutsche Kartellrecht sehen Haftstrafen nicht vor. Allerdings wird in der Literatur gelegentlich darüber nachgedacht, ob es sinnvoll ist, zumindest die schweren Kartellrechtsverstöße zu kriminalisieren; vgl. zum Beispiel Tiedemann, Kartellrechtsverstöße und Kartellrecht; Selmer, Verfassungsrechtliche Probleme einer Kriminalisierung des Kartellrechts.

Beurteilung von entscheidender Bedeutung.[17] Dies gilt bei horizontalen ebenso wie bei vertikalen Wettbewerbsverhältnissen.

Einseitige Maßnahmen sind regelmäßig nur dann kartellrechtlich problematisch, wenn das handelnde Unternehmen eine dominante Marktstellung hat.[18] Eine dominante Marktstellung setzt einen erheblichen Marktanteil auf dem relevanten Markt[19] voraus und wird nach europarechtlichen Gesichtspunkten gewöhnlich erst ab einem Marktanteil von etwa 40 Prozent angenommen.[20] Nach US-amerikanischem Verständnis beginnt solch eine dominante Marktstellung ab einem Marktanteil von ca. 60 Prozent.[21]

Abgestimmte Verhaltensweisen hingegen werfen auch ohne das Vorliegen einer dominanten Marktposition Probleme auf. Ein abgestimmtes Verhalten ist in der Regel bereits dann kritisch, wenn daraus Wettbewerbsbeschränkungen[22] re-

---

17 So auch Wegman Burns, Rethinking the "Agreement" Element in Vertical Antitrust Restraints, 51 Ohio L.J. 1, 4.

18 Zur Rechtslage in der Europäischen Union Artikel 82 EGV siehe unten Kapitel III.A.1., zur Rechtslage in den USA Section 2 Sherman Act siehe unten Kapitel II.A.1.

19 Unter europäischem Kartellrecht wird der relevante Markt durch den relevanten geographischen und den relevanten sachlichen Markt festgelegt; siehe dazu zum Beispiel Emmerich, Kartellrecht, § 35, 2, 3. Das Gleiche gilt im US-Recht, vgl. zum Beispiel Folsom/Gordon, International Business Transactions, § 30.9 m.w.N. und Dara, Comparative Analysis, S. 781 ff.

20 Nach europarechtlichen Maßstäben schließen Marktanteile von weniger als 10% in der Regel eine dominante Marktposition aus; vgl. EuGH, Urt. v. 25.10.1977, Slg. 1977, 1875 (1903f.) "Metro I"; EuGH, Urt. v. 22.10.1986, Slg. 1986, 3021 (3094) "Metro II". Marktanteile zwischen 20% und 40% begründen für sich allein noch keine marktbeherrschende Stellung, sondern nur bei Vorliegen weiterer Umstände; siehe Emmerich, Kartellrecht, § 35, 4b, m.w.N. Ab Marktanteilen von 40% und mehr deutet viel auf eine marktbeherrschende Stellung hin; vgl. EuGH, Urt. v. 14.02.1978, Rs. 27/76, Slg. 1978, 207 (290ff.) – „United Brands/Kommission"; EuGH, Urt. v. 03.07.1991, Rs. 62/86, Slg. 1991 I, 3439 (3452f.) - "Akzo/Kommission"; EuGH, Urt. v. 13.02.1979, Rs. 85/76, Slg. 1979, 461 (514ff.) – „Hoffmann La Roche/Kommission".

21 Siehe dazu auch Dara, Comparative Analysis, Seite 783. Letztlich gibt es aber auch in den USA keine klare Grenze, sondern es kommt neben dem Marktanteil auch auf andere Faktoren wie zum Beispiel Marktzugangsmöglichkeiten für Wettbewerber an; siehe Wegener, Dancing with Dinosaurs: Using Legal Analysis to Determine the Role of Vertical Non-Price Restraints in Competitive Strategy, Seite 110 und Dara, Comparative Analysis, a.a.O. Allerdings setzt Section 2 Sherman Act nicht voraus, daß tatsächlich schon eine Monopolstellung vorliegt. Vielmehr reicht die bloße Absicht zur Monopolbildung aus, um einen Verstoß gegen Section 2 Sherman Act zu begründen.

22 Zu der Frage, was unter einer Wettbewerbsbeschränkung zu verstehen ist, siehe unten Kapitel I.C.

sultieren. Dies gilt wiederum sowohl bei horizontalen als auch bei vertikalen Wettbewerbsbeschränkungen. Somit entscheidet die Frage, ob eine kooperative Verhaltensweise oder einseitiges Handeln vorliegt, häufig über die kartellrechtliche Zulässigkeit einer Maßnahme.

Die nachfolgende Untersuchung bezieht sich auf die Rechtslage in der Europäischen Union und in den USA. Ein Vergleich dieser beiden Rechtsordnungen ist nicht nur deshalb von erheblichem Interesse, weil mit der Europäischen Union und den USA zwei der weltweit wichtigsten Wirtschaftsräume betroffen sind. Die besondere Herausforderung dieses Vergleichs liegt darin, dass der kartellrechtliche Ansatz in beiden Rechtsordnungen unterschiedlich ist.[23] Während sich in den USA die Ansicht durchgesetzt hat, dass vor allem eine ökonomische Betrachtung der Kartellrechtsproblematik geboten ist, spielen in Europa auch andere Faktoren eine wichtige Rolle, wie zum Beispiel soziale Aspekte und insbesondere die Abschaffung von Handelshindernissen innerhalb des Gemeinsamen Marktes. Ökonomische Argumente werden in der EU nach dem Dafürhalten vieler nicht genügend beachtet.[24]

Obwohl der theoretische Ansatz der Grenzziehung zwischen einseitigen Maßnahmen und kooperativen Verhaltensweisen auf den ersten Blick klar erscheint, ist diese Grenze nicht zuletzt durch widersprüchlich erscheinende Urteile und Entscheidungen der Gerichte und zuständigen Behörden verwischt worden. Vor diesem Hintergrund ist es angebracht, die unterschiedlichen theoretischen Ansätze und deren praktische Auswirkungen im europäischen und im US-amerikanischen Rechtskreis zu untersuchen, um anschließend herauszufinden, ob Erfahrungen und Ansätze der jeweils anderen Rechtsordnung zur Weiterentwicklung des eigenen Rechtssystems herangezogen werden können.

---

23 Zu den Schwierigkeiten, die sich aus den unterschiedlichen Ansätzen für einen Rechtsvergleich ergeben, siehe unten Kapitel IV.A.2.

24 Siehe dazu unten Kapitel I.C.

Gang der Darstellung

Die folgende Darstellung geht zunächst auf die Grundlagen und Hintergründe von vertikalen Wettbewerbsbeschränkungen ein (unten Kapitel I.). Dabei wird zunächst ein kurzer Aufriss der Rechtslage, insbesondere der einschlägigen gesetzlichen Regelungen in den USA und der EU gegeben (unten Kapitel I.A.). Anschließend wird auf wichtige Begriffe und Definitionen eingegangen (unten Kapitel I.B.).

Danach werden einige Fragen angesprochen, die nur indirekt mit der hier untersuchten Abgrenzung von einseitigen Maßnahmen und kooperativen Verhaltensweisen in Zusammenhang stehen, deren Kenntnis jedoch für das Verständnis dieser Abgrenzung unerlässlich ist[25]; dabei geht es um die Frage, was eine Wettbewerbsbeschränkung ist (unten Kapitel I.C.) und was unter horizontalen und unter vertikalen Wettbewerbsbeschränkungen zu verstehen ist (unten Kapitel I.D.). Anschließend wird kurz erörtert, welche Ziele von Kartellrecht verfolgt werden (unten Kapitel I.E.). Hiermit eng verbunden ist die Frage der wirtschaftlichen Auswirkungen von vertikalen Wettbewerbsbeschränkungen (unten Kapitel I.F.). Danach geht es um den Anwendungsbereich der einschlägigen Kartellrechtsvorschriften diesseits und jenseits des Atlantiks – insbesondere wird kurz erörtert, ob die relevanten Normen auf Verhalten innerhalb von Konzernen (unten Kapitel I.G.) und auf das Verhältnis von Prinzipal und Stellvertreter anwendbar sind (unten Kapitel I.H.). Diese Fragen können nur kurz angesprochen werden. Jede dieser Fragen könnte für sich Thema einer Dissertation sein. Es ist weder möglich noch aus Gründen der Übersichtlichkeit wünschenswert, hier im Detail auf diese Problemstellungen einzugehen. Es soll lediglich das Grundverständnis vermittelt werden, das notwendig ist, um die nachfolgende Erörterung der Abgrenzung zwischen einseitigen Maßnahmen und kooperativen Verhaltensweisen im maßgeblichen Kontext darzustellen.

Anschließend wendet sich die Untersuchung im Detail der Rechtslage in den USA (unten Kapitel II.) und der EU (unten Kapitel III.) zu. Zuerst wird auf den

---

25 Auch Steiner betont, dass eine isolierte Betrachtung von Teilproblemen im Bereich der vertikalen Wettbewerbsbeschränkungen nicht ausreichend ist; vgl. Steiner, The Nature of Vertical Restraints, 30 Antitrust Bulletin 143, 146 (1985); ähnlich auch Posner, Antitrust Policy and the Supreme Court: An Analysis of the Restricted Distribution, Horizontal Merger and Potential Competition Decisions, 75 Columbia Law Review 282, 282 (1975).

rechtlichen Rahmen eingegangen, in dem die Abgrenzung von einseitigen Maßnahmen und kooperativen Verhaltensweisen zu sehen ist. Der Schwerpunkt der Darstellung liegt jedoch auf der Untersuchung der Entscheidungen, die sich mit der Abgrenzung zwischen einseitigen Maßnahmen und kooperativen Verhaltensweisen beschäftigen. Hierbei wird versucht, ein dogmatisches Muster aus den Entscheidungen herauszuarbeiten.

Danach wird das Ergebnis der Untersuchung der Rechtslage in den USA und der EU gegenübergestellt (unten Kapitel IV.). Es soll untersucht werden, ob sich Erfahrungen und Argumente aus einem Rechtskreis auf den anderen übertragen lassen und ob solch eine Übertragung sinnvoll ist. Dem Vergleich folgt ein eigener Lösungsvorschlag. Am Ende der Darstellung wird das Ergebnis kurz zusammengefasst.

Kapitel I: Grundlagen und Hintergründe

A. Übersicht über die Rechtslage in den USA und in der Europäischen Union

I. Europäische Union

Innerhalb der Europäischen Union sind vor allem die europarechtlichen Regelungen zum Kartellrecht von Bedeutung. Insbesondere Artikel 81 und 82 des EG-Vertrages müssen beachtet werden. Daneben gibt es wichtige Verordnungen im Bereich des Kartellrechts, wie zum Beispiel die Kartellverordnung[26], die Fusionskontrollverordnung[27] sowie die zahlreichen Gruppenfreistellungsverordnungen.[28]

Neben den europarechtlichen Vorschriften sind die einschlägigen nationalen Kartellrechtsvorschriften[29] von Bedeutung. Da nach der Rechtsprechung des EuGH die Regeln des EG-Kartellrechts Vorrang vor den nationalen kartellrechtlichen Regelungen genießen,[30] ist Schwerpunkt der nachfolgenden Betrachtung die Rechtslage im EU-Recht. Diese Betonung von EG-Kartellrecht ist auch deshalb gerechtfertigt, weil die nationalen Kartellrechtsvorschriften den europarechtlichen Normen immer mehr angeglichen werden. So diente zum Beispiel die letzte Novelle des GWB auch dem Zweck, das deutsche Kartellrecht den Artikeln 85 und 86 EGV a.F. anzupassen.[31]

---

26 Verordnung (EWG) 17/62.

27 Verordnung (EWG) 4064/89, ABl. (EG) 1990 Nr. L. 257,14.

28 Siehe dazu ausführlicher unten Kapitel III.A.1.c).

29 In Deutschland sind dies die Vorschriften des Gesetzes gegen Wettbewerbsbeschränkungen ("GWB").

30 Vgl. z.B. Walt Wilhem u.a. ./. Bundeskartellamt, Urt. v.13.02.1969, Slg. 1969, 1, 13ff. In diesem Bereich ist allerdings noch vieles unklar; vgl. nur Immenga/Mestmäcker, GWB Kommentar zum Kartellgesetz, § 98 Abs. 2 Rdnr. 1ff. und Vor. § 23 Rdbr. 112ff.; Wiedemann, Handbuch des Kartellrechts, § 5 Rdnr. 1ff.; Emmerich, Kartellrecht, § 36, 6a; Bunte, Das Verhältnis von deutschem zu europäischem Kartellrecht, WuW 1989, Seite 7ff.

31 Ob dies erreicht wurde, wird teilweise bezweifelt; vgl. Bechtold, Das neue Kartellgesetz, NJW 1998, 2769, 2770; vgl. auch allgemein Bunte, Die 6. GWB-Novelle – Das neue Gesetz gegen Wettbewerbsbeschränkungen, DB 1998, 1748ff.

2. *USA*

In den USA ist das Kartellrecht nicht einheitlich geregelt. Das Herzstück der Kartellvorschriften des US-Rechts ist der Sherman Act von 1890.[32] Section 1 Sherman Act ist in seinem Anwendungsbereich vergleichbar mit Artikel 81 EGV.[33] Neben Section 1 Sherman Act ist insbesondere Section 2 Sherman Act zu beachten. Diese Norm ist einschlägig bei Maßnahmen dominanter Unternehmen und ähnelt Artikel 82 EGV.[34] Zusätzlich zum Sherman Act gibt es weitere wichtige Bundesgesetze im Bereich des Kartellrechts.[35] Neben diesen Bundesgesetzen haben die meisten US-Bundesstaaten eigene kartellrechtliche Vorschriften erlassen.[36]

B. Definitionen und Terminologie

Artikel 81 Absatz 1 EGV erfordert das Vorliegen von "Vereinbarungen zwischen Unternehmen, Beschlüssen von Unternehmensvereinigungen und aufeinander abgestimmten Verhaltensweisen."[37] Section 1 Sherman Act stellt ähnliche Anforderungen und verlangt das Bestehen von "*contract, combination* (...), *or conspi-*

---

32 15 U.S.C. ff.

33 So auch Korah, The Judgment in Delimitis – A Milestone towards a Realistic Assessment of the Effects of an Agreement – or a Damp Squib?, 8 Tulane European and Civil Law Forum 17, 18 (1993). Der Wortlaut von Section 1 Sherman Act ist unten Kapitel II.A.1. wiedergegeben.

34 Der Wortlaut von Section 2 Sherman Act ist unten Kapitel II.A.1. wiedergegeben. Section 2 Sherman Act setzt neben einer dominanten Marktstellung auch Monopolisierungsabsicht voraus, d.h. das dominante Unternehmen muss diese Stellung durch gezieltes Marktverhalten angestrebt haben (vgl. Supreme Court in *Standard Oil Company of New Jersey v. United States*, 221 U.S. 1, 61 f. (1911)); siehe auch Dara, Comparative Analysis, S. 784. Solch gezieltes Anstreben einer Monopolstellung wird häufig bei exzessivem Preiskampf, Preisdiskriminierung, Lieferverweigerungen, Bezugsverpflichtungen von anderen Waren ("tying arrangements"), Unternehmenskäufen und Fusionen vorliegen; siehe dazu Folsom/Gordon, International Business Transactions, § 30.9. Erlangt ein Unternehmen seine dominante Marktstellung jedoch durch geschicktes Marktverhalten oder besondere Fähigkeiten, dann ist Section 2 Sherman Act nicht verletzt. Im Gegensatz zu Artikel 82 EGV setzt Section 2 Sherman Act jedoch nicht voraus, daß eine dominante Marktstellung bzw. ein Monopol bereits besteht, es reicht vielmehr aus, daß die Absicht zur Monopolisierung besteht.

35 Siehe dazu ausführlicher unten Kapitel II.A.1.

36 Siehe dazu ausführlicher unten Kapitel II.A.1..

37 Der Wortlaut von Artikel 81 Abs. 1 EGV ist unten III.A.1. wiedergegeben.

racy".[38] Wie diese unterschiedlichen Begriffe im einzelnen definiert werden, ist weder bei Artikel 81 EGV, noch unter Section 1 Sherman Act geklärt.

1. USA: Contract, combination und conspiracy im Sinne von Section 1 Sherman Act

Obwohl das Vorliegen von *contract*, *combination* oder *conspiracy* wesentlich für die Anwendung von Section 1 Sherman Act ist, finden sich in der Literatur zum Sherman Act nur vereinzelt Versuche, diese Begriffe zu definieren.

a) Contract

So wird *contract* im Sinne von Section 1 Sherman Act in der Regel als verbindliche vertragliche Einigung verstanden[39], wobei diese Einigung sowohl ausdrücklich als auch konkludent erfolgen kann. Allerdings setzt der Begriff *contract* im Sinne von Section 1 Sherman Act nicht voraus, dass die Anforderungen über das Zustandekommen von Verträgen erfüllt sind.[40] Ebenfalls wird nicht verlangt, dass der *contract* wirksam ist oder nicht gegen zwingendes Recht verstößt. Dies ist richtig, da Section 1 Sherman Act ansonsten einen Zirkelschluss enthielte. Das Vorliegen eines *contract* im Sinne von Section 1 Sherman Act setzt auch nicht die Einhaltung einer bestimmten Form voraus. Dem ist ebenfalls zuzustimmen, da ansonsten die Voraussetzungen für einen *contract* unter Section 1 Sherman Act höher wären als die Voraussetzungen für das Zustandekommen eines herkömmlichen Vertrages.

b) Combination

Combination unter Section 1 Sherman Act kann definiert werden als ein wie auch immer geartetes Zusammenwirken zwischen zwei oder mehr Personen oder Unternehmen zur Erreichung eines bestimmten Zwecks.[41] Die für dieses Zusammenwirken erforderliche bewusste Teilnahme der Beteiligten an einem gemein-

38 Der Wortlaut von Section 1 Sherman Act ist unten Kapitel II.A.1. wiedergegeben.
39 So zum Beispiel Kintner, Federal Antitrust Laws, § 9.3, Seite 7.
40 Kintner, a.a.O., § 9.3, Seite 7.
41 Kintner, a.a.O., § 9.3, Seite 8.

samen Verhaltensschema kann ausdrücklich, aber auch stillschweigend erfolgen.[42]

c) *Conspiracy*

Als *conspiracy* wird ein Zusammenwirken verstanden, das der Verfolgung eines rechtswidrigen Zieles dienen soll; *conspiracy* ist auch ein Zusammenwirken zur Erreichung eines rechtmäßigen Zieles durch Einsetzung rechtswidriger Mittel.[43] Unerheblich ist jeweils, ob das Verhalten strafrechtlich relevant ist oder ausschließlich gegen zivilrechtliche Normen verstößt.[44] Obwohl Section 1 Sherman Act auch strafrechtliche Konsequenzen haben kann, sind im Einzelfall nicht alle Theorien[45], die im Zusammenhang mit strafrechtlich relevanten *conspiracies* entwickelt wurden, anwendbar.[46]

d) *Einteilung von contract, combination und conspiracy in Gruppen*

Contract einerseits und *combination* und *conspiracy* andererseits lassen sich dahingehend unterscheiden, dass *combination* und *conspiracy* das Ergebnis eines *contract* und nicht selbst ein *contract* sind. So hat der Supreme Court ausgeführt:

---

42 Vgl. dazu zum Beispiel die Entscheidungen des Supreme Court in *United States v. Paramount Pictures, Inc.*, 334 U.S. 131, 161 (1948) oder in *United States v. Masonite Corp.*, 316 U.S. 265, 272 (1942).

43 So Kintner, Federal Antitrust Laws, § 9.3, Seite 9f.

44 So zum Beispiel in Entscheidung eines US-District Court in *United States v. American Precision Prods. Corp.*, 115 F. Supp. 823, 826 (D.N.J. 1953); siehe auch Kintner, a.a.O., § 9.3 Seite 10.

45 Auf die strafrechtlichen Theorien zu *conspiracy* kann hier nicht eingegangen werden, da dies über den Rahmen der vorliegenden Untersuchung hinausgehen würde.

46 So auch Kintner, a.a.O., § 9.3, Seite 10, Fußnote 33 mit Hinweis auf die Entscheidung des Court of Appeals des Sechsten Circuit in *Elder-Beerman Stores Corp. v. Federal Department Stores, Inc.*, 459 F.2d. 138 (6th Cir. 1972). Teilweise wird dies abgelehnt, um eine unterschiedliche Definition von gleichen Begriffen in unterschiedlichen Rechtsgebieten zu vermeiden. So schlägt Bloom zum Beispiel vor, in solchen Fällen, die sich nicht unter den strafrechtlichen Begriff von *conspiracy* fassen lassen, besser von *combination* zu sprechen; vgl. Bloom, Alliterative Illegalities in Antitrust Law: Contract, Combination and Conspiracy, 15 Mem. St. University Law Review 239 (1985). Auch wenn diese Kritik auf eine wünschenswerte Vereinheitlichung von Definitionen hinzielt, ist es nicht ungewöhnlich, daß gleiche Begriffe in unterschiedlichen Rechtsbereichen unterschiedlich definiert werden. Letztlich kann diese Frage jedoch offen bleiben; vgl. unten Kapitel I.B.1.e).

"A conspiracy in restraint of trade is different from and more than a contract in restraint of trade. A conspiracy is constituted by an agreement, it is true, but it is the result of an agreement, rather than an agreement itself, just as a partnership, although constituted by a contract, is not a contract, but is a result of it."[47]

Zudem wird teilweise vertreten, dass *combination* der Oberbegriff ist, unter den sowohl *contract* als auch *conspiracy* fallen.[48] Die oben dargelegten Definitionen zugrunde gelegt, ist dies eine richtige Schlussfolgerung, da jede Einigung im Sinne eines *contract* auch ein Zusammenwirken zur Erreichung eines bestimmten Zwecks ist. Ebenso fallen alle *conspiracies* in die Definition von *combination*, weil hier wie dort ein Zusammenwirken zur Erreichung eines bestimmten Zwecks erforderlich ist.

e) Verwendung der Begriffe in der Praxis

Diese Definitions- und Unterscheidungsversuche sind nur von Bedeutung, wenn an die unterschiedlichen Begriffe unterschiedliche Rechtsfolgen geknüpft sind. Dies ist jedoch nicht der Fall. Die Begriffe werden inzwischen sogar häufig sowohl von der Literatur[49] als auch von den Gerichten[50] synonym verwendet. Dies wird auch von den Autoren eingeräumt, die die Begriffe unterschiedlich definieren.[51] Die Definitionsversuche, die angestellt wurden, stammen in der Regel aus den Anfangszeiten der Interpretation von Section 1 Sherman Act und werden heute weitgehend nicht mehr verwendet. Auch der US-Supreme Court hat soweit

---

47 United States v. Kissel, 218 U.S. 601, 608 (1910).

48 So zum Beispiel Meyer, Relaxation of the *per se* Mantra in the Vertical Price Fixing Arena, 68 South California Law Review 73, note 78.

49 Beispiele für die synonyme Verwendung der Begriffe in der Literatur sind: Wegman Burns, Rethinking the "Agreement" Element in Vertical Antitrust Restraints, 51 Ohio State Law Journal 1, 3 und Fußnote 11 (1990); Kalinowski, Antitrust and Trade Regulations, § 6.01 [1]; Crotti, Trading under EEC and US Antitrust Laws, Seite 30. Weitere Beispiele sind angeführt bei Bloom, Alliterative Illegalities in Antitrust Law: Contract, Combination and Conspiracy, 15 Memphis State University Law Review 239 (1985).

50 Beispiele für die synonyme Verwendung der Begriffe in Urteilen der Courts of Appeals des Federal Circuit sind: Bogosian v. Gulf Oil Corp., 561 F.2d 434, 445 (3d Cir. 1977); James R. Snyder Co. v. Associated General Contractors, 677 F.2d. 1111 (6th Cir. 1982); White v. Hearst Corp., 669 F.2d. 14 (1st Cir. 1982); Modern Home Institute Inc. v. Hartford Accident and Indemnity Co., 513 F.2d. 102, 113f (2d Cir. 1975); weitere Beispiele finden sich bei Bloom, a.a.O.

51 So auch von Kintner, Federal Antitrust Laws, § 9.4, Seite 13 und Bloom, a.a.O.

ersichtlich nirgends angedeutet, dass zwischen den Begriffen und ihren jeweiligen Rechtsfolgen ein sachlicher Unterschied bestehe.[52]

Eine Abgrenzung zwischen *contract*, *combination* und *conspiracy* ist demnach für die Praxis ohne Bedeutung. Die Grenzen zwischen den einzelnen Formen der Kooperation sind fließend. Alle drei Formen der Kooperation können stillschweigend erfolgen; keine der drei Formen muss rechtlich wirksam sein. Zudem setzen alle drei Formen der Kooperation ein bewusstes Zusammenwirken voraus. Auch die Rechtsfolgen sind identisch: Jede der drei Formen führt zur Rechtswidrigkeit des Verhaltens, sofern auch die anderen Voraussetzungen von Section 1 Sherman Act gegeben sind. Die strafrechtlichen Konsequenzen knüpfen ebenfalls nicht an die Form, sondern an den Unrechtsgehalt der Verhaltensweise an.[53]

Entscheidend ist letztlich nicht, ob ein theoretischer Unterschied zwischen den drei Begriffen besteht. Entscheidend ist vielmehr, welches Verhalten von Section 1 Sherman Act erfasst werden soll und welche Rechtsfolgen an dieses Verhalten geknüpft sind.[54] Sobald feststeht, dass ein bestimmtes Verhalten unter Section 1 Sherman Act mit den dort genannten Rechtsfolgen fallen soll, ist es unerheblich, ob man dieses Verhalten dann als *contract*, *combination* oder *conspiracy* ansieht oder einfach nur allgemein von *agreement*[55] oder *concerted action* oder auch von abgestimmten Verhaltensweisen spricht. Insofern ist es gerechtfertigt, die Begriffe *contract*, *combination* und *conspiracy* synonym für eine unter Section 1 Sherman Act fallende abgestimmte Verhaltensweise zu verwenden.

---

52 So auch von Kalinowski, Antitrust Laws and Trade Regulation, Band 1 § 11.02 [2]. Bloom deutet zwar an, daß der Supreme Court in *Albrecht v. Herald Co.*, 362 U.S. 29 (1960), dem Begriff *combination* eine gegenüber *contract* und *conspiracy* eigenständige Bedeutung gegeben habe; vgl. Bloom, a.a.O. Seite 247ff. Dass der Supreme Court allerdings geringere Anforderungen an das Vorliegen einer *combination* stellt als an das Vorliegen von *contract* oder *conspiracy* oder daß gar die Rechtsfolgen unterschiedlich sind, behauptet Bloom letztlich auch nicht, a.a.O. Seite 252 f.

53 Siehe dazu auch Lübbert, Das Verbot abgestimmten Verhaltens im deutschen und europäischen Kartellrecht, Seite 34 ff.

54 Dies ist die Kernfrage. Wie Jean Wegman Burns schreibt: "Put simply, many situations can be interpreted as either an 'agreement' or 'unilateral action,' depending on whether one wants to prohibit or control the underlying activity", Wegman Burns, Rethinking the "Agreement" Element in Vertical Antitrust Restraints, 51 Ohio L.J. 1, 6. Diese Frage ist unten Kapitel II.B.3. näher erörtert.

55 So zum Beispiel bei Wegman Burns, a.a.O., Seite 3.

2. *Europäische Union: Vereinbarungen und aufeinander abgestimmte Verhaltensweisen im Sinne von Artikel 81 Absatz 1 EGV*

Artikel 81 Absatz 1 EGV setzt "Vereinbarungen zwischen Unternehmen" oder "aufeinander abgestimmte Verhaltensweisen" voraus.[56] Diese Begriffe werden in der Regel wie folgt definiert:

a) *Vereinbarungen zwischen Unternehmen*

Eine Vereinbarung zwischen Unternehmen im Sinne von Artikel 81 Absatz 1 EGV ist eine Übereinkunft zwischen zwei oder mehr Parteien, durch die wenigstens eine der Parteien zu einem bestimmten Tun oder Unterlassen verpflichtet wird.[57] Der Begriff der Vereinbarung im Sinne von Artikel 81 Absatz 1 EGV ist somit dem Begriff des Vertrages ähnlich, wie ihn die Rechtsordnungen der Mitgliedsstaaten verwenden.[58] Eine Vereinbarung kann sowohl ausdrücklich als auch konkludent geschlossen werden.[59] Eine Vereinbarung im Sinne des Artikel 81 Absatz 1 EGV verlangt nicht, dass die Beteiligten einen gemeinsamen Zweck verfolgen.[60]

Ob eine Übereinkunft bindend sein muss, um eine Vereinbarung im Sinne des Artikel 81 Absatz 1 EGV darzustellen, ist in der Literatur strittig.[61] Überwiegend wird wohl vertreten, dass eine Übereinkunft, um als Vereinbarung im Sinne von Artikel 81 Absatz 1 EGV angesehen werden zu können, zumindest faktisch bindend sein muss.[62] Dem scheint auch die EG-Kommission zuzuneigen.[63] Eine

---

56 Zudem kommen unter Artikel 81 Absatz 1 EGV als kritische Verhaltensformen 'Beschlüsse von Unternehmensvereinigungen' in Betracht. Diese sind jedoch als horizontale Verhaltensweisen zu qualifizieren. (Siehe dazu unten Kapitel I.D.) Daher gehen sie über den Rahmen der vorliegenden Untersuchung hinaus und werden hier nicht näher besprochen.

57 Lenz, EG-Vertrag, Art. 85 Rdnr. 1.

58 Bunte in Langen/Bunte, Kommentar zum deutschen und europäischen Kartellrecht, Art. 85 Rdnr. 12.

59 Lenz, a.a.O., Bunte in Langen/Bunte,a.a.O., Rdnr. 13.

60 Bunte in Langen/Bunte, a.a.O., Rdnr. 15.

61 Siehe den Überblick in Grabitz/Hilf, Kommentar zur Europäischen Union, Art. 85 Rdnr. 20.

62 So zum Beispiel Bunte in Langen/Bunte, a.a.O. Rdnr. 12, 14; offengelassen von Lenz, EG-Vertrag, Art. 85 Rdnr. 1; a.A. wohl Van Bael/Bellis in Von Kalinowski, World Law of Competition, § 3.03 [2].

63 Vgl. zum Beispiel die Entscheidung der Kommission vom 21. Dezember 1988, ABl. (EG) 1989 Nr. L 74, Seite 1, 11 "PVC"; Entscheidung der Kommission vom 21. Dezember 1988, ABl. 1989 Nr. L 74, Seite 21, 32 "LDPE".

vertragsrechtliche Wirksamkeit der Vereinbarung wird bei Artikel 81 Absatz 1 ebenso wenig wie bei einem *contract* im Sinne von Section 1 Sherman Act verlangt.[64] Dies ist im Hinblick auf die in Artikel 81 Absatz 2 EGV erklärte Unwirksamkeit von Vereinbarungen, die gegen Absatz 1 verstoßen, auch richtig.

b) Aufeinander abgestimmte Verhaltensweisen

Eine aufeinander abgestimmte Verhaltensweise[65] ist eine Koordinierung zwischen Unternehmen, die zwar noch nicht bis zum Abschluss eines Vertrages im eigentlichen Sinne gediehen ist, jedoch bewusst eine praktische Zusammenarbeit an die Stelle des mit Risiken verbundenen Wettbewerbs treten lässt.[66] Entscheidend ist, ob die Unternehmen ihr Verhalten auf dem Markt selbständig bestimmen oder nicht.[67] Eine aufeinander abgestimmte Verhaltensweise muss durch bewusstes Verhalten erfolgen, erfordert aber weder eine rechtliche noch eine faktische Verbindlichkeit.[68] Auch eine abgestimmte Verhaltensweise kann ausdrücklich oder stillschweigend erfolgen. Voraussetzung für eine abgestimmte Verhaltensweise ist neben einer Abstimmung auch ein entsprechendes Verhalten der Beteiligten am Markt.[69]

c) Verwendung der Begriffe in der Praxis

Die Terminologie der EG-Kommission und des EuGH scheint nicht immer einheitlich zu sein. Nachdem am Anfang auch im Zusammenhang mit vertikalen Wettbewerbsbeschränkungen häufig von "abgestimmten Verhaltensweisen"[70] die Rede war, sprach die EG-Kommission zwischenzeitlich von abgestimmtem Ver-

---

64 Bunte in Langen/Bunte, a.a.O., Rdnr. 14.

65 Der Begriff der "abgestimmten Verhaltensweise" ist aus dem amerikanischen Recht übernommen; vgl. Grabitz/Hilf, Kommentar zur Europäischen Union, Art. 85 Rdnr. 26.

66 So Lenz, EG-Vertrag, Art. 85 Rdnr. 5 mit Hinweis auf EuGH, Urt. v. 14.7.72, Rs. 48/69, Slg. 1972, 619 (658) Rn. 64/67 "ICI/Kommission".

67 Lenz, EG-Vertrag, Art. 85 Rdnr. 5 mit Hinweis auf die ständige Rechtsprechung des EuGH; zum Beispiel Urt. v. 16. Dezember 1975, Rs. 40/48 - 73, Slg. 1975, Seite 1663 (1965) Rn. 173/174 "Suiker Unie"; Urt. v. 31. März 1993, Rs. C 89/85, Slg. 1993 I, Seite 1307 (1599) Rdnr. 63 "Ahlström II".

68 Bunte in Langen/Bunte, Kommentar zum deutschen und europäischen Kartellrecht, Art. 85 Rdnr. 21.

69 Ebel, Kartellrecht, GWB und EG-Vertrag, Artikel 85 Rdnr. 316; so auch Mailänder in Gemeinschaftskommentar, EWGV-Art. 85 Rdnr. 13 ff.

70 So zum Beispiel in der Hasselblad-Entscheidung der Kommission, ABl (EG) 1982 Nr. L 161/18, 2, Ziff. 42 (siehe unten Kapitel III.B.1.b)(2), S. 148 ff.).

halten zur Durchsetzung von Vereinbarungen.[71] Nunmehr wird im Zusammenhang von Verhalten innerhalb von Vertriebssystemen soweit ersichtlich vorwiegend von "Vereinbarungen" gesprochen.[72] Teilweise entsteht auch der Eindruck, dass der Terminus „Vereinbarungen" im Sprachgebrauch der EG-Kommission sowohl Vereinbarungen als auch abgestimmte Verhaltensweisen umfasst.[73] Eine klare Terminologie lässt sich insgesamt nicht feststellen, eine Begründung für die unterschiedlichen Bezeichnungen wurde – soweit ersichtlich – bisher nicht gegeben.

d) Eigene Stellungnahme

Letztlich ist es ebenso wie im US-Recht nicht notwendig, eine genaue Grenze zwischen den Begriffen „Vereinbarung" und „abgestimmte Verhaltensweise" zu ziehen, weil die Rechtsfolgen der beiden Tatbestände identisch sind. Beide Verhaltensweisen lösen bei Vorliegen der weiteren Voraussetzungen des Absatzes 1 die Rechtswidrigkeit der Verhaltensweisen gemäß Artikel 81 Absatz 2 EGV aus, sofern das Verhalten nicht nach Artikel 81 Absatz 3 EGV freigestellt wird. Auch bei der Frage, ob die EG-Kommission eine Geldbuße gegen die Beteiligten verhängt, kommt es nicht entscheidend darauf an, ob sie eine Vereinbarung oder ein abgestimmtes Verhalten feststellt. Maßgeblich ist vielmehr die Schwere des Verstoßes. Wenn Unternehmen in Kenntnis der Rechtswidrigkeit ihres Handelns keine klare Vereinbarung treffen, sondern aus Gründen der Vertuschung zu dem Mittel einer sonstigen abgestimmten Verhaltensweise greifen, stellt dies oft sogar einen schwereren Verstoß dar als eine Vereinbarung, die in Unkenntnis oder Verkennung der Rechtslage getroffen wird.[74]

---

71 So zum Beispiel in der John Deere-Entscheidung der Kommission, ABl. (EG) 1985 Nr. L 35/58, 63 Ziff. 25 (siehe unten Kapitel III.B.1.b)(5), S. 164 ff.).

72 So zum Beispiel in der Gosme - DMP/Martell-Entscheidung der Kommission, ABl. (EG) 1991, Nr. L 185/23, 28, Ziff. 30 (siehe unten Kapitel III.B.1.b)(7), S. 170 ff.).

73 So zum Beispiel in Artikel 3 der Verordnung (EG) Nr. 2790/1999 der Kommission über die Anwendung von Artikel 81 Abs. 3 EG-Vertrag (Gruppenfreistellungsverordnung) auf Gruppen von vertikalen Vereinbarungen und aufeinander abgestimmten Verhaltensweisen (ABl. L Nr. 336, Seite 21); siehe dazu auch Mitteilung der Kommission vom 24.09.1999 (ABl. C 270, Seite 7, 9).

74 So hat die Kommission in ihrer ADALAT-Entscheidung bei der Verhängung einer hohen Geldbuße großen Wert darauf gelegt, daß das betroffene Unternehmen wußte, daß es gegen Artikel 81 EGV verstößt und daher viele Dokumente als "geheim" einstufte oder es sogar gänzlich vermied, Aufzeichnungen zu erstellen; vgl. ADALAT, Entscheidung der Kommission vom 10. Januar 1996, ABl. (EG) 1996, Nr. L 201, Seite 1 ff., Seite 57 und unten Kapitel III.B.1.b)(8), S. 174 ff.

Zudem ist solch eine Unterscheidung zwischen einer Vereinbarung und einer aufeinander abgestimmten Verhaltensweise im Einzelfall schwierig, weil die Grenze zwischen Vereinbarungen, insbesondere wenn sie nur stillschweigend getroffen sind, und abgestimmten Verhaltensweisen fließend ist. Dies gilt um so mehr, wenn man für das Vorliegen einer Vereinbarung nicht annimmt, dass eine zumindest faktisch verbindliche Übereinkunft vorliegen muss. Auch beinhalten Geschäftspraktiken in Vertriebssystemen oft sowohl Elemente, die einer Vereinbarung, als auch solche, die einer abgestimmten Verhaltensweise ähneln.[75]

Ähnlich wie das Verhältnis von *contract* und *combination* unter Section 1 Sherman Act[76] kann man auch bei Artikel 81 Absatz 1 EGV sagen, dass jede Vereinbarung auch eine abgestimmte Verhaltensweise darstellt, die abgestimmte Verhaltensweise also die Grundform ist. “Vereinbarungen” und “aufeinander abgestimmte Verhaltensweisen” sind zwei sich ergänzende und überschneidende Formen eines kooperativen Verhaltens. Die Begriffe “Vereinbarung” und “aufeinander abgestimmte Verhaltensweise” stehen nicht in einem Gegensatz zueinander, sondern sollen sich vielmehr ergänzen, um den Anwendungsbereich des Artikel 81 Absatz 1 EGV möglichst umfassend zu eröffnen.[77] Daher besteht kein Grund, einen Gegensatz zwischen diesen beiden Handlungsformen aufzubauen.

3. *Nachfolgende Verwendung der Begriffe*

Vor dem oben dargestellten Hintergrund werden durch den Begriff “abgestimmte Verhaltensweisen” im folgenden sowohl “Vereinbarungen” als auch “aufeinander abgestimmte Verhaltensweisen” im Sinne von Artikel 81 Absatz 1 EGV als auch *contracts*, *combinations* und *conspiracies* unter Section 1 Sherman Act erfasst. Da der Begriff "abgestimmte Verhaltensweise" leicht mit dem in Art. 81 Abs. 1 EGV verwendeten Begriff der "aufeinander abgestimmten Verhaltensweise" verwechselt werden kann, wird nachfolgend als Synonym des Begriffs "abgestimmte Verhaltensweise" auch der Begriff "kooperative Verhaltensweise" verwendet. Die Begriffe “abgestimmte Verhaltensweise” bzw. “kooperative Verhaltensweise” verstehen sich dabei als Gegensatz zu einseitigen Maßnahmen, die nicht unter Artikel 81 Absatz 1 EGV und Section 1 Sherman Act fallen.

---

75 So Lenz im Hinblick auf Kartelle; vgl. Lenz, EG-Vertrag, Art. 85 Rdnr. 1.

76 Siehe dazu oben Kapitel I.B.1.d).

77 So auch Mailänder in Gemeinschaftskommentar, EWGV-Art. 85 Rdnr. 12 ff.; Bunte in Langen/Bunte, Kommentar zum deutschen und europäischen Wettbewerbsrecht, Art. 85 Rdnr. 21.

C. Wettbewerbsbeschränkungen

Die Frage, was eine Wettbewerbsbeschränkung ist, ist sowohl in den USA als auch in der Europäischen Union von wesentlicher Bedeutung für das Verständnis und die Anwendung der maßgeblichen Kartellrechtsvorschriften.

1. USA

In den USA hat sich der Supreme Court schon frühzeitig mit der Frage auseinandergesetzt, was unter einer „Wettbewerbsbeschränkung" im Sinne des Section 1 Sherman Act zu verstehen ist. Obwohl Section 1 Sherman Act lediglich von „restraints of trade"[78] spricht, hat der Supreme Court bereits in seiner *Standard Oil* - Entscheidung im Jahr 1911 festgestellt, dass Section 1 Sherman Act nicht jede Wettbewerbsbeschränkung verbieten wolle, sondern nur solche, die ungerechtfertigt (*„unreasonable"*[79]) sind. Der Supreme Court hat diese Auslegung des Section 1 Sherman Act wie folgt begründet: Jede vertragliche Bindung sei letztlich eine Wettbewerbsbeschränkung, weil sie die Handlungsfreiheit der Beteiligten einschränke; es sei aber nicht Sinn und Zweck von Section 1 Sherman Act, vernünftiges wirtschaftliches Handeln zu verbieten. Section 1 Sherman Act wolle lediglich solche Maßnahmen pönalisieren, die unvernünftig und ungerechtfertigt sind („unreasonable restraints"). Bei einigen Verhaltensweisen wird solch eine ungerechtfertigte Wettbewerbsbeschränkung unwiderleglich vermutet (*per se-Verbote*). Bei den meisten Verhaltensweisen muss jedoch anhand der Umstände des Einzelfalls untersucht werden, ob eine Rechtfertigung für die Maßnahme vorliegt (*rule of reason*-Untersuchung).[80]

2. Europäische Union

Das Verständnis der EG-Kommission und – etwas abgemildert – des EuGH darüber, was eine Wettbewerbsbeschränkung ist, steht im Gegensatz zu dem US-amerikanischen Verständnis von Wettbewerbsbeschränkung.

Die EG-Kommission definiert "Wettbewerbsbeschränkung" im Sinne des Artikel 81 Absatz 1 EGV in der Regel als eine Beschränkung der Handlungsfreiheit

78 Siehe den Wortlaut von Section 1 Sherman Act unten Kapitel II.A.1.a).
79 Siehe näher zu der Standard Oil-Entscheidung unten Kapitel II.B.2.a).
80 Siehe dazu ausführlich unten Kapitel II., insbesondere Kapitel II.A.4.

der beteiligten Parteien.[81] Eine Untersuchung der wirtschaftlichen Auswirkungen der betroffenen Vereinbarungen findet nach bisheriger ständiger Praxis der EG-Kommission im Rahmen des Artikel 81 Absatz 1 EGV nicht statt.[82]

Der EuGH verfolgt einen ähnlichen Ansatz wie die EG-Kommission.[83] Allerdings hat der EuGH verschiedentlich Wettbewerbsbeschränkungen, die für die Erreichung eines legitimen wirtschaftlichen Zwecks unerlässlich sind, nicht unter Artikel 81 Absatz 1 EGV subsumiert, obwohl die beanstandeten Verhaltenswei-

---

81 Ausführlich dazu Bright, Deregulation of EC Competition Policy: Rethinking Article 85(1), Fordham Corporate Law Institute 1994, 505ff.

82 Korah, The Judgment in Delimitis – A Milestone towards a Realistic Assessment of the Effects of an Agreement – or a Damp Squib?, 8 Tulane European and Civil Law Forum 17, 19f. (Herbst 1993). Diese weite Auslegung des Artikel 81 Absatz 1 EGV durch die EG-Kommission führt dazu, daß eine Vielzahl von Transaktionen unter Artikel 81 Absatz 1 EGV fällt. Daher wurden sehr viele Freistellungsanträge gestellt, die in dieser Anzahl von der Kommission kaum bearbeitet werden können (vgl. Korah, a.a.O., Fußnote 112; so auch die Kommission selbst, vgl. Grünbuch der Kommission zu vertikalen Wettbewerbsbeschränkungen, [1997] 4 C.M.L.R 519, 524). Die Kommission versucht daher, viele an sich unbedenkliche Vereinbarungen, die durch die weite Auslegung unter Artikel 81 Absatz 1 EGV fallen, wieder durch Gruppenfreistellungen pauschal als unbedenklich zu behandeln. Zur Kritik an dieser Vorgehensweise vgl. z.B. Korah, a.a.O., S. 20ff.; Ackermann, Die Zukunft vertikaler Vertriebsvereinbarungen im EG-Kartellrecht, S. 271ff.; Hawk, Vertical Restraints and EC Competition Law, 32 Common Market Law Review (1995), S. 973ff. Viele Kommentatoren verlangen daher, dass bei Artikel 81 Abs.1 EGV ähnlich wie bei Section 1 Sherman Act eine *rule of reason*-Untersuchung durchgeführt werden sollte. Die EG-Kommission hat inzwischen auf die heftige Kritik und die durch das bisherige Freistellungssystem entstandenen Probleme reagiert. In einem Weißbuch hat die Kommission eine Neustrukturierung des EG-Kartellrechts vorgeschlagen (ABl. (EG) 1999 Nr. C 132, 1 vom 12.5.1999); die pauschale Einführung einer *rule of reason* im Bereich des Artikel 81 Absatz 1 EGV hat die EG-Kommission jedoch in dem Weißbuch abgelehnt (Weißbuch der Kommission vom 12.5.1999, a.a.O., Seite 17). Statt des bisherigen Freistellungsverfahrens des Artikel 81 Absatz 3 EGV soll es direkt anwendbare Freistellungen geben, die zu einer *ex post*-Kontrolle führen. Weiterhin soll die ausschließliche Zuständigkeit der EG-Kommission im Bereich des Artikel 81 Absatz 3 EGV aufgehoben werden; vgl. dazu Griffiths, A Glorification of de minimis – The Regulation on Vertical Restraints, [2000] E.C.L.R. 241; zum Weißbuch der Kommission auch Deringer, Stellungnahme zum Weißbuch der Europäischen Kommission über die Modernisierung der Vorschriften zur Anwendung der Art. 85 und 86 EWG-Vertrag (Art. 81 und 82 EG), EuZW 2000, 5; Mestmäcker, Versuch einer kartellpolitischen Wende in der EU, EuZW 1999, 523; Möschel, Systemwechsel im Europäischen Wettbewerbsrecht, JZ 2000, 61.

83 Ähnlich auch Holley, EEC Competition Practice: A Thirty-Year Retrospective, 16 Fordham International Law Forum 342, 364ff. (1992/1993).

sen die Handlungsfreiheit der beteiligten Parteien eingeschränkt haben.[84] Neben seinen Entscheidungen zu qualitativ selektiven Vertriebssystemen[85] kam dieser Ansatz zum Beispiel auch in dem *Delimitis*-Urteil des EuGH zum Ausdruck.[86] An diesen Entscheidungen zeigt sich, dass der EuGH im Rahmen des Artikel 81 Absatz 1 EGV zumindest in gewissem Rahmen auch wirtschaftliche Argumente einfließen lässt.[87] In Fällen, in denen der EuGH dies getan hat, ist die EG-Kommission dem EuGH in der Regel gefolgt und hat dessen wirtschaftliche Betrachtungsweise umgesetzt.[88]

Dieses leicht unterschiedliche Verständnis von Wettbewerbsbeschränkungen der EG-Kommission und des EuGH ist für die Praxis von erheblicher Bedeutung. Im Hinblick auf die lange Verfahrensdauer von Klagen vor den europäischen Gerichten werden viele Unternehmen von geplanten Geschäftspraktiken Abstand nehmen, wenn die EG-Kommission diese Praktiken beanstandet; dies selbst dann,

---

84 Siehe dazu zum Beispiel Gonzalez Dias, The Notion of Ancillary Restraints under EC Competition Law, 19 Fordham International Law Journal 951, 991f. (1996); Bright, Deregulation of EC Competition Policy: Rethinking Article 85(1), Fordham Corporate Law Institute 1994, 505, 520ff.; Deacon, Vertical Restraints under EU Competition Law: New Directions, Fordham Corporate Law Institute 1995, 307, 311.

85 Siehe zum Beispiel Metro SB-Großmärkte GmbH & Co. KG ./. Kommission der Europäischen Gemeinschaften, Urt. v. 25. Oktober 1977, Rs. C 26/76, Slg. 1977, 1875; siehe auch unten Fußnote 503.

86 Stergios Delimitis ./. Henninger Bräu, Urt. v. 28.02.1991, Rs. C - 234/89, Slg. 1991 I, 935.

87 Vgl. zum Beispiel auch die Entscheidungen des EuGH in Pronuptia de Paris GmbH ./. Schillgalis, Urt. v. 28.01.1986, Rs. C – 161/84, Slg. 1986, 832; Société Technique Minière ./. Maschinenbau Ulm GmbH, Urt. v. 30.06.1966, Rs. C – 56/65, Slg. 1966, 281. Diese den Anwendungsbereich des Artikel 85 Absatz 1 EGV einschränkende Auslegung durch den EuGH mag daraus resultieren, daß der EuGH keine Freistellungen nach Artikel 81 Absatz 3 EGV gewähren kann. Hierfür ist gemäß Artikel 9 der EG-Kartellverordnung ausschließlich die EG-Kommission zuständig. Wenn der EuGH eine Transaktion beurteilen muß, die nicht von der Kommission nach Artikel 81 Absatz 3 EGV freigestellt wurde, kann er diese nur dadurch "retten", daß er feststellt, daß sie keine Wettbewerbsbeschränkung im Sinne von Artikel 81 Absatz 1 EGV darstellt. Daher ist es kaum verwunderlich, daß der EuGH den Anwendungsbereich von Artikel 81 Absatz 1 EGV enger auslegt als die EG-Kommission; so auch Hawk, The American (Anti-trust) Revolution: Lessons for the EEC?, [1998] E.C.L.R. 53, 70ff.

88 So hat z.B. die EG-Kommission als Reaktion auf das Urteil des EuGH in Pronuptia de Paris GmbH ./. Schillgalis, a.a.O., die Franchise-Gruppenfreistellungsverordnung erlassen. Griffiths betont jedoch zu Recht, dass die EG-Kommission nach wie vor ein sehr weites Verständnis des Begriffs "Wettbewerbsbeschränkung" hat; siehe Griffiths, A Glorification of de minimis – The Regulation on Vertical Restraints, [2000] E.C.L.R. 241, 244.

wenn die Unternehmen mit einem Obsiegen vor dem EuGH bzw. dem EuG rechnen könnten. Daher wird im folgenden auch den Entscheidungen der EG-Kommission besondere Aufmerksamkeit gewidmet.

D. Vertikale und horizontale Wettbewerbsbeschränkungen

I. Definitionen, Abgrenzung

Herkömmlich werden solche Wettbewerbsbeschränkungen als horizontal bezeichnet, die zwischen Parteien geschlossen werden, die sich auf der gleichen Handelsstufe bewegen, also insbesondere zwischen Unternehmen, die in Konkurrenz zueinander stehen.[89]

Vertikale Vereinbarungen sind hingegen Vereinbarungen, die zwischen Parteien geschlossen werden, die auf unterschiedlichen Handelsstufen stehen, also insbesondere in Vertriebssystemen zwischen Herstellern und Groß- bzw. Einzelhändlern, aber auch zwischen Großhändlern und Einzelhändlern.[90]

Obwohl die Unterscheidung zwischen horizontalen und vertikalen Wettbewerbsbeschränkungen abstrakt betrachtet wenig Probleme aufwirft, ist sie im Einzelfall durchaus schwierig.[91] So sind Fälle denkbar, in denen der Form nach zwar ein vertikales Verhältnis vorliegt, die Lage tatsächlich aber als horizontal behandelt werden muss.[92] So zum Beispiel, wenn verschiedene voneinander un-

---

89 Wegener, Dancing with Dinosaurs; Using Legal Analysis to Determine the Role of Vertical Non-Price Restraints in Competitive Strategy, CA63 ALI-ABA 73, 77 (Januar 1995); Lugard, Vertical Restraints under EC Competition Law, [1996] 3 E.C.L.R. 166, 168. Zur Abgrenzung zwischen kooperativen Verhaltensweisen und bewusstem Parallelverhalten im Bereich der horizontalen Wettbewerbsbeschränkungen, siehe Blechman, Conscious Parallelism, Signaling and Faciliating Devices: The Problem of Tacit Collusion under the Antitrust Laws, 24 New York Law School Law Review 881 (1979).

90 Wegener, a.a.O.; Fogt/Gotts, The Antitrust and Technology Transfer Licensing Interface: A Comparative Analysis of the Current Developments, 13 International Tax and Business Lawyer 1, Fußnote 23 (1995), Lugard, Vertical Restraints under EC Competition Law: A Horizontal Approach?, [1996] 3 E.C.L.R. 168. So auch die EG-Kommission in ihrem Grünbuch zu vertikalen Wettbewerbsbeschränkungen, [1997] 4 C.M.L.R. 519, 520 ("Agreements between producers and distributors (vertical restraints) ...").

91 Zu diesem Problemfeld unter EU Wettbewerbsrecht im Hinblick auf Lizenzverträge siehe auch Lugard, a.a.O., S. 169.

92 In den USA haben die State General Attorneys in Punkt 2.2. der "Vertical Restraint Guidelines" der National Association of Attorneys General (abgedruckt in American Bar Association, Antitrust Law Developments, Band II, Seite 1601 ff.) das Problem

abhängige Händler eine gemeinsame Einkaufsgesellschaft gründen, die sie gemeinschaftlich beherrschen. Wenn diese Händler dann mit der Einkaufsgesellschaft Verträge abschließen, in deren Rahmen die Einkaufsgesellschaft den einzelnen Mitgliedern ausschließliche Verkaufsgebiete zuteilt, liegt der Form nach eine Art Großhändler-Einzelhändler-Beziehung vor. Tatsächlich haben aber die an sich in Konkurrenz stehenden Händler ihre Gebiete aufgeteilt. Daher wird in dieser Konstellation in der Regel eine horizontale Wettbewerbsbeschränkung vorliegen.[93]

Aus Gründen der Einfachheit werden im folgenden vertikale Vereinbarungen als Beziehung zwischen Hersteller und Händler dargestellt. Die im folgenden herausgearbeiteten Grundsätze gelten aber auch für andere vertikale Vereinbarungen, wie zum Beispiel zwischen Händlern auf verschiedenen Handelsstufen (z.B. Groß- und Einzelhändlern).

2. *Praktische Bedeutung der Abgrenzung*

Obwohl sich die Gerichte insbesondere in den USA schon vor geraumer Zeit mit vertikalen Wettbewerbsbeschränkungen auseinandersetzen mussten,[94] ist die *dogmatische* Unterscheidung zwischen horizontalen und vertikalen Wettbewerbsbeschränkungen eine relativ neue Erscheinung im Kartellrecht.[95] Die Unterscheidung zwischen horizontalen und vertikalen Vereinbarungen ist vor allem im US-Recht von Bedeutung.[96] Zwar erfasst Section 1 Sherman Act sowohl

---

angesprochen, wann eine Absprache, die von einem Hersteller ausgeht und von seinen Händlern befolgt wird, als horizontal oder vertikal behandelt werden muß. Solch eine Absprache müsse, obwohl vom Hersteller ausgehend, dann als horizontal angesehen werden, wenn die Händler wissen, daß auch die anderen Händler das Vertriebssystem des Herstellers befolgen und ihre gegenseitige Einwilligung darauf basiert, daß auch die anderen mitmachen; siehe dazu auch unten Kapitel II.B.3.

93 Vgl. zu einem ähnlichen Fall die Entscheidung der Court of Appeals des siebten Circuit in *Denny's Marina, Inc. v. Renfro Productions*, Inc., 8 F.3d. 1217 (7th Cir. 1993) oder auch die Entscheidung des US-Supreme Court in *United States v. Sealy, Inc.*, 388 U.S. 350 (1967); siehe allgemein dazu Blechman, Relationships among Competitors, 890 PLI/Corp. 7, 12 m.w.N., Kartte/Kulka, Vertikale Wettbewerbsbeschränkungen im deutschen und US-amerikanischen Kartellrecht in Festschrift für Ernst C. Stiefel, 371.

94 So gehen die Fälle in den USA bis zum Anfang des vergangenen Jahrhunderts und weiter zurück; vgl. z.B. die Entscheidung in *Dr. Miles* (unten Kapitel II.B.2.b)).

95 Siberman, Antitrust Issues in Distribution: A Review of Selected Advanced Problems in Vertical Antitrust Behavior, 1040 PLI/Corp 99, 102 (März 1998).

96 So auch Zwisler, The Susceptibility of Vertical Restraints to Summary Adjudication: Procedural Avenues to Substantive Objectives, 67 Antitrust Law Journal 327,

horizontale als auch vertikale Wettbewerbsbeschränkungen. Aufgrund der vom Supreme Court im Rahmen von Section 1 Sherman Act entwickelten *per se*-Verbote[97] kann von der Einordnung einer Wettbewerbsbeschränkung als horizontal oder als vertikal in den USA die kartellrechtliche Zulässigkeit dieser Wettbewerbsbeschränkung abhängen.[98] So sind zum Beispiel unter Section 1 Sherman Act Gebietsabsprachen zwischen Konkurrenten, also horizontale Gebietsaufteilungen, *per se* verboten. Vertikale Gebietsaufteilungen, wie zum Beispiel die Gewährung von exklusiven Verkaufsgebieten durch einen Hersteller an die Händler in seinem Vertriebssystem, werden hingegen unter der *rule of reason* untersucht und können kartellrechtlich zulässig sein.[99]

Im EU-Recht spielte die Unterscheidung zwischen horizontalen und vertikalen Wettbewerbsbeschränkungen hingegen bislang keine so ausschlaggebende Rolle wie in den USA. Zwar ist im EU-Recht der Begriff der vertikalen Wettbewerbsbeschränkung zur Veranschaulichung der Natur der Vereinbarung bzw. Verhaltensabstimmung gebräuchlich,[100] jedoch haben weder die EG-Kommission noch der EuGH im Rahmen des Artikel 81 Absatz 1 EGV maßgeblich danach unterschieden, ob eine Wettbewerbsbeschränkung horizontaler oder vertikaler Art ist.[101]

333, 336 (1999). Im deutschen Kartellrecht ist die Unterscheidung zwischen horizontalen und vertikalen Wettbewerbsbeschränkungen ebenfalls von großer Bedeutung. Hier trennt bereits das GWB zwischen horizontalen (§ 1 GWB) und vertikalen (§ 14 ff. GWB) Vereinbarungen.

97 Siehe dazu unten Kapitel II.A.4.

98 Die Unterscheidung zwischen horizontalen und vertikalen Wettbewerbsbeschränkungen ist nicht unumstritten. So vertreten Baxter und Kessler die bedenkenswerte Ansicht, daß eine Abgrenzung zwischen horizontalen und vertikalen Wettbewerbsbeschränkungen wenig hilfreich ist, weil sie nichts über die wirtschaftlichen Auswirkungen der Vereinbarungen aussagt. Nach Baxter und Kessler sollte daher nicht zwischen horizontal und vertikal unterschieden werden; vielmehr sollte untersucht werden, ob die Vereinbarungen zwischen Parteien geschlossen wurden, die Produkte oder Leistungen anbieten, die sich gegenseitig ersetzen oder die sich gegenseitig ergänzen; vgl. Baxter/Kessler, Toward a Consistent Theory of the Welfare Analysis of Agreements, 47 Stanford Law Review 615 ff (April 1995).

99 Siehe dazu unten Kapitel II.

100 So zum Beispiel in der Entscheidung des EuGH in Bayerische Motorenwerke AG ./. ALD Auto-Leasing D GmbH, Urt. v. 24. Oktober 1995, Rs. C 70/93, Slg. 1995, Seite 3439, 3445; siehe auch die VW-Entscheidung der Kommission vom 28. Januar 1998, ABl. (EG) 1998, Nr. L 124, Seite 60, 76, Ziffer 109; dazu unten Kapitel III.B.1.b)(9), S. 182 ff.

101 Siehe dazu unten Kapitel III.; vgl. Korah, The Judgment in Delimitis – A Milestone towards a Realistic Assessment of the Effects of an Agreement – or a Damp Squib?, 8 Tulane European and Civil Law Forum 17, Fußnote 25 (Herbst 1993). Allerdings werden innerhalb der EU gerade auch vertikale Absprachen kritisch betrachtet, weil

Eine genaue Untersuchung ist im Einzelfall im US-Recht unumgänglich, weil sie dort wie bereits dargelegt für die kartellrechtliche Zulässigkeit der Handlung entscheidend sein kann. Unter Artikel 81 EGV ist eine eingehende Untersuchung in dieser Richtung nach der vorherrschenden Praxis der EG-Kommission und des EuGH nur notwendig, wenn geprüft wird, ob eine Gruppenfreistellungsverordnung Anwendung findet. Die Unterscheidung zwischen horizontalen und vertikalen Wettbewerbsbeschränkungen wird jedoch auch im Rahmen des EG-Kartellrechts zunehmend an Bedeutung gewinnen. Das zunehmende Problembewusstsein lässt sich schon an der neu erlassenen Gruppenfreistellungsverordnung über vertikale Wettbewerbsbeschränkungen[102] feststellen.[103]

E. Ziele des Kartellrechts

Die Frage nach den Zielen des Kartellrechts ist eine grundlegende Frage, die bei der Beurteilung aller kartellrechtlicher Grenzfälle von großer Bedeutung ist. Kartellrecht kann nicht Selbstzweck sein. Kartellrecht ist als lenkendes Recht teleologisch auszulegen. Eine teleologische Auslegung setzt jedoch voraus, dass man sich der Ziele des Kartellrechts bewusst ist. [104]

Über die Frage der Ziele des Kartellrechts ist bereits sehr viel diskutiert worden. Im folgenden soll daher lediglich ein kurzer Überblick über die verschiedenen Meinungen gegeben werden.

---

sie geeignet sind, den gemeinsamen Markt aufzuteilen und so den Integrationsprozeß zu behindern.

102 Verordnung (EG) Nr. 2790/1999, ABl. Nr. L 336, Seite 21 ff.; vgl. auch unten Kapitel III.A.1.d); Siehe zum Beispiel den Entwurf der Leitlinien zu vertikalen Wettbewerbsbeschränkungen der EG-Kommission (Mitteilung der Kommission vom 24.09.1999, ABl. Nr. C 270, S. 7, 8).

103 Zwar ging es schon bei früheren Gruppenfreistellungsverordnungen um die Unterscheidung von vertikalen und horizontalen Wettbewerbsbeschränkungen (siehe dazu unten Kapitel III.A.1.c)); im Unterschied zu diesen Freistellungsverordnungen, die lediglich bestimmte Arten von Vereinbarungen freistellen, erfasst die neue Gruppenfreistellungsverordnung alle vertikalen Vereinbarungen und misst damit der grundsätzlichen Unterscheidung zwischen vertikalen und horizontalen Vereinbarungen mehr Gewicht bei als dies die früheren Gruppenfreistellungsverordnungen getan haben.

104 So auch Bork, The Antitrust Paradox – A Policy at War with Itself, Seite 50.

1. Meinungsstand in den USA

Insbesondere in den USA ist die Frage nach den Zielen des Kartellrechts nach wie vor ein Streitpunkt, an dem sich die Geister scheiden.[105]

Die Anhänger der Chicago School of Law and Economics sind der Ansicht, dass der einzige Zweck des Kartellrechts der Schutz der Effektivität des Wettbewerbs ist.[106] Dabei verstehen die Anhänger der Chicago-Lehre unter dem Schutz der Effektivität des Wettbewerbs vor allem den Schutz des *interbrand*-Wettbewerbs.[107] Andere Stimmen, die den "traditionellen"[108] Vorstellungen folgen, vertreten die Auffassung, dass Kartellrecht daneben auch politische und soziale Ziele verfolgt, wie zum Beispiel den Schutz kleiner Unternehmen, die Verteilung von Marktmacht auf mehrere Unternehmen und die Freiheit der am Handel Beteiligten, ihre eigenen Entscheidungen zu treffen.[109]

---

105 Aus der umfangreichen Literatur zu diesem Thema siehe zum Beispiel Bork, Legislative Intent and the Policy of the Sherman Act, 9 L.J. & Econ. 7 (1966); Gerla, A Microeconomic Approach To Antitrust Law: Games Managers Play, 86 Mich Law Review 892 (1988); Grimes, Brand Marketing, Intrabrand Competition, and the Multibrand Retailer: The Antitrust Law of Vertical Restraints, 64 Antitrust Law Journal 83 (Herbst 1995); Fox/Sullivan, Antitrust-Retrospective and Prospective: Where Are We Coming From? Where Are We Going?, 62 New York University Law Review 936, 957 (1987); Fox, Consumer Beware Chicago, 84 Mich. Law Review 1714 (1986); Meyer, Relaxation of the *Per se* Mantra in the Vertical Price Fixing Arena, 68 S. Cal. Law Review 73, 85 f. (1994); Wegman Burns, Vertical Restraints, Efficiency, and the Real World, 62 Fordham Law Review 597 ff. (Dezember 1993).

106 Vgl. zum Beispiel Bork, The Antitrust Paradox – A Policy at War with Itself, Seite 20 f.; Posner, Antitrust Law: An Economic Perspective, Seite 19 f.; Easterbrook, Vertical Arrangements and the Rule of Reason, 53 Antitrust L.J. 135, 138 ff. (1984).

107 *Interbrand*-Wettbewerb meint den Wettbewerb zwischen verschiedenen Herstellern. *Intrabrand*-Wettbewerb hingegen ist der Wettbewerb zwischen verschiedenen Händlern, die die gleichen Produkte desselben Herstellers vertreiben.

108 Dieser Begriff ist entliehen von Fox/Sullivan, Antitrust-Retrospective and Prospective: Where Are We Coming From? Where Are We Going?, 62 N.Y.U. Law Review 936, 957 (1987).

109 Siehe zum Beispiel Wegman Burns, Vertical Restraints, Efficiency, and the Real World, 62 Fordham Law Review, Seite 597 ff. (1993); Lande, Wealth Transfers as the Original and Primary Concern of Antitrust: The Efficiency Interpretation Challenged, 34 Hastings L.J. 67 (1982); Fox, The Battle for the Soul of Antitrust, 75 Cal. Law Review 917 (1987).

Der Streit über die Ziele des Sherman Act wird dadurch unterstützt, dass wenig darüber bekannt ist, welche Ziele der US-Congress mit dem Erlass dieses Gesetzes verfolgt hat.[110]

Auch die Ansicht des US-Supreme Court ist nicht ganz eindeutig. Nachdem der Supreme Court den Zweck von Kartellrecht anfangs vor allem im Schutz kleiner Unternehmen gesehen hat[111] und großen Unternehmen kritisch gegenüberstand,[112] hat er sich nun schon mehrfach dahingehend geäußert, dass der *interbrand*-Wettbewerb das vordringliche Schutzziel des Kartellrechts ist.[113] Dennoch hat der Supreme Court es bisher vermieden, die Aufrechterhaltung des *interbrand*-Wettbewerbs als alleiniges Ziel von Kartellrecht anzuerkennen. Selbst in Zeiten, in denen der Einfluss der Chicago-Lehre am deutlichsten festzustellen war, fanden sich in Urteilen des Supreme Court Hinweise auf das Ziel des Schutzes kleiner Unternehmen.[114]

---

110 Ausführlich hat Bork diese Frage erörtert und ist zu dem Ergebnis gekommen, daß der Congress einzig die maximale Ausnutzung von Resourcen im Auge hatte ("[T]he policy the courts were intended to apply is the maximation of wealth or consumer want satisfaction. This requires courts to distinguish between agreements or activities that increase wealth through efficiency and those that decrease it through restriction of output"); vgl. Bork, Legislative Intent and the Policy of the Sherman Act, 9 L.J. & Econ. 7 (1966). Andere sehen die Absichten des Congress weit weniger klar; vgl. zum Beispiel Meyer, Relaxation of the *Per se* Mantra in the Vertical Price Fixing Arena, 68 Southern California Law Review. 73, 84 (November 1994) oder auch Morgan, Modern Antitrust Law and Its Origins, 22 ff.; eine ausführliche Darstellung bietet Kintner, The Legislative History of the Federal Antitrust Laws and Related Statutes. Andere halten die Absichten, die der Congress bei Erlass des Sherman Act verfolgt hat, für das heutige Verständnis des Sherman Acts für nicht relevant, weil der Sherman Act den jeweils vorherrschenden Bedingungen gerecht werden muß; zum Beispiel Robinson, Explaining Vertical Agreements: The Colgate Puzzle and Antitrust Method, 80 Virginia Law Review 577, 595 (1994).

111 Siehe dazu Marc A. Fajer, Taming the Wayward Children of Monsanto and Sylvania: Some Thoughts on Developmental Disorders in Vertical Restraints Doctrine, 68 Temple Law Review 1, 14 (1995) m.w.N.

112 Fogt/Knable Gotts, Antitrust and Technology Transfer Licensing Interface: A Comparative Analysis of Current Developments, 13 International Tax & Business Lawyer 1, 5 (1995).

113 So erstmals in *Continental T.V., Inc. v. GTE Sylvania, Inc.*, 433 U.S. 36, 52 (Fußnote 19) (1977) ("Interbrand competition is ... the primary concern of antitrust law."); folgend in *Business Electronics Corp. v. Sharp Electronics Corp.*, 485 U.S. 717, 724 (1988); nochmals in *State Oil Co. v. Khan*, 118 S.Ct. 275, 281 (1997) ("Our analysis is also guided by our general view that the primary purpose of the antitrust laws is to protect interbrand competition.").

114 So bedachte der Supreme Court zum Beispiel in *Sylvania* auch die negativen Folgen von *per se*-Verboten im Bereich der vertikalen *non-price restraints* für kleine Unternehmen ("small businesses"). Nach Ansicht des Supreme Court besteht die Ge-

Ob der Supreme Court neben dem Schutzziel *interbrand*-Wettbewerb auch wieder mehr Gewicht auf die anderen Ziele des Kartellrechts legen wird, bleibt abzuwarten. Zwar hat der Supreme Court in seiner Entscheidung zu *Kodak*[115] eine Abkehr von einem blinden Vertrauen in theoretische ökonomische Denkmodelle eingeleitet und angedeutet, dass eine Entscheidung anhand der tatsächlichen Umstände des Einzelfalls getroffen werden müsse,[116] aber dies bedeutet lediglich, dass der Supreme Court anerkennt, dass es in der Realität Marktstörungen gibt, die in theoretischen ökonomischen Denkmodellen nicht vorkommen.[117] Dies bedeutet jedoch nicht zwangsläufig, dass der Supreme Court die anderen Ziele des Kartellrechts wieder stärker betonen wird. Im Gegenteil hat der Supreme Court in *State Oil v. Khan* - einer Entscheidung, die nach der *Kodak*-Entscheidung gefällt wurde - erneut betont, dass der Schutz des *interbrand*-Wettbewerbs das Hauptanliegen des Kartellrechts ist.[118]

Zusammenfassend lässt sich feststellen, dass in den USA die Frage nach den Zielen des Kartellrechts auch in Zukunft problematisch bleiben wird. Dass der US-Congress eine klare gesetzliche Regelung treffen wird, ist wegen der politischen Konsequenzen nicht zu erwarten. Da die Frage nach den Zielen des Kartellrechts naturgemäß stark von wirtschafts- und gesellschaftspolitischen Erwägungen beeinflusst wird, ist ebenfalls nicht damit zu rechnen, dass die US-Gerichte oder die Literatur in den USA zu einem gemeinsamen Verständnis finden werden.

2. *Meinungsstand in der EU*

Anders als in den USA gibt es in der EU nicht so viele sich widersprechende und so vehement vorgetragene Stellungnahmen zu der Frage nach den Zielen des Kartellrechts.

---

fahr, daß bei *per se*-Verboten im Bereich horizontaler Wettbewerbsverhältnisse Hersteller zur vertikalen Integration neigen; vgl. *Continental T.V., Inc. v. GTE Sylvania, Inc.*, 433 U.S. 36, 57 (Fußnote 26) (1977).

115 Eastman Kodak Company v. Image Technical Services, Inc. 504 U.S. 451 (1992).

116 Dies wurde zuvor schon in der Literatur gefordert; siehe z.B. Wegman Burns, Vertical Restraints, Efficiency, and the Real World, 62 Fordham Law Review 597, 630f. (1993).

117 Mit der Entscheidung des Supreme Court in *Kodak* setzt sich ausführlich auseinander Grimes, Antitrust Tie-In Analysis after Kodak: Understanding the Role of Market Imperfections, 62 Antitrust Law Journal 263 (1994); siehe auch Larson, Antitrust Tie-In Analysis After Kodak: A Comment, 63 Antitrust Law Journal 239 ff. (1994).

118 Khan v. State Oil, a.a.O.

Es besteht innerhalb der EU der Konsens, dass der Schutz des *interbrand*-Wettbewerbs nicht das alleinige Ziel der EG-Wettbewerbsregeln sein kann. So steht nach Ansicht des EuGH[119], der EG-Kommission[120] und vieler Kommentatoren[121] die Erhaltung und Förderung des *intrabrand*-Wettbewerbs der Erhaltung und Förderung des *interbrand*-Wettbewerbs gleichwertig gegenüber. Von wesentlicher Bedeutung ist jedoch, dass bei der Anwendung der EG-Wettbewerbsregeln immer beachtet werden muss, dass ein Hauptziel der EU gemäß Artikel 2 und 3 lit. g EGV die Verwirklichung des Gemeinsamen Marktes ist.[122] Daneben spielen der Verbraucherschutz und die effektive und gerechte Verteilung der Rohstoffe und Marktmöglichkeiten eine Rolle.[123] Insofern unterscheidet sich das vorherrschende Verständnis über die Ziele der Kartellrechtsvorschriften in den USA und der EU deutlich.[124] Allerdings ist zu beobachten, dass die Frage nach den wirtschaftlichen Auswirkungen von Geschäftspraktiken - gerade auch im Hinblick auf vertikale Wettbewerbsbeschränkungen - in der EU immer stärker an Bedeutung gewinnt, wenn die Zulässigkeit solcher Praktiken unter EG-Kartellrecht beurteilt wird.[125]

---

119 vgl. zum Beispiel die Entscheidung in Consten GmbH und Grundig-Verkaufs-GmbH ./. Kommission der EWG, Urt. v. 13. Juli 1966, verbundene Rs. 56 und 58/64, Slg. 1966, 321.

120 Vgl. das Grünbuch der Kommission zu vertikalen Wettbewerbsbeschränkungen, KOM (96) 721 endg., [1997] 4 C.M.L.R. 519, 525.

121 Vgl. z.B. Bright, Deregulation of EC Competition Policy: Rethinking Article 85(1), Fordham Corporate Law Institute 1994, 505, 516.

122 So ausdrücklich die EG-Kommission in ihrem Grünbuch zu vertikalen Wettbewerbsbeschränkungen, [1997] 4 C.M.L.R. 519, 520 und 573. Damit stellt sich die grundsätzliche Frage der Auslegung von einzelnen Vorschriften des EG-Vertrags. Der EuGH wendet bei seinen Urteilen häufig eine teleologische Auslegung an ("effet utile"; so zum Beispiel das Urteil vom 21.2.1973, Europemballage, Continental Can ./. Kommission der Europäischen Gemeinschaften, Rs. 6/72, Slg. 1973, 215 Tz. 25); zu der grundsätzlichen Frage der Auslegung der EG-Wettbewerbsregeln siehe zum Beispiel Wiedemann, Handbuch des Kartellrechts, § 2 Rdnr. 17 ff.

123 Vgl. dazu allgemein Guerrin, Cartels: Proof and Procedural Issues, 16 Fordham Int'l L.J. 266, 273 f. (1992/93); siehe auch Grünbuch der Kommission zu vertikalen Wettbewerbsbeschränkungen, [1997] 4 C.M.L.R. 519, 552.

124 So auch Dara, Antitrust Law in the European Community and the United States: A Comparative Analysis, 47 Louisiana Law Review 761 , 764 (1987).

125 Siehe nur Ziffer (7) ff. der einleitenden Gründe der EG-Kommission zur Gruppenfreistellungsvereinbarung für vertikale Wettbewerbsbeschränkungen (ABl. Nr. L 336, 21 vom 22.12.1999).

3. *Bedeutung der Ziele des Kartellrechts für die Praxis*

Wie bereits eingangs erwähnt, ist die Frage nach den Zielen des Kartellrechts häufig entscheidend für die Frage der Behandlung von Grenzfällen. Vom theoretischen Ansatz her ist dies konsequent, wenn man eine zielbezogene Anwendung von Kartellrecht fordert. Dass dies aber auch in der Praxis so ist, zeigt sich an vielen Urteilen der Gerichte und Behörden in der EU und den USA. Viele dieser Entscheidungen vermitteln den Eindruck, dass sie mehr auf praktischen Erwägungen als auf dogmatischen Grundsätzen beruhen.[126]

F. Ökonomische Auswirkungen und Hintergründe von vertikalen Wettbewerbsbeschränkungen

1. *Ökonomische Analyse in der Praxis*

a) *USA*

Die ökonomischen Hintergründe und Auswirkungen von vertikalen Wettbewerbsverhältnissen wurden insbesondere in den USA oft untersucht.[127] Die Erkenntnis, dass vertikale Wettbewerbsbeschränkungen durchaus positive Auswirkungen auf den Markt haben können, hat ausgehend von der Chicago School of Law and Economics dazu geführt, dass das Kartellrecht nicht mehr losgelöst von ökonomischen Theorien und Realitäten betrachtet wird.

---

126 Siehe dazu im Bereich des US-Rechts unten Kapitel II.B.2., im Bereich des EU-Rechts unten Kapitel III.B.1.b).

127 Die Literatur zu diesem Thema ist sehr umfangreich. Um nur einige Beiträge zu nennen, die sich mit diesem Thema befassen: Baker, Recent Developments in Economics that Challenge Chicago School Views, 58 Antitrust L.J. 645 (1989); Baker, Interconnected Problems of Doctrine and Economics in the Section One Labyrinth: Is Sylvania a Way Out?, 67 Virginia Law Review 1457, 1474 (1981); Bork, The Antitrust Paradox - A Policy at War with Itself (1993); Comanor, The Two Economics of Vertical Restraints, 21 Southwestern University Law Review 1265 (1992); Easterbrook, Vertical Arrangements and the Rule of Reason, 53 Antitrust Law Journal 135 (1984); Elzinga, The Economics of Distribution, CA63 ALI-ABA 1 (1996); Grimes, The Seven Myths of Vertical Price Fixing: The Politics and Economics of a Century-Long Debate, 21 Southwestern University Law Review 1285 (1992); Liebeler, Economic Review of Antitrust Developments: The Distinction between Price and Nonprice Distribution Restrictions, 31 UCLA Law Review 384 (1983); Wegener, Dancing with Dinosaurs: Using Legal Analysis to Determine the Role of Vertical Non-Price Restraints in Competitive Strategy, CA63 ALI-ABA 73 (1995); Steiner, Sylvania Economics – A Critique, 60 Antitrust Law Journal 41 (1991).

In den USA ist eine ökonomische Analyse inzwischen häufig Hauptbestandteil bei der Prüfung, ob ein Kartellrechtsverstoß vorliegt. Bei der Frage, welche Auswirkungen vertikale Wettbewerbsbeschränkungen haben, gehen die Ansichten nach wie vor auseinander. Einige vertreten, dass vertikale Wettbewerbsbeschränkungen *per se* positiv zu beurteilen sind, andere, dass diese Wettbewerbsbeschränkungen in erster Linie negativ zu werten sind. Daneben setzt sich immer mehr die Meinung durch, dass es auf die Situation im Einzelfall ankommt.[128]

b) Europäische Union

In der EU ist die ökonomische Analyse von Wettbewerbsbeschränkungen bisher vordergründig noch nicht so stark in Erscheinung getreten wie in den USA.[129] Jedoch sind die möglichen positiven ökonomischen Auswirkungen von vertikalen Wettbewerbsbeschränkungen auch schon vor einiger Zeit in der EU zur Kenntnis genommen worden.[130] Die EG-Kommission hat festgestellt, dass sich die Kontroverse über die wirtschaftlichen Auswirkungen von vertikalen Wettbewerbsbeschränkungen mittlerweile dahingehend beruhigt hat, dass vertikale Wettbewerbsbeschränkungen weder als *per se* positiv noch als *per se* negativ anzusehen sind; vielmehr kommt es immer auf eine situationsbedingte Analyse an.[131] In der Gruppenfreistellungsverordnung über vertikale Wettbewerbsbeschränkungen vertritt die EG-Kommission nunmehr einen Ansatz, der vertikale Wettbewerbsbeschränkungen grundsätzlich positiv betrachtet. Die EG-Kommission hat in der Gruppenfreistellungsverordnung die grundsätzliche Nützlichkeit von vertikalen Wettbewerbsbeschränkungen festgestellt, diese Nützlichkeit jedoch mit der Marktstellung der an der vertikalen Wettbewerbsbeschränkung Beteiligten in Verbindung gebracht.[132] Dies zeigt deutlich, dass auch in der EU die ökonomische Analyse von Wettbewerbsbeschränkungen immer wichtiger wird.

---

128 Siehe dazu sogleich Kapitel I.F.2.

129 Zur Kritik an dieser fehlenden ökonomischen Analyse siehe Gamet-Pol, Franchise Agreements in the E.E.C.: Exemption or Clearance From Article 85(1) Prohibition?, 7 New York International Law Review 99, 114 (1994); ein aktueller Beitrag zu dieser Thematik findet sich bei Lever, Neubauer, Vertical Restraints, Their Motivation and Justification, [2000] E.C.L.R 7.

130 So zum Beispiel die EG-Kommission in ihrem Grünbuch zu vertikalen Wettbewerbsbeschränkungen, [1997] 4 C.M.L.R. 519, 520. Darüber hinaus spielen die wirtschaftlichen Auswirkungen von Wettbewerbsbeschränkungen eine erhebliche Rolle bei Entscheidungen über Freistellungen nach Artikel 81 Absatz 3 EGV.

131 Grünbuch der Kommission zu vertikalen Wettbewerbsbeschränkungen, [1997] 4 C.M.L.R. 519, 522.

132 Mitteilung der Kommission vom 24.09.1999, (ABl. Nr. C 270, S. 7, 8 vom 24.09.1999).

2. *Ökonomische Analyse in der Theorie*

Dass man sich einig ist, dass die ökonomischen Auswirkungen von vertikalen Wettbewerbsbeschränkungen untersucht werden müssen, ist nur ein erster Schritt. Die ökonomischen Auswirkungen von vertikalen Wettbewerbsbeschränkungen werden kontrovers diskutiert. Es werden vor allem folgende Ansichten vertreten[133]:

a) Chicago-School

Die Vertreter der Chicago-Lehre sind der Ansicht, dass vertikale Wettbewerbsbeschränkungen insgesamt wettbewerbsfördernd sind, da sie den *interbrand*-Wettbewerb fördern.[134] Die Chicago-Anhänger stützen diese Ansicht insbesondere auf zwei Prämissen:

1. Es gibt Formen des *intrabrand*-Wettbewerbs, die den *interbrand*-Wettbewerb nachhaltig negativ beeinflussen und daher schädlich sind. Klassisches Beispiel ist das "free rider"-Problem.[135] Solche *intrabrand*-Probleme können

---

133 Siehe dazu den Überblick bei Joerges, Selektiver Vertrieb und Wettbewerbspolitik: Eine konzeptionelle Analyse der Entscheidungspraxis von Kommission und Gerichtshof zu Art. 85 EG-Vertrag, GRUR Int. 1984, 222, 224ff.; eine ausführliche wirtschaftsmathematische Analyse ist zu finden bei Klein/Murphy, Vertical Restraints as Contract Enforcement Mechanisms, 31 The Journal of Law and Economics 265 (1988) und Scherer, The Economics of Vertical Restraints, 52 Antitrust Law Journal 687 (1983).

134 Siehe zum Beispiel Grimes, Spiff, Polish, and Consumer Demand Quality: Vertical Price Restraints Revisited, 80 California Law Review 815, 839 (1992) m.w.N.; Brodley, The Economic Goals of Antitrust: Efficiency, Consumer Welfare, and Technological Progress, 62 New York University Law Review 1020, 1023ff. (1987); Marvel, The Resale Price Maintenance Controversy: Beyond the Conventional Wisdom, 63 Antitrust Law Journal 59 (1994); vgl. auch zusammenfassend Kapp, Wettbewerbsbeschränkungen durch vertikale Vertriebsbeschränkungen?, Seite 68 ff.

135 Dieses Problem entsteht dann, wenn manche Händler einen umfangreichen Verkaufs- und Informationsservice bieten, andere hingegen nicht, wobei letztere Kosten sparen und daher billiger verkaufen können als erstere. Daher besteht die Gefahr, daß Kunden sich von solchen Händlern, die den vollen Service bieten, ausführlich beraten lassen. Anschließend kaufen sie das Produkt, für das sie sich entschieden haben, bei der billigeren Konkurrenz. Daher werden die Händler, die einen umfangreichen Service bieten, diesen ebenfalls einschränken, um mit den "free ridern" konkurrieren zu können. Dadurch steht dem Kunden nirgends mehr ein umfassender Service zur Verfügung, wodurch sich die Situation des Herstellers im Verhältnis zu anderen Herstellern verschlechtert. Siehe dazu Telser, Why Should Manufacturers Want Fair Trade?, 3 Journal of Law and Economics 86 (1960), der soweit ersichtlich

durch vertikale Wettbewerbsbeschränkungen eingeschränkt oder gar ausgeschaltet werden, wodurch der *interbrand*-Wettbewerb verstärkt wird. Dadurch werde die Effizienz erhöht und folglich die Kosten gesenkt.[136]

2. Hersteller stehen unter einem starken Konkurrenzdruck. Die Entscheidungen, die sie unter diesem Druck treffen, dienen dazu, ihre Wettbewerbsfähigkeit zu erhöhen. Dies erfolgt regelmäßig durch Senkung der Kosten und/oder Erhöhung der Qualität der Produkte. Folglich profitieren auch die Verbraucher von diesen Maßnahmen des Herstellers. Insofern stimmen die Interessen des Herstellers und der Verbraucher überein. Da die Hersteller ihr Vertriebssystem kaum gegen ihre eigenen Interessen gestalten werden, besteht eine Vermutung dafür, dass die Maßnahmen des Herstellers in diesem Zusammenhang auch den Interessen der Verbraucher dienen und daher grundsätzlich positiv zu beurteilen sind.[137]

b) Gegenansichten

Die Gegenstimmen weisen darauf hin, dass vertikale Wettbewerbsbeschränkungen durchaus negative Auswirkungen haben können.

Das klassische Beispiel ist in diesem Zusammenhang folgende Argumentation: Wenn es keinen *intrabrand*-Wettbewerb für ein bestimmtes Produkt gibt, wird es aller Wahrscheinlichkeit nach zu einem Einzelhandelspreis verkauft, der über dem liegt, zu dem es bei scharfem *intrabrand*-Wettbewerb verkauft werden würde.[138] Folglich ist die Händlermarge bei diesem Produkt höher als bei anderen Produkten. Ein Händler, der Produkte verschiedener Hersteller verkauft, hat in diesem Fall kein Interesse daran, dem Kunden das Produkt mit dem besten Preis-Leistungs-Verhältnis zu verkaufen. Der Händler versucht vielmehr das Produkt zu verkaufen, bei dem er die höchste Marge erzielen kann. Folglich wird er dem Kunden oft zum Kauf dieses Produktes raten, obwohl der Kunde viel-

---

erstmals dieses Problem als Rechtfertigung für bestimmte Herstelleraktivitäten anführte.

136 Siehe zum Beispiel Brodley, The Economic Goals of Antitrust: Efficiency, Consumer Welfare, and Technological Progress, 62 New York University Law Review 1020, 1023 (1987) m.w.N.; einen Überblick über die Argumente bietet Williamson, Assessing Vertical Market Restrictions: Antitrust Ramifications of the Transaction Cost Approach, 127 University of Pennsylvania Law Review 953, 958ff. (1979).

137 Bork, The Antitrust Paradox - A Policy at War with Itself, 290.

138 So Comanor, The Two Economics of Vertical Restraints, 21 Southwestern University Law Review 1265, 1267 mit Hinweis auf umfangreiche Erhebungen über den Einfluß von Einzelhandelspreisbindungen auf das Preisniveau. Siehe dazu auch Ornstein/Hanssens, Resale Price Maintenance: Output Increasing or Restricting? The Case of Distilled Spirits in the United States, 36 J. Indus. Econ. 1 (1987).

leicht ein besseres Produkt zu einem geringeren Preis erhalten könnte. Wenn der Händler einen Teil seines höheren Gewinns mittels Verkaufsprämien an sein Verkaufspersonal weitergibt, wird die einseitige Beeinflussung des Kunden durch den Händler bzw. durch sein Personal besonders deutlich.[139] Dadurch wirken sich vertikale Wettbewerbsbeschränkungen negativ für den Verbraucher aus.

Falls nun die anderen Hersteller durch diese Praktiken Umsatzeinbußen erleiden, greifen sie wahrscheinlich ebenfalls zu vertikalen Wettbewerbsbeschränkungen, wodurch die Einzelhandelspreise für ihre Produkte gleichfalls steigen. Folglich hat der Händler nun kein besonderes Interesse mehr daran, dem Kunden ein bestimmtes Produkt zu verkaufen, weil er bei allen Waren eine ähnlich hohe Marge erzielen kann. Insgesamt hat sich das Preisniveau jedoch gegenüber der Situation ohne vertikale Wettbewerbsbeschränkungen erhöht. Auch das geht zu Lasten der Verbraucher.

Außerdem wird die von der Chicago-School betonte Dringlichkeit des "free rider"-Problems angezweifelt. Es wird in diesem Zusammenhang zu Recht darauf hingewiesen, dass nur solcher Service ausgenutzt werden kann, der kostenlos im Zusammenhang mit dem Verkauf stattfindet, wie zum Beispiel die Bereitstellung von Informationen. Zudem sei das "free rider"-Problem auch nur dort relevant, wo Produkt und Service nicht separat angeboten werden können[140] Alles in allem zweifeln viele Kommentatoren die Behauptung an, dass die Interessen des Herstellers und der Verbraucher identisch seien.[141]

c) *Ansicht der EG-Kommission*

Die EG-Kommission hat in ihren letzten Äußerungen zu den ökonomischen Auswirkungen von vertikalen Wettbewerbsbeschränkungen erkennen lassen, dass nach ihrer Meinung sowohl die Chicago-Lehre als auch die Gegenansichten beachtenswerte Ansätze aufweisen.

Dass die EG-Kommission den Ansatz der Chicago-Lehre im Grunde als richtig erachtet, zeigt sich daran, dass sie in der Gruppenfreistellungsverordnung zu vertikalen Wettbewerbsbeschränkungen vertikale Vereinbarungen umfangreich

---

139 So zum Beispiel Grimes, The Seven Myths of Vertical Price Fixing: The Politics and Economics of a Century-Long Debate, 21 Southwestern University Law Review 1285, 1306ff. (1992).

140 Siehe dazu zum Beispiel Comanor, The Two Economics of Vertical Restraints, 21 Southwestern University Law Review 1265, 1269ff.

141 So zum Beispiel Comanor, a.a.O., 1274.

nach Artikel 81 Absatz 3 EGV freistellt.[142] Diese umfangreiche Freistellung begründet die EG-Kommission mit den grundsätzlich positiven Auswirkungen von vertikalen Vereinbarungen.[143] Damit folgt die EG-Kommission im Ansatz der Chicago-Lehre, auch wenn sie dies nicht ausdrücklich feststellt.

Die EG-Kommission trägt jedoch ebenfalls den Bedenken der Chicago-Gegner Rechnung. Dies zeigt sich darin, dass nach Ansicht der EG-Kommission eine generelle Freistellung von vertikalen Wettbewerbsbeschränkungen dann nicht gerechtfertigt ist, wenn der Wettbewerb unzureichend ist. Ein Indiz für einen unzureichenden Wettbewerb sieht die EG-Kommission darin, dass einer der Beteiligten über Marktmacht verfügt.[144] In diesem Fall ist die Gruppenfreistellungsverordnung nicht anwendbar.[145]

G. Verhalten innerhalb von Konzernen

Sowohl Section 1 Sherman Act als auch Artikel 81 Absatz 1 EGV verlangen das kooperative Handeln verschiedener selbständiger Unternehmen.[146] Dabei ist in beiden Rechtsordnungen nunmehr anerkannt, dass das Handeln innerhalb eines aus Mutter- und Tochtergesellschaften bestehenden Konzerns nur als Handeln eines Unternehmens im Sinne von Section 1 Sherman Act bzw. des Artikel 81 Absatz 1 EGV angesehen wird.

I. USA

Der US-Supreme Court hat dies im Jahr 1984 in seiner Grundsatzentscheidung *Copperweld Corp. v. Independence Tube Corp.* im Hinblick auf die Zusammenarbeit von hundertprozentigen Tochtergesellschaften mit ihrer jeweiligen Muttergesellschaft festgestellt. Der Supreme Court legte dar, dass es keinen Unterschied

142 Siehe Verordnung (EG) Nr. 2790/1999 vom 22. Dezember 1999, ABl. (EG) Nr. L 336, Seite 21ff. sowie und Entwurf der Leitlinien über vertikale Beschränkungen, ABl. (EG) Nr. C 270/7, Seite 13ff.

143 Verordnung vom 22.12.1999, a.a.O., Seite 21, Ziffer 7.

144 Die Verordnung sieht diese Marktmacht bei einem Marktanteil von mehr als 30% als gegeben an; dazu ausführlicher unten Kapitel IV.C.1. Der Gedanke, dass vertikale Wettbewerbsbeschränkungen nur dann schädlich sind, wenn die Beteiligten über eine starke Marktstellung verfügen, wird auch in den USA vertreten; vgl. Zwisler, The Susceptibility of Vertical Restraints to Summary Adjudication: Procedural Avenues to Substantive Objectives, 67 Antitrust Law Journal 327, 347 (1999).

145 Artikel 3 der Verordnung.

146 Siehe dazu auch Andersen/Rogers III, Antitrust Law: Practice and Policy, § 6.02.

machen könne, ob ein Unternehmen seine Unternehmensteile zwar rechtlich verselbständige, aber wirtschaftlich die Kontrolle behalte - wie dies bei Tochtergesellschaften der Fall ist - oder ob es die Unternehmensteile von vornherein als unselbständige Abteilungen innerhalb seines Hauses führe.[147]

Dieser Grundsatz findet Anwendung auf hundertprozentige Tochterfirmen. Wenn es sich bei den beteiligten Tochterfirmen nicht um hundertprozentige Tochterfirmen handelt, sondern um Unternehmen, an denen auch Dritte beteiligt sind, gerät dieser Grundsatz ins Wanken. Ab welchem Fremdanteil bzw. unter welchen Voraussetzungen Mutter- und Tochtergesellschaften als zwei verschiedene Unternehmen im Sinne von Section 1 Sherman Act angesehen werden müssen, kann nicht einheitlich beantwortet werden. Es kommt nach Ansicht der Gerichte darauf an, ob die jeweilige Muttergesellschaft trotz der Fremdbeteiligung noch die wirtschaftliche Kontrolle über die Tochtergesellschaft ausübt.[148] Letztlich läuft es daher in Fällen von Tochterfirmen, die anteilig mehreren Gesellschaftern gehören, auf eine Entscheidung anhand der Umstände des Einzelfalles hinaus.[149]

2. *Europäische Union*

Auch in der Europäischen Union ist es ein anerkannter Rechtssatz, dass eine Verhaltensabstimmung innerhalb eines Konzerns nicht unter Artikel 81 Absatz 1 EGV fällt.[150] Auf die Rechtsform der einzelnen Konzernteile kommt es dabei nicht an.[151] Dieser Grundsatz wird in der EU auf die gleichen Erwägungen gestützt, die auch in den USA unter Section 1 Sherman Act ausschlaggebend sind.

---

147 Copperweld Corp. v. Independence Tube Corp., 467 U.S. 752 (1984).

148 Vgl. zur Rechtslage in den USA zum Beispiel die folgenden Entscheidungen der Courts of Appeals des Federal Circuit: Nelson Radio & Supply Co. v. Motorola, Inc., 200 F.2d. 911, 914 (5th Cir. 1952); Pink Supply Corp. v. Hiebert, Inc., 788 F.2d. 1313 (8th Cir. 1986); Advanced Health-Care Services v. Radford Community Hospital, 910 F.2d. 139, 146 (4th Cir. 1990).

149 Siehe dazu auch McNamara, Defining a Single Entity for Purposes of Section 1 Sherman Act Post Copperweld: A Suggested Approach, 22 San Diego Law Review 1245 (1985).

150 Vgl. z.B. Viho Europe BV ./. Kommission der Europäischen Gemeinschaften, Urt. v. 24. Oktober 1996, Rs. C - 73/95 P, Slg 1996 I, 5457; siehe auch Dara, Antitrust in den European Community and the United States: A Comparative Analysis, 47 Louisiana Law Review 761, 766 und 774 (1987); Garret, World Antitrust Law and Practice, § 15.2.1; Schuster, Atypische Vertriebsformen im Recht der Vertikalen Wettbewerbsbeschränkungen, 7f.

151 Hydrotherm Gerätebau GmbH ./. Compact del Dott Ing. Mario Andreoli und C. sas, Urt. v. 12.07.1984, Rs. 170/83, Slg. 1984 , 2999, Tz. 11.

Soweit ersichtlich haben die Europäischen Gerichte zwar nicht mit der gleichen Deutlichkeit wie der US-Supreme Court in *Copperweld* festgestellt, dass eine hundertprozentige Tochterfirma und ihre Muttergesellschaft nie als zwei Unternehmen im Sinne von Artikel 81 Absatz 1 EGV angesehen werden können. Die Europäischen Gerichte stellen jedoch darauf ab, ob die beiden Gesellschaften eine wirtschaftliche Einheit bilden.[152] Da unselbständige Teile einer wirtschaftlichen Einheit nicht im Wettbewerb miteinander stehen können, fallen diese unselbständigen Teile im Verhältnis zueinander nicht unter das Regime des Artikel 81 Abs. 1 EGV.[153] Dies wird bei hundertprozentigen Tochtergesellschaften regelmäßig der Fall sein. Wann eine wirtschaftliche Einheit im Sinne dieser Rechtsprechung bei Tochtergesellschaften, an denen anteilig Dritte beteiligt sind, vorliegt, kann allerdings, ebenso wie im US-Recht, nur anhand der Situation im Einzelfall festgestellt werden.

H. Anwendung bei Stellvertretungsverhältnissen

Aus den gleichen Erwägungen, aus denen das Handeln von verschiedenen gemeinsam kontrollierten Gesellschaften innerhalb eines Konzerns in der Regel nicht an Artikel 81 Abs. 1 EGV bzw. Section 1 Sherman Act gemessen wird[154], werden diese Vorschriften auch bei Stellvertretungsverhältnissen nicht herangezogen.

I. Europäische Union

Ein Stellvertreter tritt in der Funktion als Stellvertreter regelmäßig nicht als selbständiger Marktbeteiligter auf, sondern als „verlängerter Arm“ des Prinzipals. Folglich stehen der Stellvertreter und der Prinzipal nicht in einem Wettbewerbsverhältnis. Für die Anwendung des Artikel 81 Absatz 1 EGV besteht daher regelmäßig kein Bedürfnis.

---

152 EuGH, Urt. v. 14.07.1984, Rs. 48/69, Slg. 1972, Seite 619 (665) Tz. 132/135 "ICI"; EuGH, Urt. v. 31.10.1974, Rs. 15/74, Slg. 1974, Seite 1147, Tz. 41 "Centrafarm/Sterling Drug"; Societa Italiana Vetro SpA u.a. ./. Kommission der Europäischen Gemeinschaften, Urt. v. 10.03.1992, Rs. T 77/89, Slg. 1992 II, Seite 1403 (1547) Tz. 357.

153 Hydrotherm Gerätebau GmbH ./. Compact del Dott Ing. Mario Andreoli und C. sas, a.a.O.

154 Siehe dazu oben Kapitel I.G.

Unter Artikel 81 Absatz 1 EGV gilt dieser Grundsatz, sofern der Stellvertreter kein eigenes Risiko aus dem Vertrag übernimmt, den er im Namen des Geschäftsherrn abschließt, und wenn der Stellvertreter auch aus sonstigen Gründen nicht als unabhängiger Marktbeteiligter anzusehen ist.[155] Im Einzelfall kann die Entscheidung, ob ein Stellvertreter als unabhängiges Unternehmen anzusehen ist, durchaus schwierig sein, wie sich an mehreren Entscheidungen der EG-Kommission[156] und des EuGH[157] erkennen lässt.

2. USA

Wie der US-Supreme Court in den Grundsatzentscheidungen *United States v. General Electric Co.*[158] und *Simpson v. Union Oil Co.*[159] festgestellt hat, gilt der Grundsatz, dass Stellvertreter und Prinzipal nicht als Wettbewerber anzusehen sind, auch unter Section 1 Sherman Act; die Voraussetzungen sind dabei ähnlich wie unter Artikel 81 EGV: Auf Stellvertretungsverhältnisse ist Section 1 Sherman Act nicht anwendbar, sofern die Stellvertreterkonstruktion nicht nur vorgeschoben ist, um die Bindungen von Section 1 Sherman Act zu umgehen.[160] Zur Beurteilung dieser Frage richtet der Supreme Court sein Augenmerk auf die Vertragsbeziehung zwischen den Parteien, insbesondere darauf, wer das Verlustrisiko aus dem jeweiligen Vertrag trägt.[161]

---

155 Vgl. Lugard, Vertical Restraints und EC Competition Law: A Horizontal Approach?, [1996] 3 E.C.L.R 164, 174.

156 Pittsburgh Corning Europe, Entscheidung der Kommission vom 23. November 1972, ABl. (EG) 1972, Nr. L 272, Seiten 35 ff.; siehe auch Verkauf von Fahrausweisen im Eisenbahnverkehr durch Reisebüros, Entscheidung der Kommission vom 25. November 1992, ABl. (EG) 1992, Nr. L 366, Seite 47 ff.

157 Bundeskartellamt ./. Volkswagen AG und VAG Leasing GmbH, Urt. v. 24. Oktober 1995, Rs. C 266/93, Slg. 1995, Seite 3477 ff.; Suiker Unie u.a. ./. Kommission der Europäischen Kommissionen, Urt. v. 16. Dezember 1975, verbundene Rs. C 40 bis 48, 50, 54 bis 56, 111, 113 und 114/73, Slg. 1975, Seite 1663 ff.

158 United States v. General Electric Co., 272 U.S. 476 (1926).

159 Simpson v. Union Oil Co, 377 U.S. 13 (1964).

160 Simpson v. Union Oil Co, 377 U.S. 13, 20f. (1964).

161 Simpson v. Union Oil Co, 377 U.S. 13 (1964).

Kapitel II: Die Rechtslage in den USA

A. Die Rechtslage in Grundzügen

1. Einschlägige Vorschriften

Im Bereich des US-Kartellrechts sind insbesondere die bundesrechtlichen Vorschriften des Sherman Acts, des Federal Trade Commission Acts und des Clayton Acts sowie verschiedene landesrechtliche Vorschriften zu beachten.

a) Sherman Act

Die wohl wichtigste Vorschrift im Bereich des Kartellrechts in den USA ist Section 1 Sherman Act[162]. Section 1 Sherman Act lautet:

> "Every contract, combination in the form of trust or otherwise, or conspiracy, in restraint of trade or commerce among the several States or within foreign nations, is hereby declared to be illegal. Every person who shall make any such contract, or engage in any such combination or conspiracy, shall be deemed guilty of a felony, and, on conviction thereof, shall be punished by fine not exceeding $ 10,000,000 if a corporation, or, if any other person, $ 350,000, or by imprisonment not exceeding three years, or by both said punishments, in the discretion of the court."

Daneben ist noch Section 2 Sherman Act[163] von wesentlicher Bedeutung. Section 2 Sherman Act lautet:

> "Every person who shall monopolize, or attempt to monopolize, or combine or conspire with any other person or persons, to monopolize any part of the trade or commerce among the several States, or with foreign nations, shall be deemed guilty of a felony, and, on conviction thereof, shall be punished by fine not exceeding $ 10,000,000 if a corporation, or, if any other person, $ 350,000, or by imprisonment not exceeding three years, or by both said punishments, in the discretion of the court."

Der Sherman Act wurde 1890 erlassen[164] und ist als bundesrechtliche Vorschrift überall in den USA zu beachten, sofern der Handel zwischen den einzel-

---

162 15 U.S.C. § 1.
163 15 U.S.C. § 2.

nen US-Bundesstaaten durch Wettbewerbsbeschränkungen beeinträchtigt werden kann.

b) *Federal Trade Commission Act*

Durch den Federal Trade Commission Act[165] aus dem Jahr 1914 wurde die Federal Trade Commission gegründet. Aufgabe der Federal Trade Commission ist der Schutz des Wettbewerbs.[166] Im Bereich des Kartellrechts ist insbesondere Section 5 des Federal Trade Commission Act von Bedeutung. Diese Vorschrift verbietet unfaire Wettbewerbsmethoden ("unfair methods of competition"). Section 5 des Federal Trade Commission Act wird häufig als Auffangvorschrift betrachtet, die auch solches Geschäftsverhalten erfassen kann, das nicht gegen die anderen Kartellrechtsvorschriften verstößt.[167]

c) *Clayton Act*

Der Clayton Act[168] wurde im Jahr 1914 erlassen, weil der US-Congress mit den frühen Entscheidungen des Supreme Court zum Sherman Act unzufrieden war.[169] Mit dem Clayton Act gab der Congress den Gerichten detailliertere Vorschriften zu Kartellrechtsfällen an die Hand, als dies der Sherman Act mit seinen generalklauselartigen Normen konnte.

Der Clayton Act befasst sich unter anderem mit Preisdiskriminierung (Section 2)[170], exklusiven Bezugsverpflichtungen (Section 3)[171] und wettbewerbsschädlichen Fusionen und Unternehmenskäufen (Section 7)[172]. Der Clayton Act wurde

---

164 Hauptgrund für den Erlaß des Sherman Act war die damalige wirtschaftliche Situation, die durch die enorme Anhäufung von Reichtum in den Händen von Privatmännern und Unternehmen, aber auch durch die dramatische Fortentwicklung von Unternehmen geprägt war. Darüber hinaus bestand weitgehend der Eindruck, daß durch die Gründung von "Trusts" die Macht der Unternehmen gebündelt wurde und diese gebündelte Macht zum Schaden einzelner und der Gesellschaft ausgeübt wurde. Vgl. Standard Oil Company of New Jersey v. United States, 221 U.S. 1, 50, 31 S.Ct. 502, 512 (1911); siehe auch unten Kapitel II.B.2.a).

165 15 U.S.C. §§ 41-58.

166 Vgl. Dara, Antitrust Law in the European Community and the United States: A Comparative Analysis, 47 Louisiana Law Review 761, 762 (1987).

167 Siehe Folsom/Gordon, International Business Transactions, § 30.13.

168 15 U.S.C. §§ 12-27.

169 Vgl. zum Hintergund der Verabschiedung des Clayton Acts und des Federal Trade Commission Acts Morgan, Modern Antitrust Law and Its Origins, S. 112f.

170 15 U.S.C. § 13 (1990).

171 15 U.S.C. § 14 (1990).

172 15 U.S.C. § 18 (1990).

1936 durch den Robinson-Patman Act geändert. Der Robinson-Patman Act wurde zum Schutz kleiner Unternehmen, insbesondere kleiner Einzelhandelsunternehmen, vor unlauteren Geschäftspraktiken von Einzelhandelsketten oder anderen großen Einzelhändlern erlassen.[173]

d) Weitere Vorschriften

Neben dem Sherman Act, dem Clayton Act und dem Federal Trade Commission Act werden immer wieder andere Gesetze genannt, die deshalb hier kurz dargestellt werden sollen.

Der US-Congress erließ im Jahr 1937 den Miller-Tydings Act und im Jahr 1952 den McGuire Act, durch die Section 1 des Sherman Act bzw. Section 5 des Federal Trade Commission Act geändert wurden. Durch diese Änderungen wurden die US-Bundesstaaten ermächtigt, vertragliche Preisbindungen zu gestatten. Viele US-Bundesstaaten machten von dieser Möglichkeit Gebrauch. Im Jahr 1975 erließ der US-Congress den Consumer Goods Pricing Act, durch den die Ermächtigungen des Miller-Tydings Act und des McGuire Act wieder aufgehoben wurden.[174] Vertragliche Preisbindungen unterfallen daher wieder dem Sherman Act und sind somit kartellrechtswidrig.[175]

e) Landesrechtliche Vorschriften

Neben den bundesrechtlichen Vorschriften gibt es in den USA vielfach kartellrechtliche Vorschriften in den einzelnen Bundesstaaten.[176] Diese landesrechtlichen Vorschriften sind grundsätzlich neben den bundesrechtlichen Vorschriften anwendbar.[177] Dies führt dazu, dass häufig Landesrecht und Bundesrecht nebeneinander anwendbar sind, weil das US-Bundeskartellrecht bereits dann Anwendung findet, wenn Geschäftsaktivitäten den Handel zwischen den einzelnen US-

---

173 Gifford/Raskin, Federal Antitrust Law, Cases and Materials, S. 573.

174 Vgl. Brockmeyer, Vertical Price Restraints, SC 66 ALI-ABA 49, 68 f. (1998); Grimes, The Seven Myths of Vertical Price Fixing: The Politics and Economics of a Century-Long Debate, 21 Southwestern University Law Review 1285, 1289 f (1992).

175 Siehe dazu näher unten Kapitel II.A.4.

176 Einen guten Überblick über die kartellrechtlichen Vorschriften der einzelnen Bundesstaaten gibt von Kalinowski/Sullivan/McGuirl, Antitrust Laws and Trade Regulation, Band 6 und 7.

177 Vgl. State v. Jack, 76 P. 911, 915 f. (Kan. 1904), bestätigt durch den Supreme Court, 199 U.S. 372 (1905).

Bundesstaaten beeinträchtigen können und die Anforderungen an die Feststellung solch einer Beeinträchtigung nicht sehr hoch sind.[178]

f) Verhältnis der Vorschriften zueinander

(1) Verhältnis Bundesrecht zu Landesrecht

Das Verhältnis von Bundeskartellrecht und Landeskartellrecht lässt sich dahingehend zusammenfassen, dass die Bedeutung der bundesrechtlichen Kartellrechtsvorschriften deutlich überwiegt. Dies liegt zum einen an dem weiten Anwendungsbereich des Bundeskartellrechts.[179] Zum anderen liegt dies daran, dass im Hinblick auf die landesrechtlichen Kartellrechtsvorschriften eine generelle Tendenz zu beobachten ist, dass die landesrechtlichen Kartellrechtsvorschriften den bundesrechtlichen Kartellrechtsnormen angepasst werden. Diese Tendenz wird dadurch verstärkt, dass die Landesgerichte dazu neigen, bei der Auslegung der Landesvorschriften der Auslegung der Bundesgesetze durch die Bundesgerichte zu folgen. Häufig ist dies sogar durch die Landesgesetze vorgeschrieben. Folglich bestehen vielfach keine signifikanten Unterschiede zwischen den landesrechtlichen und den bundesrechtlichen Kartellrechtsanforderungen.[180]

Im folgenden wird daher nur auf die bundesrechtlichen Bestimmungen im Bereich des Kartellrechts und die dazu ergangenen Entscheidungen eingegangen. Landeskartellrecht wird nur berücksichtigt, wenn dies erforderlich ist.

---

178 Siehe dazu Folsom/Gordon, a.a.O.

179 Siehe dazu gerade Kapitel II.A.1.e).

180 Vgl. Folsom/Gordon, International Business Transactions, § 30.3 und 30.6. Letztlich darf aber nicht übersehen werden, daß einige Landeskartellvorschriften über den Anwendungsbereich der Bundeskartellvorschriften hinausgehen und insbesondere auch im Bereich der vertikalen Wettbewerbsbeschränkungen günstiger für Händler sein können als die Bundesgesetze; vgl. dazu Saferstein, Federal Antitrust and Related Issues in Dealer Terminations and Refusals to Deal, 876 PLI/Corp 751, 776ff. m.w.N. Ein signifikantes Beispiel ist das Kartellgesetz des States Oklahoma, das zwar eine dem Section 1 Sherman Act ähnliche Ausgangsvorschrift hat, jedoch anders als Section 1 Sherman Act auch einseitiges Verhalten erfaßt; vgl. dazu die Entscheidung des Court of Appeals des zehnten Circuit in *Harold's Stores, Inc. v. Dillard Department Stores, Inc.*, 82 F.3d. 1533 (10th Cir. 1996) und Smith, Antitrust: Harold's v. Dillard: It Takes Two to Tango - Except in Oklahoma: The Tenth Circuit interprets Oklahoma Antitrust Law to Reach Unilateral Activity, 50 Oklahoma Law Review 405 (1997).

(2) *Verhältnis der bundesrechtlichen Kartellnormen zueinander*

Im Laufe des vergangenen Jahrhunderts haben sich die von den Gerichten entwickelten Anforderungen unter dem Clayton Act und Sherman Act fast völlig angeglichen. Praktisch alles, was unter dem Clayton Act verboten ist, ist auch unter dem Sherman Act rechtswidrig. Wegen der generalklauselartigen Formulierung von Section 1 und Section 2 Sherman Act erfasst dieser jedoch auch Verhaltensweisen, die nicht unter den Clayton Act fallen.

Auch der Anwendungsbereich des Federal Trade Commission Act überschneidet sich im Bereich des Kartellrechts weitgehend mit dem Sherman Act. Ein wesentlicher Unterschied ist, dass der Federal Trade Commission Act im Gegensatz zu Section 1 Sherman Act auch einseitiges Verhalten erfasst. Gerade deshalb ist der Federal Trade Commission Act im Hinblick auf die Frage nach der Abgrenzung von einseitigen Maßnahmen und abgestimmten Verhaltensweisen jedoch von weniger Bedeutung, da diese Abgrenzung im Einzelfall unter Section 5 Federal Trade Commission Act offen bleiben kann.

(3) *Schwerpunkt der Untersuchung*

Die nachfolgend dargestellten Fälle befassen sich in erster Linie mit dem Sherman Act. Dies folgt zum einen daraus, dass der Sherman Act aus den oben dargestellten Gründen die wichtigste Vorschrift im Bereich des US-Kartellrechts ist. Zum anderen resultiert dies daraus, dass die meisten Urteile zur Abgrenzung zwischen einseitigen Maßnahmen und kooperativen Verhaltensweisen Streitigkeiten unter Section 1 Sherman Act behandeln. Die in den unten aufgeführten Entscheidungen erarbeiteten Standards sind jedoch zumeist auf den Clayton Act und den Federal Trade Commission Act übertragbar.

2. *Die Durchsetzung des Kartellrechts in den USA*

Die Durchsetzung des Kartellrechts erfolgt in den USA sowohl durch Behörden als auch durch Private.

a) *Durchsetzung durch Behörden*

Im US-Recht ist die behördliche Durchsetzung des Kartellrechts auf verschiedenen Ebenen möglich. Auf Bundesebene sind sowohl die Antitrust Division des

Justizministeriums als auch die Federal Trade Commission zuständig.[181] Darüber hinaus können auch Landesbehörden, hier vor allem die State General Attorneys, Klagen unter den bundesrechtlichen Kartellnormen erheben.[182]

Die Entscheidung, ob und in welchen Fällen Kartellrechtsverfahren von den zuständigen Behörden, also der Antitrust Division oder der Federal Trade Commission, eingeleitet werden, ist stark von politischen Entwicklungen beeinflusst. So wurden während der Amtszeit von Präsident Ronald Reagon (1980-1988) kaum Kartellrechtsverfahren eingeleitet.[183] Diese starke Zurückhaltung wurde bereits während der Amtszeit von Präsident George Bush (1988-1992) gelockert.[184] In der Amtszeit von Präsident William J. Clinton sind die Kartellbehörden wieder aktiver geworden.[185]

---

181 Zu den Zuständigkeiten der Antitrust Division und der Federal Trade Commission sowie dem Verhältnis der beiden Behörden zueinander siehe American Bar Association, Antitrust Law Developments, Seite 657 ff.; zur Zuständigkeit der Federal Trade Commission siehe Ward, Federal Trade Commission: Liability, Practice and Procedure.

182 Gerade auch die State General Attorneys sind in den letzten Jahren immer aktiver bei der Durchsetzung des Kartellrechts geworden; vgl. Lugard, Vertical Restraints under EC Competition Law, S. 175; American Bar Association, Antitrust Law Developments, Seite 729. Siehe allgemein zur Rolle der Bundesstaaten bei der Durchsetzung von Bundeskartellrecht American Bar Association, State Antitrust Practice and Statutes; auch American Bar Association, Antitrust Law Developments.

183 Siehe dazu Robert Pitofsky, Antitrust Policy in a Clinton Administration, 62 Antitrust L.J. 217, 217 (1993); William E. Kovacic, Reagan's Judicial Appointees and Antitrust in the 1990s, 60 Fordham Law Review 49, note 3 (1991); ausführlich m.w.N. Meyer, Relaxation of the *per se* Mantra in the Vertical Price Fixing Arena, 68 Southern California Law Review 73, 75 f. und Fussnoten 4 und 18; zu den Hintergründen des Umschwungs siehe Grimes, The Seven Myths of Vertical Price Fixing: The Politics and Economics of a Century-Long Debate, 21 Southwestern University Law Review 1285, 1299 f. (1992). Dieser Umschwung wird von vielen Autoren aber auch auf den zunehmenden Einfluß der Chicago-Lehre zurückgeführt; vgl. zum Beispiel Comanor, The Two Economics of Vertical Restraints, 21 Southwestern University Law Review 1265, 1266.

184 Siehe dazu Robert Pitofsky, Antitrust Policy in a Clinton Administration, 62 Antitrust Law Journal 217, 218 (1993); Brockmeyer, Vertical Price Restraints, SC66 ALI-ABA 49 (1998).

185 Kalinowski/Sullivan/McGuirl, Antitrust and Trade Regulation, Band 1 § 1.04[2]. Saferstein, Federal Antitrust and Related Issues in Dealer Terminations and Refusals to Deal, 876 PLI/Corp 751. Diese zunehmende Aktivität macht sich auch durch eine neue Sichtweise der Kartellbehörden bemerkbar. Die Kartellbehörden beabsichtigen, nicht mehr so sehr auf formale Einstufungen zu achten, sondern wieder mehr die tatsächlichen Auswirkungen der Wettbewerbsbeschränkungen auf den Markt zu erforschen. So erklärte Anne K. Bingham von der Antitrust Division:

Diese Entwicklung spiegelt neben den politischen Veränderungen auch eine Veränderung der Anschauung über die Ziele von Kartellrecht wider.[186] Nachdem in den Jahren vor der Reagon-Regierung insbesondere auch der Supreme Court die kartellrechtlichen Vorschriften sehr weit ausgelegt und auch in Bagatellfällen einen Kartellrechtsverstoß gefunden hat[187], setzte sich die Einsicht durch, dass dies zu weit gegangen sei. Darüber hinaus gewann die Ansicht, dass ein Eingreifen der Behörden in wirtschaftliche Vorgänge möglichst selten erfolgen solle, an Gewicht.[188] Dies führte nach Meinung einiger Kommentatoren zu einer ungerechtfertigten Nichtdurchsetzung des Kartellrechts auf Bundesebene.[189] Diese starke Bewegung gegen die übermäßig enge Anwendung und Auslegung von Kartellrecht in der Zeit vor 1980 endete Ende der 80er Jahre und nimmt nun wieder ein "ausgewogenes" Maß an.[190]

b) Durchsetzung durch Private

Obwohl die Antitrust Division und die Federal Trade Commission eine wichtige Rolle für die Durchsetzung des Kartellrechts einnehmen, resultiert der Großteil aller Kartellrechtsfälle aus privaten Klagen wegen behaupteter Kartellrechtsverstöße.[191] Im Hinblick auf die erheblichen Summen, die ein Kläger im Rahmen ei-

---

> "Unfortunately, neither economics in general nor antitrust analysis in particular is an exact science. As important as the Chicago-School theoretical advances of the past 25 years have been, it is just as important to remember that antitrust enforcement is, and indeed should be, fact intensive." (Zitiert nach Meyer, Relaxation of the *Per se* Mantra in the Vertical Price Fixing Arena, 68 Southern California Law Review 73, Fußnote 7)

Siehe dazu auch Fogt/Knable Gotts, Antitrust and Technology Transfer, S. 7; Peritz, Competition Policy in America.

186 Siehe dazu oben Kapitel I.E.

187 So zum Beispiel in Brown Shoe Co. v. United States, 370 U.S. 270 (1966).

188 Von 1981 bis 1993 waren sowohl die Antitrust Division des US-Justizministeriums als auch die Federal Trade Commission von Anhängern der Chicago School geführt, vgl. Meyer, Relaxation of the per se Mantra in the Vertical Price Fixing Arena, 68 Southern California Law Review 73, 76. Siehe auch Pitofsky, Antitrust Policy in a Clinton Administration, 62 Antitrust Law Journal 217, 217f. (1993).

189 Pitofsky, a.a.O., 218.

190 Zur Einstellung der Antitrust Division unter der Clinton Administration siehe Wegener, Vertical Non-Price Restraints, Seite 120 ff. und Meyer, Relaxation of the per se Mantra in the Vertical Price Fixing Arena, 68 Southern California Law Review 73, 77.

191 Einen guten Überblick zu zivilrechtlichen Klagen aufgrund behaupteter Kartellrechtsverstöße bietet Kalinowski/Sullivan/McGuirl, Antitrust Laws and Trade Regulation, Band 8.

ner Schadensersatzklage erzielen kann[192], ist dies nicht verwunderlich. Im Gegenteil, dies ist sogar so beabsichtigt. Die private Durchsetzung des Kartellrechts durch Schadensersatzklagen spielt nach Ansicht des Supreme Court sogar die zentrale Rolle für die Einhaltung der kartellrechtlichen Vorschriften[193] und sollte durch die Einführung des gesetzlichen dreifachen Schadensersatzes ("treble damages") unterstützt werden.[194]

Interessant zu beachten ist, dass diese "private" Durchsetzung des Kartellrechts auch in Zeiten funktioniert, in denen die Kartellrechtsbehörden kaum aktiv sind. So resultieren auch die wegweisenden Entscheidungen zur Abgrenzung zwischen einseitigen Maßnahmen und kooperativen Verhaltensweisen in *Monsanto* (1984)[195] und *Sharp* (1988)[196] aus privaten Klagen.

3. *Die Rolle der Gerichte/Das stare decisis-Prinzip*

Die Gerichte spielen eine wesentliche Rolle bei der Anwendung und Durchsetzung des Kartellrechts in den USA. Die Kartellrechtsvorschriften, insbesondere die Generalklauseln des Sherman Act, sind auslegungsbedürftig und werden erst durch Gerichtsentscheidungen mit Leben erfüllt. Die Entscheidungen des US Supreme Court in Washington, D.C., dem höchsten Bundesgericht der USA, sind maßgeblich für die Auslegung von Section 1 Sherman Act. Daneben sind auch die Entscheidungen der Court of Appeals des Federal Circuit von Interesse.

Im anglo-amerikanischen Rechtssystem der USA gilt das Prinzip "*stare decisis*".[197] Dieses Prinzip besagt, dass eine Rechtsfrage, die einmal verbindlich geklärt wurde, im nachhinein nicht anders entschieden werden soll. Der Grundsatz des *stare decisis* entspricht dem Gedanken, dass es meist wichtiger ist, eine Rechtsfrage verbindlich zu klären, als eine Rechtsfrage immer richtig zu beantworten.[198] Daher sind die Gerichte unterhalb des Supreme Court nicht nur fak-

---

192 Siehe dazu oben Kapitel I.

193 Vgl. z.B. Mitsubishi Motors Corp. v. Soler Chrysler-Plymouth, Inc., 473 U.S. 614, 635 (1985).

194 So der Supreme Court im Hinblick auf die Motive des Congress zur Einführung der treble damages; vgl. Brunswick Corp. v. Pueblo Bowl-O-Mat, Inc., 429 U.S. 477. 485 (1977).

195 Siehe unten Kapitel II.B.2.c), S. 111 ff.

196 Siehe unten Kapitel II.B.2.m), S. 115 ff.

197 Dieses Prinzip wurde vom US Supreme Court ausdrücklich anerkannt; so zum Beispiel in Illinois Brick, Co. v. Illinois, 431 U.S. 720, 736, 97 S.Ct. 2061, 2070 (1977).

198 Wie der Supreme Court ausführt: "Stare decisis reflects a policy judgment that in most matters it is more important that the applicable rule of law be settled than it be

tisch an die Rechtsprechung des Supreme Court gebunden, sondern auch rechtlich. Bei gleichen Sachverhalten können untere Gerichte nicht von den geltenden Präzedenzfällen abweichen.[199] Dies gilt selbst dann, wenn die unteren Gerichte die Präzedenzentscheidung des Supreme Court für falsch halten und auch der Supreme Court bereits angedeutet hat, dass er nicht mehr an dem Präzedenzfall festhalten werde.[200]

Ebenso wie im britischen Recht ist der Supreme Court nicht selbst an seine eigenen Präzedenzentscheidungen gebunden, sondern kann von diesen abweichen und den darin enthaltenen Rechtssatz für nicht mehr anwendbar erklären[201]. Dies tut er jedoch immer mit äußerster Zurückhaltung. Allerdings hat der Supreme Court in *State Oil Co. v. Khan* betont, dass der Grundsatz von *stare decisis* im Kartellrecht nicht immer die gleiche Kraft habe wie in anderen Rechtsgebieten. Der Supreme Court führte aus, dass im Kartellrecht neben dem Aspekt der Rechtssicherheit auch sich ändernde Umstände und gesammelte Erfahrungen zu berücksichtigen seien.[202]

4. Die Rechtsprechung des US Supreme Court

Die Rechtsprechung des US Supreme Court zu Kartellrechtsfragen hat sich in den letzten Jahrzehnten mehrfach geändert. Dabei unterlag insbesondere der Bereich der vertikalen Wettbewerbsbeschränkungen signifikanten Schwankungen.[203] Dieser mehrfache Wechsel führte zu einer gewissen Konfusion hinsicht-

---

settled right." Agostini v. Felton, 117 S.Ct. 1997 (1997), auch Burnet v. Coronado Oil & Gas Co., 285 U.S. 393, 406 (1932).

199 Selbstverständlich gilt dies nur bei gleichen Sachverhalten. Wenn ein Gericht der Ansicht ist, daß ein anderer Sachverhalt vorliegt, kann es anders entscheiden. Daher spielt die Abgrenzung der einzelnen Sachverhalte eine erhebliche Rolle im amerikanischen Rechtssystem.

200 Dies hat der Supreme Court in seiner Entscheidung in State Oil Co. v. Khan, siehe unten Kapitel II.B.2.n), S. 118 ff., nochmals betont.

201 Teilweise setzte sich der Supreme Court stillschweigend über ältere Präzedenzfälle hinweg (siehe zum Beispiel die Entscheidung in *Schwinn*, die sich kommentarlos *White Motors* über hinwegsetzt, siehe unten Kapitel II.B.2.i), S. 101 ff.), teilweise aber auch ausdrücklich (so hebt die *Sylvania*-Entscheidung die *Schwinn*-Entscheidung ausdrücklich auf, siehe unten Kapitel II.B.2.k), S. 108 ff.).

202 Siehe Khan, a.a.O.

203 Siehe dazu nur die entgegengesetzten Entscheidungen in *White Motors* (unten Kapitel II.B.2.h), S. 99 ff.), *Schwinn* (unten Kapitel II.B.2.i), S. 101 ff.) und *Sylvania* (unten Kapitel II.B.2.k), S. 108 ff.). Vgl. auch William F. Baxter und Daniel P. Kessler, Toward a Consistent Theory of the Welfare Analysis of Agreements, 47 Stanford Law Review 615, 615f. (1995). Aber nicht nur die Behandlung vertikaler

lich der generellen Behandlung von Kartellrechtsfragen im allgemeinen und von vertikalen Wettbewerbsbeschränkungen im besonderen durch die Rechtsprechung. Der mehrfache Umschwung in der Behandlung von Kartellrechtsfragen ist zum einen darauf zurückzuführen, dass sich das Verständnis der Ziele des Kartellrechts in den letzten Jahrzehnten geändert hat.[204] Zum anderen scheint es so, dass der Supreme Court bis heute keinen überzeugenden dogmatischen Ansatz für die Behandlung von vertikalen Vereinbarungen gefunden hat.[205]

In Grundzügen lässt sich die aktuelle Rechtsprechung des US Supreme Court zu vertikalen Wettbewerbsbeschränkungen wie folgt zusammenfassen:

- Section 1 Sherman Act setzt voraus, dass mindestens zwei unterschiedliche Unternehmen handeln.[206] Einseitiges, autonomes Verhalten fällt nicht unter Section 1 Sherman Act.[207]
- Section 1 Sherman Act erfasst sowohl horizontale als auch vertikale Wettbewerbsbeschränkungen.[208]
- Grundsätzlich ist Section 1 Sherman Act nur einschlägig bei ungerechtfertigten ("unreasonable") Wettbewerbsbeschränkungen. Dies ist ungeschriebenes, aber in ständiger Rechtsprechung des US Supreme Court anerkanntes Tatbestandsmerkmal von Section 1 Sherman Act.[209]

Wettbewerbsbeschränkungen unterlag starken Schwankungen, auch andere Bereiche waren vom Umschwung im Kartellrechtsverständnis betroffen. Fogt/Knable Gotts stellen dies anhand der Entwicklung der Verhältnisse von gewerblichen Schutzrechten zum Kartellrecht dar; siehe Fogt/Knable Gotts, Antitrust and Technology Transfer. Siehe zum Verhältnis zwischen Kartellrecht und Gewerblichem Rechtsschutz in den USA und der EU allgemein Kobak, James B., Running the Gauntlet: Antitrust and Intellectual Property Pitfalls on the Two Sides of the Atlantic, 64 Antitrust Law Journal 341 (Winter 1996).

204 Nachdem kartellrechtliche Fragen anfangs ohne jede ökonomische Analyse behandelt wurden, spielt diese durch den starken Einfluß der Chicago School heute eine wichtige Rolle; siehe dazu oben Kapitel I.F. und unten Kapitel II.B.2.

205 Diese Ansicht wird auch in der US-Literatur vertreten; vgl. z.B. Wegman Burns, Rethinking the "Agreement" Element in Vertical Antitrust Restraints, 51 Ohio State Law Journal 1, 1 (1990).

206 Siehe oben Kapitel I.G.1.

207 Vgl. insbesondere die Grundsatzentscheidung in United States v. Colgate & Co., 250 U.S. 300 (1919); siehe unten Kapitel II.B.2.c).

208 Vgl. zum Beispiel die Entscheidungen in Standard Oil Co. v. United States, 221 U.S. 1 (1911) für einen Fall horizontaler Beschränkungen und Dr. Miles Medical Co. v. John D. Park & Sons Co., 220 U.S. 373 (1911).

209 So z.B. Standard Oil Co. V. United States, 221 U.S. 1, 60 (1911); Northern Pacific Railways Company v. United States, 356 U.S. 1, 78 S.Ct. 514 (1958), anders wohl noch United States v. Trans-Missouri Freight Association, 166 U.S. 290, 17 S.Ct. 540 (1897); siehe dazu auch oben Kapitel I.C.

- Ob eine Wettbewerbsbeschränkung ungerechtfertigt ist, ist anhand einer sog. *rule of reason*-Untersuchung festzustellen, d. h. es muss im Einzelfall festgestellt werden, ob eine Rechtfertigung für die Wettbewerbsbeschränkung gegeben ist.[210] Bestimmte Wettbewerbsbeschränkungen werden jedoch ohne Einzelfallprüfung automatisch als ungerechtfertigt und damit *per se* rechtswidrig angesehen.[211]
- Die Auswirkungen von vertikalen Wettbewerbsbeschränkungen sind in der Regel nicht so schädlich für den Markt, dass die Anwendung einer *per se*-Regel gerechtfertigt wäre. Bei vertikalen Wettbewerbsbeschränkungen ist daher eine *rule of reason*-Untersuchung durchzuführen.[212] Eine Ausnahme von diesem Grundsatz besteht allerdings bei vertikalen Absprachen über Mini-

---

210 Northwestern Pacific Railway Company v. United States, 356 U.S. 1 (1958), siehe oben Kapitel I.C. und unten Kapitel II.B.2.f). In Chicago Board of Trade v. United States, 246 U.S. 231 (1918) hat Justice Brandeis die *rule of reason*-Untersuchung wie folgt definiert:

> "The true test of legality is whether the restraint imposed is such as merely regulates and perhaps thereby promotes competition or whether it is such as may suppress or even destroy competition. To determine that question the court must ordinarily consider the facts peculiar to the business to which the restraint is applied ..." (a.a.O., Seite 238).

211 Neben den nachfolgend behandelten vertikalen Preisabsprachen sind dies vor allem horizontale Preisabsprachen (United States v. Trenton Potteries Co., 273 U.S. 392 (1927)), horizontale Markt- und Kundenaufteilungen (United States v. Topco Associates, 405 U.S. 596 (1972)), sogenannte "tying arrangements", d.h. bestimmte Bezugsverpflichtungen hinsichtlich anderer, nicht mit dem Kaufgegenstand verbundener Waren (vgl. Eastman Kodak Co. v. Image Technical Services, Inc., 504 U.S. 451 (1992), International Salt Co. v. United States, 332 U.S. 392 und bestimmte Gruppenboykotte (Klor's, Inc. v. Braodway-Hale Stores, 359 U.S. 207 (1959), Fashion Originators' Guild of America v. Federal Trade Commission, 312 U.S. 457; siehe auch Gordon/Folsom, International Business Transactions, m.w.N.; vgl. dazu auch Meyer, Relaxation of the *per se* Mantra in the Vertical Price Fixing Arena, 68 Southern California Law Review 73, Fußnote 12. Teilweise wird bemängelt, dass der Supreme Court es versäumt hat, Standard für eine *rule of reason*-Analyse näher zu definieren; vgl. Posner, The Next Step in the Antitrust Treatment of Restricted Distribution: Per Se Legality, 48 The University of Chicago Law Review 7, 8 (1981); ders., The Rule of Reason and the Economic Approach: Reflections on the Sylvania Decision, 45 The University of Chicago Law Review 1, 13f. (1977); Hay betont, dass es bei der *rule of reason*-Untersuchung auch auf die Marktmacht der Beteiligten ankomme (vgl. Hay, Observations: Sylvania in Retrospect, 60 Antitrust Law Journal 61, 62 (1991)); die Frage der Marktmacht spielt inzwischen auch bei der Behandlung von vertikalen Wettbewerbsverhältnissen in der EU eine Rolle (siehe dazu unten Kapitel III.A.1.d) und Kapitel IV.C.1.).

212 Vgl. *Sylvania*, unten Kapitel II.B.2.k).

mumpreise. Diese sind nach ständiger Rechtsprechung *per se* verboten, eine *rule of reason*-Untersuchung findet nicht statt.[213]

Um das geltende Recht in den USA zu verstehen, reicht diese grobe Darstellung der bestehenden Grundsätze nicht aus. Vielmehr ist es erforderlich, die grundlegenden Entscheidungen des US Supreme Court auf diesem Gebiet genauer zu betrachten, um den wirtschaftlichen Hintergrund von Kartellrechtsfällen und das Verständnis des Supreme Court im Hinblick auf die Ziele des Kartellrechts zu erkennen.

B. Die wichtigsten Entscheidungen des US Supreme Court im Bereich der vertikalen Wettbewerbsbeschränkungen

I. Vorbemerkung

Die nachfolgende Darstellung der Entscheidungen basiert auf den amtlichen Veröffentlichungen der Entscheidungen des Supreme Court und der Federal Circuit Courts of Appeals und der District Courts. Die jeweilige Darstellung des Sachverhalts und der Begründung ist so weit wie möglich reduziert auf die Aspekte, die für die Abgrenzung zwischen einseitigen Maßnahmen und kooperativen Verhaltensweisen von Bedeutung sind. Daher ist die folgende Darstellung stark verkürzt. Sie richtet sich nach der Sachlage, die zur Zeit der Untersuchung bestand und ist gestützt auf die Feststellungen, die die Gerichte ihrer jeweiligen Entscheidung zugrunde gelegt haben. Dies schließt nicht aus, dass die dargelegten Punkte zwischen den Parteien strittig waren. Falls Änderungen der Sachlage nach dem für die Entscheidung maßgeblichen Zeitpunkt eingetreten sind, sind diese nur berücksichtigt, wenn sie für die vorliegende Untersuchung von Interesse sind.

Neben den Fällen, die sich direkt mit der Abgrenzung zwischen einseitigen Maßnahmen und abgestimmten Verhaltensweisen beschäftigen, werden im folgenden auch andere grundlegende Fälle kurz dargelegt, ohne deren Kenntnis die

213 Dr. Miles Medical Co. v. John D. Park & Sons Co., 220 U.S. 373, siehe unten Kapitel II.B.2.b); United States v. Parke, Davis & Co., unten Kapitel II.B.2.g); Albrecht v. Herald Co. unten Kapitel II.B.2.j); dieses *per se*-Verbot von Preisbindungen wird jedoch zum Teil heftig kritisiert (vgl. z.B. Baxter, The Viability of Vertical Restraints Doctrine, 75 California Law Review 933, 934 (1987)). Eine Ausnahme von diesem Grundsatz besteht allerdings bei Stellvertretungsverhältnissen (Agency), siehe oben Kapitel I.H.2. Bei solchen Verträgen kommt es nach der Rechtsprechung des US Supreme Court zu einer *rule of reason*-Untersuchung; vgl. United States v. General Electric Co., 272 U.S. 476 (1926). Diese Ausnahme setzt aber voraus, daß die Agency nicht zur Umgehung der *per se*-Rechtswidrigkeit dient; vgl. Simpson v. United Oil Co., 377 U.S. 13 (1964); siehe dazu oben Kapitel I.H.2.

Problematik im Bereich der Abgrenzung zwischen einseitigen Maßnahmen und kooperativen Verhaltensweisen nicht vollkommen zu erfassen ist.

Die folgenden Entscheidungen sind zum besseren Verständnis der Entwicklung in ihrer zeitlichen Abfolge dargestellt. Den einzelnen Entscheidungen ist eine kurze Darstellung des jeweiligen Sachverhalts vorangestellt, die gefolgt ist von einer Darstellung der jeweiligen Entscheidung und der Entscheidungsgründe. Anschließend folgt eine kurze Analyse der Entscheidung. Eine Analyse der Entscheidungen in ihrer Gesamtschau folgt dann unten im Abschnitt 3.

2. Die wichtigsten Entscheidungen

a) Standard Oil Company of New Jersey v. United States[214]

In diesem im Jahr 1911 entschiedenen Fall ging es um die grundsätzliche Bedeutung von Section 1 und Section 2 Sherman Act und die Auslegung dieser Vorschriften.

(1) Sachlage

Hintergrund des Falles war die angebliche Monopolisierung der Erdölindustrie in den USA durch das von der Rockefeller-Familie dominierte *Standard Oil*-Imperium. Der dem Fall zugrunde liegende Sachverhalt war sehr komplex und äußerst umstritten. Der Sachvortrag umfasste nicht weniger als 12.000 Seiten. Mehr als 30 Beklagte, Privatpersonen und Unternehmen, waren in das Verfahren verwickelt. Vor diesem Hintergrund neigte selbst der Supreme Court dazu, spezielle Punkte aus dem Vortrag der Parteien herauszugreifen und sich auf diese zu konzentrieren.[215] Die Einzelheiten des Falles sind hier jedoch ohnehin nicht weiter von Interesse. Von Interesse sind hier allein die Ausführungen des Supreme Court zu Section 1 und Section 2 Sherman Act. Diese Ausführungen sind von grundlegender Bedeutung für alle Kartellrechtsfälle unter diesen Vorschriften.

---

214 Standard Oil Company of New Jersey v. United States, 221 U.S. 1, 31 S.Ct. 502 (1911).

215 Standard Oil Company of New Jersey v. United States, 221 U.S. 1, 30 f., 31 S.Ct. 502, 504 (1911).

(2) *Entscheidung des US Supreme Court*

Bei der Frage, was eine Wettbewerbsbeschränkung im Sinne von Section 1 Sherman Act ist, führte der Supreme Court aus, dass der Begriff der Wettbewerbsbeschränkung umfassend zu verstehen und die Aufzählung in Section 1 Sherman Act nicht abschließend gedacht sei, sondern alle erdenklichen Aktivitäten erfassen wolle, so dass Section 1 Sherman Act nicht durch geschickte Gestaltung von Transaktionen umgangen werden könne.[216]

Dieses weite Verständnis des Begriffes "Wettbewerbsbeschränkung" voranstellend legte der Supreme Court anschließend dar, dass es nicht Sinn und Zweck von Section 1 Sherman Act sein könne, jede Wettbewerbsbeschränkung automatisch zu verbieten. Vielmehr stellten nur unvernünftige und ungerechtfertigte Wettbewerbsbeschränkungen („unreasonable restraints“) eine Verletzung von Section 1 Sherman Act dar. Die Frage, ob eine Wettbewerbsbeschränkung ungerechtfertigt sei, so der Supreme Court, müsse anhand einer Einzelfallprüfung entschieden werden.[217]

(3) *Analyse und Bedeutung der Entscheidung*

Durch die Entscheidung in *Standard Oil* hat der Supreme Court die *rule of reason* etabliert. Die *rule of reason* stellt einen der wichtigsten Grundsätze im US-Kartellrecht dar und hat erhebliche Bedeutung gerade auch im Hinblick auf die Beurteilung von vertikalen Wettbewerbsbeschränkungen erlangt.

b) *Dr. Miles Medical Co. v. John D. Park Davis & Sons Co.*[218]

In diesem ebenfalls im Jahr 1911 entschiedenen Fall stellte der US Supreme Court klar, dass vertikale Preisvereinbarungen gegen Section 1 Sherman Act verstoßen und *per se* rechtswidrig sind.

---

216 Standard Oil Company of New Jersey v. United States, 221 U.S. 1, 59 f., 31 S.Ct. 502, 515 (1911). Der Supreme Court stützte diese weite Auslegung sowohl auf den Sinn und Zweck der Vorschrift als auch auf die vor Erlaß des Sherman Act herrschende Rechtsauffassung zum Begriff der Wettbewerbsbeschränkung; vgl. Standard Oil Company of New Jersey v. United States, a.a.O.

217 Standard Oil Company of New Jersey v. United States, 221 U.S. 1, 60, 31 S.Ct. 502, 516 (1911). Wiederum berief sich der Supreme Court auf die vor Erlaß des Sherman Act bestehende Rechtsauffassung zu dieser Frage; Standard Oil Company of New Jersey v. United States, a.a.O.

218 Dr. Miles Medical Co. v. John Park Davis & Sons Co., 220 U.S. 373, 31 S.Ct. 376 (1911).

(1) Sachlage

Dr. Miles stellte Arzneimittel her, die über Zwischen- und Einzelhändler an Endverbraucher verkauft wurden. *Dr. Miles* setzte dabei nicht nur die Preise für den eigenen Verkauf an die Zwischenhändler, sondern auch deren Preise für den Weiterverkauf an die Einzelhändler und den Verkaufspreis der Einzelhändler an die Endabnehmer fest. Dabei nahm *Dr. Miles* diese Verkaufspreise in seine Musterverträge auf. Darüber hinaus musste sich jeder Großhändler verpflichten, nur an solche Einzelhändler zu verkaufen, die in einer Liste von *Dr. Miles* aufgeführt waren. In diese Liste wurden wiederum nur solche Einzelhändler aufgenommen, die ihrerseits einen Vertrag mit *Dr. Miles* unterschrieben hatten, in dem sie sich ihrerseits zur Einhaltung der von *Dr. Miles* festgesetzten Einzelhandelspreise verpflichteten. Die Einzelhändler wiederum verpflichteten sich, nur von solchen Großhändlern die Waren zu beziehen, die auf einer Liste von *Dr. Miles* aufgelistet waren. In diese Liste wurden ebenfalls nur solche Großhändler aufgenommen, die sich in einem Vertrag mit *Dr. Miles* verpflichtet hatten, die festgesetzten Großhandelspreise zu beachten. Darüber hinaus sahen die Verträge ein Kündigungsrecht für *Dr. Miles* vor für den Fall, dass ein Vertragspartner, ob Groß- oder Einzelhändler, die Waren unter dem festgesetzten Preis verkaufte. Auch ein Verstoß gegen den Vertriebsweg, d.h. ein Kauf oder Verkauf von oder an andere als die in den Listen aufgeführten Händler, war als Grund zur Kündigung vorgesehen.[219] Durch dieses Vertragssystem erreichte *Dr. Miles*, dass seine Waren fast ausschließlich zu den festgesetzten Preisen vertrieben wurden.

(2) Entscheidung des US Supreme Court

Der Supreme Court war der Ansicht, dass dieses Geschäftsverhalten von *Dr. Miles per se* verboten sei.[220] Der Supreme Court stellte insbesondere darauf ab, dass auch Preisabsprachen zwischen den einzelnen Händlern ohne weiteres verboten wären und es keinen Unterschied mache, ob diese sich direkt miteinander abstimmten oder ein Hersteller alle Händler seines Vertriebssystems gleichermaßen binde[221]. Solche Preisabsprachen erleichtern daher nach Ansicht des Supreme Court die Kartellbildung zwischen den Händlern. Darüber hinaus habe der Her-

---

219 Dr. Miles Medical Co. v. John Park Davis & Sons Co., 220 U.S. 373ff. (1911).

220 Zwar benutzte der Supreme Court nicht den Ausdruck der *per se*-Illegalität. Allerdings war der Supreme Court der Ansicht, daß die vertikale Preisabsprache ungerechtfertigt und wettbewerbsschädlich sei, und weigerte sich, die von *Dr. Miles* vorgetragenen Rechtfertigungen zu untersuchen.

221 Dr. Miles Medical Co. v. John Park Davis & Sons Co., 220 U.S. 373, 31 S.Ct. 376, (1911).

steller dadurch, dass er seine Waren zu einem angemessenen Entgelt verkauft habe, kein Recht mehr, in den sich nun ergebenden Wettbewerb im Hinblick auf die von ihm verkauften Produkte einzugreifen.[222]

(3) Analyse und Bedeutung der Entscheidung

Obwohl *Dr. Miles* die Grundlage für das *per se*-Verbot von vertikalen Preisabsprachen ist, wurde erstmals im Jahr 1940 in *Bausch & Lomb*[223] von der *per se*-Illegalität von vertikalen Preisabsprachen gesprochen.[224] Auch wenn der Supreme Court in *Dr. Miles* nicht ausdrücklich die *per se*–Illegalität von vertikalen Preisabsprachen statuiert hat, ist die Entscheidung in *Dr. Miles* der Ursprung dieses Rechtssatzes, der auch heute noch erhebliche Konsequenzen für die Behandlung von vertikalen Wettbewerbsbeschränkungen hat. Dies deshalb, weil die bloße Feststellung über das Vorliegen einer vertikalen Preisabsprache automatisch die Rechtswidrigkeit dieser Absprache zur Folge hat.

c) United States v. Colgate & Co.[225]

In *United States v. Colgate & Co.* stellte der Supreme Court im Jahr 1919 die sogenannte *Colgate-Doktrin* auf. Diese Doktrin besagt, dass es jedem privaten Unternehmen, das am freien Markt operiert, unter Section 1 Sherman Act freigestellt ist, zu bestimmen, mit wem und zu welchen Konditionen es Geschäfte macht.[226] Bei der Entscheidung in *Colgate* handelte es sich um ein Strafverfahren wegen Verstoßes gegen Section 1 Sherman Act.

(1) Sachlage

Colgate vertrieb seine Produkte über ein Netz von Groß- und Einzelhändlern. Dabei setzte *Colgate* bestimmte, für alle Groß- und Einzelhändler gleichermaßen geltende Weiterverkaufspreise fest und teilte diese Preise den Händlern innerhalb des *Colgate*-Vertriebssystems mittels Rundschreiben, Preislisten und ähnlicher Korrespondenz mit. In dieser Korrespondenz ermahnte *Colgate* die Händler, die vorgeschlagenen Preise einzuhalten und kündigte an, dass *Colgate* preis-

---

222 Dr. Miles Medical Co. v. John Park Davis & Sons Co., 220 U.S. 373, 409, 31 S.Ct. 376, 385 (1911).

223 United States v. Bausch & Lomb Optical Co., 321 U.S. 707, 719 f. (1944).

224 Grimes, Brand Marketing, Intrabrand Competition, and the Multibrand Retailer: Antitrust Law of Vertical Restraints, 64 Antitrust Law Journal 83, Fußnote 8.

225 United States v. Colgate & Co., 250 U.S. 300 (1919).

226 United States v. Colgate & Co., 250 U.S. 300, 307 (1919).

brechende Händler nicht weiter beliefern werde und solche Händler zudem auf eine "Schwarze Liste" gesetzt würden. Preisbrechende Händler würden nur dann wieder beliefert, wenn sie versicherten, dass sie die Preise in Zukunft einhalten würden. Weiterhin forderte *Colgate* seine Händler auf, preisbrechende Händler an *Colgate* zu melden. Durch dieses Vorgehen erreichte *Colgate*, dass sich die meisten seiner Händler an die vorgeschlagenen Preise hielten.[227]

(2) Entscheidung des US Supreme Court

Der Supreme Court war der Ansicht, dass das Geschäftsverhalten von *Colgate*, so wie es von den Vorinstanzen festgestellt wurde, eine erlaubte einseitige Maßnahme von *Colgate* war.

Justice McReynolds, der die Urteilsbegründung für den Supreme Court schrieb, hatte Zweifel, ob der District Court die Sachlage richtig eingeschätzt hatte. Dennoch fühlte sich der Supreme Court an die Feststellungen der unteren Instanzen gebunden.[228] Der Supreme Court stellte in *United States v. Schrader's Son, Inc.* im Hinblick auf seine Entscheidung in *Colgate* fest:

> "Under the interpretation adopted by the trial court and necessarily accepted by us, the indictment failed to charge that Colgate Company made agreements, either express or implied, which undertook to obligate vendees to observe specific resale prices ..."[229]

Vor diesem Hintergrund stellte der Supreme Court die Prämisse auf, dass es jedem auf dem Markt Handelnden freigestellt sei, autonom zu bestimmen, mit wem und unter welchen Bedingungen er Geschäfte tätigen wolle.[230] Die Tatsache, dass ein Händler Geschäftspraktiken verfolge, die dem Hersteller nicht gefallen, so der Supreme Court, könne Grund genug sein für einen Hersteller, seine Produkte nicht an diesen Händler zu verkaufen, weil er sich seine Geschäftspartner frei aussuchen könne. Der Hersteller könne eine Geschäftsbeziehung von vornherein ablehnen oder gegebenenfalls nachträglich beenden.[231] Dies gelte auch, wenn der Händler die Produkte des Herstellers zu einem Preis vertreibe, der dem Hersteller nicht gefalle. Da der Hersteller diese Freiheit habe, könne er

227 United States v. Colgate & Co., 250 U.S. 300, 303 (1919).
228 United States v. Colgate & Co., 250 U.S. 300, 302, 306 (1919).
229 United States v. Schrader's Son, Inc., 252 U.S. 85, 99 (1920).
230 Diese Aussage muss vor dem Hintergrund von Section 1 Sherman Act gesehen werden. Mögliche Kontrahierungszwänge können sich aus anderen Vorschriften und Umständen ergeben.
231 Auch bei der Beendigung einer Geschäftsbeziehung können sich aus anderen als kartellrechtlichen Vorschriften Schwierigkeiten ergeben.

natürlich auch bereits im voraus darlegen, unter welchen Umständen er Geschäfte tätigen werde und unter welchen nicht.[232] Der Supreme Court führte aus:

> "In the absence of any purpose to create or maintain a monopoly, the [Sherman Act] does not restrict the long recognized right of a trader or manufacturer engaged in an entirely private business, freely to exercise his own independent discretion as to parties with whom he will deal; and, of course, he may announce the circumstances under which he will refuse to sell."[233]

Entscheidend für den Ausgang des Verfahrens war, dass die unteren Instanzen keine Vereinbarung zwischen *Colgate* und den Händlern festgestellt hatten und der Supreme Court daher von einer einseitigen Maßnahme von *Colgate* ausgehen musste.[234] Vor diesem Hintergrund kam der Supreme Court zu der Schlussfolgerung, dass es den einzelnen Händlern trotz der Ankündigung von *Colgate*, preisbrechende Händler nicht weiter zu beliefern, offen blieb, ob sie sich an die Preisempfehlung halten würden. Die Händler konnten die *Colgate*-Waren zu jedem von ihnen festgesetzten Preis verkaufen, ohne eine Vertragsverletzung zu begehen. Dass sie daraufhin möglicherweise nicht mehr von *Colgate* beliefert werden würden, änderte nach Ansicht des Supreme Court nichts an der grundsätzlichen Freiheit der Händler, ihre Preise selbst festzusetzen.[235] Der Supreme Court stellte fest, dass im Gegensatz zu der Sachlage in *Dr. Miles* die Weiterverkaufspreise hier nicht durch Verträge festgeschrieben wurden, sondern lediglich einseitig vom Hersteller empfohlen und autonom von den Händlern befolgt wurden.[236]

---

232 United States v. Colgate & Co., 250 U.S. 300, 304 f., 39 S.Ct. 465 (1919). Krugman kommt zu dem Ergebnis, daß diese Betonung der Freiheit des Herstellers zu entscheiden, mit wem er Geschäfte machen will, ihren Ausgangspunkt in der Entscheidung des Supreme Court in *Lochner v. New York*, 198 U.S. 45 (1905) und der Entscheidung des Court of Appeals des zweiten Circuit in *Great Atlantic & Pacific Tea Co. v. Cream of Wheat Co.*, 227 F. 46 (2d Cir. 1915) genommen hat, obwohl der Supreme Court in *Colgate* nicht direkt auf diese Entscheidungen verwiesen hatte; vgl. Krugman, Soap, Cream of Wheat, and Bakeries: The Intellectual Origins of the Colgate Doctrin, 65 St. John's Law Review 827 (1991).

233 United States v. Colgate & Co., 250 U.S. 300, 307 (1919).

234 Der Umstand, daß die Staatsanwaltschaft trotz des dargestellten Sachverhalts nur *Colgate* als einzigen Beteiligten anklagte und auch keinerlei Vereinbarung monierte, wird heute teilweise als "Kunstfehler" bezeichnet; so zum Beispiel Morgan, Modern Antitrust Law, S. 111.

235 United States v. Colgate & Co., 250 U.S. 300, 306 f. (1919).

236 United States v. Colgate & Co., 250 U.S. 300, 307 f. (1919).

(3) *Analyse und Bedeutung der Entscheidung*

Dr. Miles und *Colgate* sind die Eckpfeiler, die die Bandbreite der weiteren Entscheidungen im Bereich der vertikalen Wettbewerbsbeschränkungen, insbesondere der vertikalen Preisabsprachen, definieren. Während *Dr. Miles* statuiert, dass vertikale Preisabsprachen oder -vereinbarungen *per se* rechtswidrig sind, legt *Colgate*, zumindest in der Form, wie die Entscheidung heute allgemein gelesen wird, fest, dass einseitige Maßnahmen eines Herstellers nicht in den Anwendungsbereich von Section 1 Sherman Act fallen; dies gilt nach der ständigen Rechtsprechung der US-Gerichte selbst dann, wenn diese einseitigen Maßnahmen eines Herstellers dazu dienen, die Weiterverkaufspreise seiner Händler zu beeinflussen oder wenn sie gar die gleichen Auswirkungen haben wie eine Preisabsprache. Dieser Grundsatz wird heute allgemein als die *Colgate-Doktrin* bezeichnet.

Wichtig für das Verständnis der Entscheidung des Supreme Court in *Colgate* ist, dass es sich bei dem Prozess um ein Strafverfahren wegen eines vermeintlichen Verstoßes gegen Section 1 Sherman Act handelte. Die Vorinstanzen, die die Tatsachen auch für den Supreme Court verbindlich feststellten, ermittelten die oben dargestellten Umstände. Allerdings behauptete die Staatsanwaltschaft in ihrer Anklageschrift nicht, dass eine Vereinbarung oder Abstimmung zwischen den Parteien stattgefunden habe.[237] Die Entscheidung des District Court stellte ebenfalls eine solche Vereinbarung oder Abstimmung nicht fest. Dies spiegelt sich darin wider, dass allein *Colgate* eines Verstoßes gegen den Sherman Act beschuldigt wurde; bei Vorliegen einer Absprache wäre jedoch in der Regel gegen mindestens zwei Beschuldigte zu ermitteln gewesen.[238]

Meyer ist daher der bedenkenswerten Ansicht, dass die Doktrin, die aus *Colgate* herausgelesen wird, von den Fakten des Falles gar nicht getragen wird.[239]

---

237 United States v. Colgate & Co., 250 U.S. 300, 304 (1919). Dieser Umstand wurde vom Supreme Court in nachfolgenden Entscheidungen im Hinblick auf die Entscheidung in Colgate wiederholt betont; vgl. z.B. die abweichende Stellungnahme von Justice Pitney in Frey & Son v. Cudahy Packing Co., 256 U.S. 208, 218 (1921).

238 Allein die Tatsache, dass an einer Vereinbarung mindestens zwei Parteien beteiligt sein müssen, bedeutet jedoch nicht zwangsläufig, dass auch gegen beide ermittelt wird oder gegen beide vorgegangen wird. Dies ist ein Umstand, der sich auch in der aktuellen Entscheidungspraxis der EG-Kommission widerspiegelt; vgl. zum Beispiel die Entscheidung in Gosme-DMP/Martell (unten Kapitel III.B.1.b)(7), S. 170 ff.) und ADALAT (unten Kapitel III.B.1.b)(8), S. 174 ff.).

239 Meyer, Relaxation of the *per se* Mantra in the Vertical Price Fixing Arena, 68 Southern California Law Review 73, 105 ff. und Fußnote 108. Ähnlich auch Hay, Vertical Restraints After Monsanto, 70 Cornell Law Review 418, 423 (1985),

Dies deuten auch die eigenen Aussagen des Supreme Court in späteren Entscheidungen an.[240] Letztlich kann dies aber dahinstehen, da die *Colgate*-Doktrin im Laufe des Jahrhunderts fester Bestandteil der US-Kartellrechtspraxis geworden ist und wiederholt vom Supreme Court bestätigt wurde.[241]

d) Federal Trade Commission v. Beech-Nut Packing Co.[242]

In diesem 1922 entschiedenen Fall befasste sich der Supreme Court mit der Rechtmäßigkeit des Einschreitens der Federal Trade Commission gegen *Beech-Nut Packing Co.* wegen vermeintlicher vertikaler Preisabsprachen. Obwohl die Federal Trade Commission ihr Einschreiten auf Section 5 Federal Trade Commission Act stützte, und Section 5 Federal Trade Commission Act auch einseitiges Verhalten erfasst[243], befasste sich der Supreme Court gleichfalls mit der Abgrenzung zwischen einseitigen Maßnahmen und kooperativen Verhaltensweisen.

(1) Sachlage

Die Federal Trade Commission und *Beech-Nut Packing Co.* (nachfolgend "*Beech-Nut*") haben den Sachverhalt im Vorfeld der Entscheidung des Supreme Court unstreitig gestellt und damit verbindlich festgelegt. Danach ergab sich folgende Sachlage:

Beech-Nut stellte Lebensmittel her und vertrieb diese über ein Netz von unabhängigen Groß- und Einzelhändlern. *Beech-Nut* sprach seinen Händlern gegenüber Preisempfehlungen für die Weiterverkaufspreise aus. Zudem erklärte *Beech-Nut*, dass solche Händler, die die Preisempfehlungen nicht einhielten, nicht beliefert würden; darüber hinaus würden auch solche Händler nicht beliefert werden, die an Händler lieferten, die die Preisempfehlungen missachteten.

Diese Ankündigungen setzte *Beech-Nut* in die Praxis um und verweigerte nachfolgend die Lieferungen an bestimmte preisbrechende Händler. Wenn die so ausgeschlossenen Händler sich *Beech-Nut* gegenüber verpflichteten, fortan die Preisempfehlungen zu beachten, wurden sie wieder beliefert.[244] Darüber hinaus

---

Baker, Interconnected Problems of Doctrine and Economics in the Section One Labyrinth: Is Sylvania a way out?, 67 VA. Law Review 1457, 1474 f. (1981).

240 Zum Beispiel United States v. Schrader's Son, Inc. (siehe oben Kapitel II.B.2.c)).

241 Vgl. zum Beispiel *Monsanto* (unten Kapitel II.B.2.l)) und *Sharp* (unten Kapitel II.B.2.m)).

242 Federal Trade Commission v. Beech-Nut Packing Co., 257 U.S. 441 (1922).

243 Siehe oben II.A.1.b).

244 Federal Trade Commission v. Beech-Nut Packing Co., 257 U.S. 441, 446 ff. (1922).

forderte *Beech-Nut* die Händler generell zur Einhaltung der Preisempfehlungen auf.

Weiterhin entwickelte *Beech-Nut* ein System, mittels dessen es überprüfte, ob sich die Händler an die Preisempfehlungen hielten. Dieses System umfasste Testkäufe durch *Beech-Nut* und eine Kodierung der Produkte, die es *Beech-Nut* erlaubte, die Herkunft des Produkts nachzuvollziehen. Zudem wurden die dem *Beech-Nut*-System angehörenden Händler angehalten, Preisbrecher zu melden. Sobald ein Preisbrecher ermittelt war, teilte *Beech-Nut* den Händlern, die diesen Preisbrecher zuvor beliefert hatten, diesen Umstand mit. Falls dieser Preisbrecher sich *Beech-Nut* gegenüber zur zukünftigen Einhaltung der Preisempfehlungen verpflichtet hatte, teilte *Beech-Nut* auch diesen Umstand den anderen Händlern mit.[245]

Nach Ansicht von *Beech-Nut* und der Federal Trade Commission stellte dieses Vorgehen aber keine vertragliche Einigung über die Festsetzung, Aufrechterhaltung oder Durchsetzung von Weiterverkaufspreisen dar.[246]

(2) Entscheidung des US Supreme Court

Der Supreme Court setzte sich zuerst mit der Entscheidung des Court of Appeals in dieser Sache auseinander. Dieses hatte erklärt, dass seiner Ansicht nach der einzige Unterschied zwischen dem Verhalten von *Beech-Nut* und dem Vorgehen von *Dr. Miles*[247] der sei, dass bei *Dr. Miles* schriftliche Verträge vorlagen und hier eine stillschweigende Verständigung zwischen den Parteien. Obwohl das Berufungsgericht Schwierigkeiten hatte, den qualitativen Unterschied zwischen der Wirkung eines schriftlichen Vertrages auf den Wettbewerb und der Wirkung eines stillschweigenden Übereinkommens zu sehen, kam es zu dem Ergebnis, dass hier nach der in *Colgate*[248] aufgestellten Regel ein einseitiges Handeln vorlag.

Der Supreme Court widersprach dem Court of Appeals und kam zu dem Ergebnis, dass die Fakten zeigten, dass *Beech-Nut* klar über eine bloße Lieferverweigerung im Sinne von *Colgate* hinausgegangen sei.[249] Der Supreme Court führte mit Hinweis auf seine Entscheidungen in *Colgate*[250], *United States v. Schrader's Son, Inc.*[251] und *Frey & Son v. Cudahy Packing Co.*[252] aus:

245 Federal Trade Commission v. Beech-Nut Packing Co., 257 U.S. 441, 451 (1992).
246 Federal Trade Commission v. Beech-Nut Packing Co., 257 U.S. 441, 455 (1992).
247 Siehe oben Kapitel II.B.2.b).
248 Siehe oben Kapitel II.B.2.c).
249 Federal Trade Commission v. Beech-Nut Packing Co., 257 U.S. 441, 454 (1992).
250 Siehe oben Kapitel II.B.2.c).
251 United States v. Schrader's Son, Inc., 252 U.S. 85 (1920).
252 Frey & Son v. Cudahy Packing Co., 256 U.S. 208 (1921).

"By these decisions it is settled that in prosecutions under the Sherman Act a trader is not guilty of violating its terms who simply refuses to sell to others, and he may withhold his goods from those who will not sell them at the prices which he fixes for their resale."[253]

Der Supreme Court fuhr fort:

"He may not, consistently with the Act go beyond the existence of this right, and by contracts or combinations, express or implied, unduly hinder or obstruct the free and natural flow of commerce in the channels of interstate trade."[254]

Diesen Grundsatz wendete der Supreme Court auf die vorliegende Sachlage an und schlussfolgerte: Ein Händler, der *Beech-Nut*-Produkte verkaufen wolle, müsse sich an die Preisempfehlungen halten, damit er beliefert werde. Ein Verstoß gegen die Preisempfehlungen werde durch die umfangreichen Testkäufe schnell bemerkt und könne durch die Kodierung der Produkte zurückverfolgt werden. Die Mitteilung der Namen von preisbrechenden und daher unerwünschten Händlern an die anderen *Beech-Nut*-Händler mit dem Hinweis, dass auch sie nicht weiter beliefert würden, falls sie an einen der unerwünschten Händler verkaufen würden, führe dazu, dass Preisbrechern der Zugang zu *Beech-Nut*-Produkten praktisch völlig verwehrt sei.[255]

Der Supreme Court führte aus:

"From this course of conduct a court may infer - indeed, cannot escape the conclusion - that competition among retail distributors is practically suppressed for all who would deal in the company's products are constrained to sell at the suggested prices. Jobbers and wholesale dealers who would supply the trade may not get the goods of the company, if they sell to those who do not observe the prices indicated or who are on the company's list of undesirables until they are restored to favor by satisfactory assurances of future compliance with the company's schedule of resale prices." [256]

Hinsichtlich der Feststellung der Federal Trade Commission, dass das Verhalten von *Beech-Nut* keine Vereinbarung darstelle, führte der Supreme Court weiter aus:

"... Nor is this inference overcome by the conclusion stated in the Commission's findings that the merchandising conduct of the company does not constitute a contract or contracts whereby resale prices are fixed, maintained, or enforced. The specific facts

253 Federal Trade Commission v. Beech-Nut Packing Co., 257 U.S. 441, 453 f. (1922).
254 Federal Trade Commission v. Beech-Nut Packing Co., 257 U.S. 441, 454 (1922).
255 Federal Trade Commission v. Beech-Nut Packing Co., 257 U.S. 441, 454 f. (1922).
256 Federal Trade Commission v. Beech-Nut Packing Co., 257 U.S. 441, 455 (1922).

found show suppression of the freedom of competition by methods in which the company secures the co-operation of its distributors and customers, which are quite as effectual as agreements express or implied intended to accomplish the same purpose."[257]

Dementsprechend kam der Supreme Court zu dem Ergebnis, dass die Federal Trade Commission gemäß Section 5 Federal Trade Commission Act dem Grunde nach vorgehen durfte. Im Umfang schränkte der Supreme Court jedoch die weite Formulierung der Verfügung der Federal Trade Commission ein. Nach Ansicht des Supreme Court durfte die Verfügung nur folgende Praktiken untersagen, mit denen *Beech-Nut* die *Beech-Nut*-Politik durchsetzte:

- Übermittlung der Namen von Händlern, die die Preisempfehlungen nicht beachten, an andere Händler;
- Aufnahme solcher Händler in eine Liste von unerwünschten Kunden;
- Ermittlung von preisbrechenden Händlern durch Testkäufe;
- Kodierung der Waren zur Ermittlung deren Herkunft, falls diese unter Preis verkauft werden.[258]

(3) Analyse und Bedeutung der Entscheidung

Die Entscheidung in *Beech-Nut* ist in zweierlei Hinsicht interessant: Zum einen lässt die Urteilsbegründung nicht eindeutig erkennen, ob der Supreme Court sich über die unstrittige Tatsachenfeststellung, dass keine Vereinbarung zwischen den Parteien vorlag, hinwegsetzte - so die Interpretation von Justice McReynolds in seiner abweichenden Stellungnahme[259] und wohl auch des Supreme Court selbst in der späteren Entscheidung in *Bausch & Lomb*[260] - oder ob er das Verhalten auch ohne das Vorliegen einer Vereinbarung als illegal ansah. Dies wäre möglich, da Section 5 Federal Trade Commission Act auch einseitiges Verhalten erfasst.[261] Letztlich deutet vieles darauf hin, dass der Supreme Court trotz der Ansicht der Federal Trade Commission von einer abgestimmten Verhaltensweise ausging. Mit letzter Sicherheit kann dies jedoch nicht festgestellt werden. Insofern ist *Beech Nut* nur von eingeschränkter Präzedenzwirkung, auch wenn dies in der Literatur nicht immer beachtet wird.

Zum anderen stellt der Supreme Court eine Liste von Verhaltensweisen auf, die er als rechtswidrig einstuft. Diese Liste umfasst weniger Praktiken als von der

257 Federal Trade Commission v. Beech-Nut Packing Co., 257 U.S. 441, 455 (1922).
258 Federal Trade Commission v. Beech-Nut Packing Co., 257 U.S. 441, 455 f. (1922).
259 Federal Trade Commission v. Beech-Nut Packing Co., 257 U.S. 441, 458 f. (1922).
260 United States v. Bausch & Lomb, 321 U.S. 707, 722 (1944); siehe dazu sogleich Kapitel II.B.2.e).
261 Siehe dazu oben Kapitel II.A.1.b).

Federal Trade Commission ursprünglich angegriffen wurden. Wegen der soeben dargestellten Unklarheit hinsichtlich der genauen Aussage von *Beech-Nut* ist jedoch auch eine nähere Analyse dieser nicht beanstandeten Punkte nur von beschränkter Aussagekraft.

e) United States v. Bausch & Lomb Optical Co.[262]

In dieser Entscheidung aus dem Jahr 1944 setzte sich der Supreme Court erneut mit einem System zur Durchsetzung von Weiterverkaufspreisen auseinander.

(1) Sachlage

Bausch & Lomb Optical Co. (nachfolgend "*Bausch & Lomb*") stellte optische Linsen her. *Soft-Lite Lens Co.* (nachfolgend "*Soft-Lite*") war Großhändler für optische Linsen und der alleinige Händler für rosa-eingefärbte Linsen. *Soft-Lite* bezog alle Linsen, die es vertrieb, ausschließlich von *Bausch & Lomb*. Im Gegenzug hatte sich *Bausch & Lomb* gegenüber *Soft-Lite* verpflichtet, *Soft-Lite* keine Konkurrenz im Bereich der rosa-eingefärbten Linsen zu machen.[263]

Soft-Lite vertrieb seine Linsen über ein aus Groß- und Einzelhändlern bestehendes Vertriebssystem.[264] *Soft-Lite* wählte als Händler nur solche Unternehmen aus, die keine Konkurrenzprodukte von *Soft-Lite* vertrieben und dies auch in Zukunft nicht tun würden.[265]

Die *Soft-Lite*-Großhändler durften nur an solche Einzelhändler liefern, die von *Soft-Lite* in das *Soft-Lite*-Vertriebssystem aufgenommen worden waren. Ein Verstoß gegen diese Regel führte zum Ausschluss des Großhändlers aus dem *Soft-Lite*-Vertriebssystem. Um die Einhaltung dieser Regel sicherzustellen, verlangte *Soft-Lite* von seinen Großhändlern, dass sie jedem verkauften Paar Linsen ein *"Protection Certificate"* beifügten. Anhand der Nummer auf dem Zertifikat konnte *Soft-Lite* solche Waren zurückverfolgen, die von nicht-autorisierten Händlern verkauft wurden. *Soft-Lite* erklärte seinen Großhändlern auch, dass das *Protection Certificate* genau diesem Zweck diente.[266]

Zudem teilte *Soft-Lite* seinen Großhändlern durch Preislisten mit, welchen Preis sie für den Verkauf von *Soft-Lite*-Produkten von den Einzelhändlern verlangen konnten. Diese Preislisten wurden auch den Einzelhändlern bekannt gemacht. Daraus konnten die Einzelhändler entnehmen, welchen Preis die Groß-

262 United States v. Bausch & Lomb, 321 US 707 (1944).
263 United States v. Bausch & Lomb, 321 U.S. 707, 710 f. (1944).
264 United States v. Bausch & Lomb, 321 U.S. 707, 710 f. (1944).
265 United States v. Bausch & Lomb, 321 U.S. 707, 714, 716 (1944).
266 United States v. Bausch & Lomb, 321 U.S. 707, 714f. (1944).

händler verlangen sollten. Den Großhändlern war klar, dass ein starkes Abweichen von den durch *Soft-Lite* vorgeschlagenen Preisen zur Beendigung der Vertragsbeziehung zu *Soft-Lite* führen würde.[267]

Den Einzelhändlern wurde von *Soft-Lite* kein Einzelhandelspreis vorgeschrieben. Allerdings erwartete *Soft-Lite*, dass die Einzelhändler zu den örtlich gängigen Marktpreisen verkauften. Darüber hinaus durften Einzelhändler die *Soft-Lite*-Produkte nur von autorisierten Großhändlern beziehen. Die Einzelhändler wurden von *Soft-Lite* überwacht. Ein Verstoß gegen diese Regelungen führte zur Kündigung durch *Soft-Lite*.[268]

(2) Entscheidung des US Supreme Court

Im Hinblick auf *Soft-Lite* hatte der District Court diverse Verstöße gegen Section 1 Sherman Act festgestellt. Unter anderem war der District Court der Ansicht, dass Preisvereinbarungen sowohl zwischen *Soft-Lite* und seinen Großhändlern als auch zwischen *Soft-Lite* und seinen Einzelhändlern vorlagen.[269] Der Supreme Court bestätigte den District Court und führte aus:

> "... [W]e must first note that it is plain that the arrangements for price maintenance in the wholesalers' sales to retailers are an integral part of the whole distribution system. Not only are *Soft-Lite* wholesalers carefully selected and cooperative but they may sell only to *Soft-Lite*'s retail licensees. Undesirable wholesalers are excluded from the system and the District Court found that by means of published wholesale price lists, put in the hands of wholesalers and retailers alike, resale prices of wholesalers are designated by *Soft-Lite*. The requirement of wholesalers' recommendation as to the business character of the applicant for a retail license, the evidence of espionage, the limitation of resales to *Soft-Lite* retail licensees, the existence of the 'Protection Certificate' to mark the wholesalers who might violate the arrangement, the uniformity of the prices, as prescribed in *Soft-Lite*'s published lists, which are charged retailers by wholesalers - all amply support, indeed require, the inference of the trial court that a conspiracy to maintain prices down the distribution system existed between the wholesalers and *Soft-Lite* ..."[270]

Soft-Lite vertrat die Ansicht, dass sich das vorliegende Vertriebssystem und seine praktische Anwendung im zulässigen Rahmen von geltenden Präzedenzfällen wie *Colgate*[271] und *Beech-Nut*[272] befinde und daher keinen Verstoß gegen Section 1 Sherman Act darstelle. Dem entgegnete der Supreme Court:

---

267 United States v. Bausch & Lomb, 321 U.S. 707, 715 (1944).
268 United States v. Bausch & Lomb, 321 U.S. 707, 715f. (1944).
269 United States v. Bausch & Lomb, 321 U.S. 707, 717 (1944).
270 United States v. Bausch & Lomb, 312 U.S. 707, 720 (1944).
271 Siehe oben Kapitel II.B.2.c).
272 Siehe oben Kapitel II.B.2.d).

"As in the Beech-Nut case, there is more here than mere acquiescence of wholesalers in Soft-Lite's published resale price list. The wholesaler accepted Soft-Lite's proffer of a plan of distribution by cooperating in prices, limitation of sales to and approval of retail licensees. That is sufficient. (...) Whether this conspiracy and combination was achieved by agreement or by acquiescence of the wholesalers coupled with assistance in effectuating its purpose is immaterial."[273]

Dementsprechend bestätigte der Supreme Court die Auffassung des District Courts, dass Preisabsprachen vorlagen.

(3) Analyse und Bedeutung der Entscheidung

Der District Court war der Ansicht, dass *Bausch & Lomb* nicht an eventuellen Kartellrechtsverstößen beteiligt war. Der Supreme Court bestätigte diese Auffassung des District Courts, ohne näher auf die Problematik einzugehen.[274]

Isoliert betrachtet ist die Entscheidung nicht von größerem Interesse für die Abgrenzung zwischen einseitigen Maßnahmen und kooperativen Verhaltensweisen. Im Vergleich mit den anderen Entscheidungen des Supreme Court zu vertikalen Wettbewerbsbeschränkungen gewinnt die Entscheidung jedoch dadurch an Bedeutung, weil sie zeigt, welche Umstände der US Supreme Court als klare Indizien für eine kooperative Verhaltensweise ansieht.

f) Northern Pacific Railway Company v. United States[275]

In diesem im Jahr 1958 entschiedenen Fall ging es um die Zulässigkeit eines sogenannten "*tying arrangements*". Unter *tying arrangement* versteht man die Verknüpfung einer Leistung mit einer anderen Leistung in der Weise, dass ein Anbieter eine Leistung nur dann abgibt, wenn der Kunde eine zweite, nicht mit der ersten in Zusammenhang stehende Leistung ebenfalls bei ihm bezieht. In *Northern Pacific Railway Company v. United States* ging der Supreme Court auf die Frage ein, wann eine Wettbewerbsbeschränkung so schädlich sei, dass sie *per se* verboten sei.

---

273 United States v. Bausch & Lomb, 312 U.S. 707, 723 (1944).

274 United States v. Bausch & Lomb, 321 U.S. 707, 719 (1944). Der Sachverhalt ist in dieser Hinsicht daher oben auch nicht näher dargestellt.

275 Northern Pacific Railway Company v. United States, 356 U.S. 1, 78 S.Ct. 514 (1958).

(1) Sachlage

Eine Eisenbahngesellschaft, die entlang ihrer Bahnlinien über erhebliche Ländereien verfügte, verkaufte, vermietete oder verpachtete viele dieser Ländereien im Laufe der Zeit. In die Kauf- bzw. Miet- oder Pachtverträge nahm sie jeweils eine Klausel auf, nach der die Käufer bzw. Mieter oder Pächter alle Produkte, die sie auf dem Land erwirtschafteten, durch die Eisenbahngesellschaft abzutransportieren hätten, solange nicht andere Transportunternehmen billiger seien als sie selbst.[276]

(2) Entscheidung des US Supreme Court

Im Rahmen der rechtlichen Erwägungen bestätigte der Supreme Court seinen in *Standard Oil*[277] aufgestellten Grundsatz, dass nur solche Wettbewerbsbeschränkungen unter Section 1 Sherman Act fallen, die unvernünftig sind. Allerdings betonte der Supreme Court anschließend, dass es Wettbewerbsbeschränkungen gebe, die grundsätzlich so wettbewerbsschädlich seien, dass sie auch ohne Prüfung im Einzelfall als Verstoß gegen Section 1 Sherman Act angesehen werden müssten, weil die unwiderlegbare Vermutung[278] bestehe, dass die Wettbewerbsbeschränkung unvernünftig und ungerechtfertigt sei. Der Supreme Court führte aus:

> "(...) [T]here are certain agreements or practices which because of their pernicious effect on competition and lack of any redeeming virtue are conclusively presumed to be unreasonable and therefore illegal without elaborate inquiry as to the precise harm they have caused or the business excuse for their use."[279]

Nach dieser vielzitierten Ausführung des Supreme Court ist die Anwendung einer *per se*-Regel dann gerechtfertigt, wenn eine Wettbewerbsbeschränkung ei-

---

276 Northern Pacific Railway Company v. United States, 356 U.S. 1, 3 (1958).

277 Siehe oben Kapitel II.B.2.a).

278 Diese unwiderlegbare Vermutung greift nur dann ein, wenn die Tatsachenlage, für die die Vermutung aufgestellt wurde, genau vorliegt. Abweichungen bei den zugrunde liegenden Tatsachen des Einzelfalles können dazu führen, daß die Vermutung nicht eingreift. Dies betonte der Supreme Court in seiner Entscheidung in White Motor Company v. United States, 372 U.S. 253, 262, 83 S.Ct. 696, 701 (siehe unten Kapitel II.B.2.h)) ausdrücklich mit Hinweis auf seine Entscheidung in *Northern Pacific*.

279 Northern Pacific Railway Company v. United States, 356 U.S. 1, 5 (1958).

nen nicht unbedeutenden[280] negativen Effekt auf den Wettbewerb hat und diesem negativen Effekt kein ausgleichender Vorteil gegenübersteht.

Der Supreme Court kam zu dem Ergebnis, dass die beanstandeten Vertragsklauseln der Eisenbahngesellschaft nach diesen Grundsätzen ohne nähere Prüfung der ökonomischen Auswirkungen Section 1 Sherman Act verletzten.[281]

(3) Analyse und Bedeutung der Entscheidung

Die Entscheidung in *Northern Pacific* ist von Interesse, weil sie die Voraussetzungen für die Anwendung einer *per se*-Regel näher definiert. Die Entscheidung bezieht sich nicht unmittelbar auf die Abgrenzung zwischen einseitigen Maßnahmen und abgestimmten Verhaltensweisen. Sie ist jedoch wesentlich im Hinblick auf die Frage, ob die Anwendung der *per se*-Regel auf vertikale Preisbindungen gerechtfertigt ist. Ob das in *Dr. Miles* aufgestellte *per se*-Verbot von vertikalen Preisbindungen vor dem Hintergrund der in *Northern Pacific* aufgestellten Grundsätze gerechtfertigt ist, kann mit guten Gründen angezweifelt werden.[282]

g) United States v. Parke, Davis and Company[283]

In diesem im Jahr 1960 entschiedenen Fall musste sich der Supreme Court erneut mit der Abgrenzung zwischen einseitigen Maßnahmen und abgestimmten Verhaltensweisen vor dem Hintergrund einer behaupteten vertikalen Preisbindung auseinandersetzen.

---

280 Zwar ergibt sich das Erfordernis, daß die Wettbewerbsbeschränkung eine nicht unbedeutende Auswirkung auf den Wettbewerb haben muß, nicht aus dem Wortlaut dieses Rechtssatzes. Allerdings ergibt sich das aus dem Sinn dieser Regel und wird auch so von der Rechtsprechung verstanden. So führte der Supreme Court aus, dass ein *tying arrangement* wie das vorliegende nur dann zu beanstanden sei, wenn der Vertragspartner, der den Bezug hinsichtlich des zusätzlich zu beziehenden Produkts verlangt, bei dem Erstprodukt über eine starke Marktstellung verfüge, weil die Kunden ansonsten leicht auf andere Anbieter ausweichen könnten. Verfüge er nicht über eine entsprechend starke Marktstellung, sei die durch die Klausel entstehende Wettbewerbsbeschränkung unbedeutend. Northern Pacific Railway Company v. United States, 356 U.S. 1, 6 f. (1958); so auch die Entscheidung in Eastman Kodak Company v. Image Technical Services, Inc. 504 U.S. 451 (1992).

281 Northern Pacific Railway Company v. United States, 356 U.S. 1, 7 ff. (1958). Die Entscheidungsgründe im einzelnen sind für die Abgrenzung zwischen einseitigen Maßnahmen und abgestimmten Verhaltensweisen nicht weiter von Bedeutung und werden daher nicht weiter ausgeführt.

282 Siehe dazu oben Kapitel I.F.

283 United States v. Parke, Davis and Company, 362 U.S. 29 (1960).

(1) Sachlage

Parke, Davis stellte pharmazeutische Produkte her und vertrieb diese über Groß- und Einzelhändler. Die Einzelhändler bezogen die *Parke, Davis*-Produkte über die Großhändler. Größere Mengen konnten die Einzelhändler direkt bei *Parke, Davis* bestellen. *Parke, Davis* gab sowohl seinen Groß- als auch seinen Einzelhändlern Preisempfehlungen für den Weiterverkauf an die Hand. Im Jahr 1956 führte *Parke, Davis* eine Geschäftspolitik ein, um die empfohlenen Einzelhandelsverkaufspreise durchzusetzen. Dazu kündigte *Parke, Davis* an, dass preisbrechende Einzelhändler nicht mehr direkt von *Parke, Davis* beliefert würden. Darüber hinaus suchte *Parke, Davis* die Großhändler auf und unterrichtete diese von der neuen Geschäftspolitik. Zudem teilte *Parke, Davis* den Großhändlern mit, dass auch sie nicht mehr von *Parke, Davis* beliefert würden, wenn sie an preisbrechende Einzelhändler verkauften. *Parke, Davis* informierte die Großhändler auch darüber, dass alle anderen *Parke, Davis*-Großhändler entsprechend von der neuen Geschäftspolitik unterrichtet würden. Alle Großhändler deuten *Parke, Davis* gegenüber Beachtung dieser Geschäftspolitik an. Anschließend unterrichtete *Parke, Davis* die Einzelhändler von dieser Geschäftspolitik und teilte ihnen mit, dass sie bei Nichtbeachtung der Preise nicht nur von *Parke, Davis* direkt keine Waren mehr bekommen würden, sondern diese auch nicht durch die Großhändler beziehen könnten.[284]

Anschließend sprach *Parke, Davis* solche Händler, die die empfohlenen Preise nicht beachteten, gezielt an und wies auf die neue Geschäftspolitik und die Folgen der Nichtbeachtung hin. Dadurch erreichte *Parke, Davis*, dass die meisten dieser Händler sich an die Preisempfehlungen hielten.

Da allerdings einige Händler über große Lagerbestände verfügten und daher die Preisempfehlungen nicht beachten mussten, änderte *Parke, Davis* seine Geschäftspolitik. *Parke, Davis* wollte erreichen, dass Händler, die die Preisempfehlungen nicht beachteten, zumindest keine Werbung mit Discountpreisen betrieben.

Dart war ein Händler, der mit Discountpreisen warb. *Parke, Davis* trat an *Dart* heran, um *Dart* von der Werbung mit Discountpreisen abzubringen. *Dart* teilte *Parke, Davis* mit, dass er grundsätzlich bereit wäre, seine Werbung mit den Discountpreisen einzustellen, wenn er dann trotz Verkaufs zu Discountpreisen weiterhin von *Parke, Davis* beliefert werde. Anschließend kontaktierte *Parke, Davis* auch die anderen preisbrechenden Händler und teilte ihnen diese Bereitschaft von *Dart* mit. Die so angesprochenen Händler erklärten daraufhin, dass sie, falls *Dart* seine Werbung einstelle, ebenfalls ihre Werbung mit Discountprei-

---

284 United States v. Parke, Davis and Company, 362 U.S. 29, 33f. (1960) .

sen einstellen würden. Dieses Ergebnis teilte *Parke, Davis* wiederum *Dart* mit. In der Folge hörten alle so angesprochenen Einzelhändler auf, mit Discountpreisen für die *Parke, Davis*-Produkte zu werben.[285]

(2) Entscheidung des US Supreme Court

Der Supreme Court kam zu dem Ergebnis, dass *Parke, Davis* nicht einseitig gehandelt habe. *Parke, Davis* habe nicht einfach eine einseitige Kundenselektion mit vorheriger Ankündigung seiner Selektionskriterien vorgenommen, wie dies in *Colgate* der Fall gewesen sei. Vielmehr habe *Parke, Davis* über diese bloße Ankündigung einer Lieferverweigerung hinaus versucht, die Händler durch weitere Maßnahmen dazu zu bringen, die empfohlenen Preise zu beachten. Dadurch, dass *Parke, Davis* auch die Großhändler mit einer Liefersperre für den Fall bedrohte, dass sie preisbrechende Einzelhändler belieferten, ging *Parke, Davis* über das in *Colgate*[286] und *Beech-Nut*[287] erlaubte Maß hinaus. Der Supreme Court führte aus:

> "[A]n unlawful combination is not just such as arises from a price maintenance agreement, express or implied; such a combination is also organized if the producer secures adherence to his suggested prices by means which go beyond his mere declination to sell to a customer who will not observe his announced policy."[288]

Ein weiterer klarer Verstoß lag nach Ansicht des Gerichts darin, dass *Parke, Davis* im Hinblick auf die Werbung mit Discountpreisen an die einzelnen Händler heran trat, um deren gegenseitiges Einverständnis mit der geplanten Vorgehensweise einzuholen. Die einzelnen Händler befolgten die Politik von *Parke, Davis* nur unter der unausgesprochenen Bedingung, dass sich auch die anderen Händler daran halten würden. Da *Parke, Davis* deren jeweiliges Einverständnis

---

285 United States v. Parke, Davis and Company, 362 U.S. 29, 34f. (1960). Dieser Zustand hielt aber nur etwa einen Monat an. Danach fing einer der Händler gegen den Widerstand von *Parke, Davis* erneut an, mit den günstigen Preisen Werbung zu betreiben, und die anderen zogen schnell nach. *Parke, Davis* versuchte jedoch nicht mehr, seine Preisempfehlungen durchzusetzen, weil die Antitrust Division des US-Justizministeriums auf Beschwerde von *Dart* hin Ermittlungen gegen *Parke, Davis* wegen Verstoßes gegen Kartellvorschriften eingeleitet hatte; United States v. Parke, Davis and Company, a.a.O.

286 Siehe oben Kapitel II.B.2.c).

287 Siehe oben Kapitel II.B.2.d).

288 United States v. Parke, Davis and Company, 362 U.S. 29, 43 (1960).

einholte und auch bekam und die anderen Händler davon unterrichte, musste es als Organisator einer Absprache angesehen werden.[289]

(3) Analyse und Bedeutung der Entscheidung

Die Entscheidung in *Parke, Davis* gab Anlas zu Spekulationen und zog viele kritische Stimmen auf sich. So kritisierte zum Beispiel Justice Harlan das Urteil in seiner abweichenden Stellungnahme als eine versteckte Abkehr von der *Colgate-Doktrin*, da dadurch auf das Erfordernis einer Absprache oder Abstimmung verzichtet würde.[290] Tatsächlich war *Parke, Davis* Ausgangspunkt für die Ansicht vieler Gerichte, dass das Ausüben von Druck durch den Hersteller zu einer Verhaltensabstimmung im Sinne von Section 1 Sherman Act führen kann.

Wie sich aus späteren Entscheidungen[291] des Supreme Court entnehmen lässt, wollte der Supreme Court in seiner Entscheidung in *Parke, Davis* nicht von der *Colgate*-Doktrin abweichen. Das Urteil in *Parke, Davis* ist somit ein weiterer deutlicher Hinweis auf die dogmatischen Unsicherheiten im Bereich der Abgrenzung von einseitigen Maßnahmen und abgestimmten Verhaltensweisen im Bereich vertikaler Wettbewerbsbeschränkungen.

h) White Motor Company v. United States[292]

In diesem im Jahr 1963 entschiedenen Fall ging es erneut um die Zulässigkeit von vertikalen Gebiets- und Kundenbeschränkungen unter Section 1 Sherman Act.[293]

---

289 United States v. Parke, Davis and Company, 362 U.S. 29 (1960). Da der District Court, dessen Urteil direkt vor dem Supreme Court angegriffen wurde, ein einseitiges Handeln angenommen hatte, hob der Supreme Court das Urteil auf und verwies die Sache zur erneuten Verhandlung zurück.

290 United States v. Parke, Davis and Company, 362 U.S. 29, 49 ff. (1960).

291 Siehe zum Beispiel *Sylvania* (unten Kapitel II.B.2.k)).

292 White Motor Company v. United States, 372 U.S. 253 (1963).

293 In den Jahren vor der Entscheidung in *White Motor* war es bereits zu mehreren Verwaltungsverfahren gekommen, in denen die Antitrust Division des US-Justizministeriums solche Kunden- und Gebietsbeschränkungen als unzulässig angeprangert hatte. Sämtliche dieser Verfahren wurden jedoch gütlich beendet. *White Motor* war der erste Fall dieser Art, der bis zum Supreme Court gelangte; vgl. Grimes, The Antitrust of Vertical Restraints, Fußnote 29.

(1) Sachlage

White Motor, ein Hersteller von Lkw, verkaufte seine Lkw sowohl an Groß- und Einzelhändler als auch an bestimmte Großkunden. Sowohl die Groß- als auch die Einzelhändler verkauften die Lkw an Endkunden. Darüber hinaus verkauften einige Großhändler Lkw an bestimmte, mit Zustimmung von *White Motor* ausgesuchte Einzelhändler.

In den Verträgen mit seinen Groß- und Einzelhändlern gewährte *White Motor* seinen Händlern exklusive Verkaufsgebiete. Entsprechend den Verträgen war es den einzelnen Händlern verboten, an Kunden zu verkaufen, die ihren Wohn- oder Geschäftssitz nicht in ihrem jeweiligen Verkaufsgebiet hatten. Darüber hinaus war es den Händlern untersagt, ohne vorherige Erlaubnis durch *White Motor* an bestimmte Kunden - zum Beispiel die öffentliche Verwaltung - zu verkaufen.[294]

(2) Entscheidung des US Supreme Court

Der Supreme Court weigerte sich, diese vertikalen Wettbewerbsbeschränkungen als eine *per se*-Verletzung von Section 1 Sherman Act im Sinne des *Northern Pacific*[295]-Urteils anzusehen. Der Supreme Court wiederholte seine Feststellung aus *Northern Pacific*, dass Wettbewerbsbeschränkungen nur dann automatisch und ohne Einzelfallprüfung gegen Section 1 Sherman Act verstoßen, wenn diese einen nicht unbedeutenden negativen Einfluss auf den Wettbewerb haben und ihnen kein ausgleichender Vorteil zugute kommt.

Im Hinblick auf die beanstandeten vertikalen Wettbewerbsbeschränkungen sah sich der Supreme Court nicht imstande, eine solche grundsätzliche Schädlichkeit der Maßnahmen festzustellen. Vielmehr stellte er klar, dass dem Gericht die wirtschaftlichen Hintergründe und Auswirkungen solcher Maßnahmen nicht in solch einem Maße verständlich wären, dass man sie als *per se* verboten erklären könne.

Der Supreme Court stellte fest, dass horizontalen Gebietsabgrenzungen, d.h. Gebietsabsprachen zwischen Händlern auf der gleichen Handelsstufe, kein ausgleichender Effekt zugute komme. Solche Vereinbarungen wären reine Wettbewerbsbeschränkungen, die *per se* unzulässig seien.[296] Allerdings zog der Supreme Court nicht die Schlussfolgerung, dass deshalb auch vertikale Gebietsabsprachen automatisch schädlich und daher unzulässig seien.[297] Vielmehr kam er

294 White Motor Company v. United States, 372, U.S. 253, 255 f. (1963).

295 Siehe oben Kapitel II.B.2.f).

296 Siehe z.B. Klor's, Inc. v. Braodway-Hale Stores, Inc. 359 U.S. 207, 212 (1959).

297 Diese Schlussfolgerung zogen aber die drei ablehnenden Richter in ihrer abweichenden Stellungnahme; vgl. White Motor Company v. United States, 372 U.S. 253,

zu dem Ergebnis, dass bei vertikalen Wettbewerbsbeschränkungen eine genaue Untersuchung des zugrunde liegenden Sachverhalts erforderlich sei und deshalb nicht der *per se*-Standard, sondern die *rule of reason*-Untersuchung heranzuziehen sei.[298]

(3) Analyse und Bedeutung der Entscheidung

Die Entscheidung des Supreme Court in *White Motors* war denkbar knapp. Drei der acht Richter stimmten für eine Anwendung des *per se*-Standards mit der Folge der automatischen Rechtswidrigkeit der vertikalen Wettbewerbsbeschränkungen. Die Richter, die für die *per se*-Illegalität stimmten, waren der Ansicht, dass ökonomische Argumente oder wirtschaftliche Notwendigkeiten bei Fragen unter Section 1 Sherman Act außer Betracht zu bleiben hätten.[299]

Dieses knappe Ergebnis unterstreicht erneut die Unsicherheit des Supreme Court im rechtlichen Umgang mit vertikalen Wettbewerbsbeschränkungen. Zudem wird deutlich, dass sich die Richter über die ökonomischen Auswirkungen von vertikalen Wettbewerbsbeschränkungen nicht sicher waren.

i) United States v. Arnold, Schwinn & Co.[300]

Bereits im Jahr 1967, also gerade vier Jahre nach der Entscheidung in *White Motors*, befasste sich der Supreme Court erneut mit der Zulässigkeit von vertikalen Wettbewerbsbeschränkungen.

---

279 f. (1963). Die Entscheidung wäre anders ausgefallen, wenn die einzelnen *White Motors*-Händler *White Motors* lediglich dazu benutzt hätten, ihre in Wirklichkeit horizontalen Absprachen zu decken; so Richter Brennan in seiner ergänzenden Bemerkung zu *White Motors*, a.a.O. Seite 267 bzw. 704. Die drei ablehnenden Richter gingen sogar so weit, festzustellen, daß es keinen Unterschied mache, von wem die Gebietsaufteilung ausgehe, ob von den Händlern oder dem Hersteller. Der Effekt der Vereinbarungen, nämlich die völlige Ausschaltung des Wettbewerbs unter den *White Motors*-Händlern, sei der gleiche. Darüber seien sich auch alle Beteiligten bewußt; vgl. White Motor Company v. United States, 372 U.S. 253, 280 f. (1963).

298 White Motor Company v. United States, 372 U.S. 253, 263 f. (1963). Der Supreme Court ging in dieser Entscheidung nicht weiter auf die hier gegebenen verschiedenen Formen der vertikalen Wettbewerbsbeschränkungen - Gebietsbeschränkungen einerseits, Kundenbeschränkungen andererseits - ein. Dies holte Richter Brennan in seinen ergänzenden Ausführungen ("concurrent opinion") nach und kam ebenfalls zu dem Ergebnis, daß keine der beiden Formen einen *per se*-Ansatz rechtfertige. Allerdings stand er den Kundenbeschränkungen deutlich kritischer gegenüber; vgl. White Motor Company v. United States, 372 U.S. 253, 264 ff. (1963).

299 White Motor Company v. United States, 372 U.S. 253, 278 f. (1963).

300 United States v. Arnold, Schwinn & Co., 388 U.S. 365 (1967).

(1) Sachlage

Schwinn, ein Fahrradhersteller, hatte zwei unterschiedliche Vertriebswege.

Zum einen vertrieb *Schwinn* seine Fahrräder durch ein dreigestuftes Vertriebssystem. *Schwinn* verkaufte die Räder an seine Großhändler. Diesen Großhändlern hatte *Schwinn* jeweils ein exklusives Vertriebsgebiet zugeteilt. *Schwinn* wies die Großhändler an, nur innerhalb ihres jeweiligen Gebietes die Fahrräder an Franchisenehmer von *Schwinn* zu verkaufen. Diese Franchisenehmer verkauften dann die Fahrräder an Endkunden. Die Franchisenehmer durften die Waren jedoch nur an bestimmten zugelassenen Orten verkaufen. Darüber hinaus war es sowohl den Großhändlern als auch den Franchisenehmern untersagt, an Einzelhändler zu verkaufen, die keine Franchisenehmer von *Schwinn* waren. Dadurch konnte *Schwinn* die Anzahl der Einzelhändler, die *Schwinn*-Fahrräder verkauften, in den jeweiligen Gebieten nach seinen eigenen Vorstellungen bestimmen.[301]

Zum anderen setzte *Schwinn* ein Kommissionssystem ein, um seine Fahrräder zu vertreiben. Dabei traten die Großhändler als Verkaufsvertreter von *Schwinn* auf. Die Großhändler nahmen Bestellungen von Einzelhändlern entgegen und leiteten diese an *Schwinn* weiter. *Schwinn* lieferte die Fahrräder dann direkt an die Einzelhändler aus und stellte diesen die Räder in Rechnung. Die Großhändler bekamen eine Vermittlungsgebühr von *Schwinn*. Eigentum oder Besitz an diesen Rädern erlangten die Großhändler nicht.[302]

(2) Entscheidung des US Supreme Court

Der Supreme Court kam hinsichtlich der beiden unterschiedlichen Vertriebsarten zu unterschiedlichen Ergebnissen:

Er wandte das *per se*-Verbot auf Gebiets- und Kundenbeschränkungen in den Fällen an, in denen der Hersteller das Eigentum an seinen Waren auf den Groß- bzw. Einzelhändler übertragen hatte.[303] Eine Untersuchung der wirtschaftlichen Auswirkungen war nach Ansicht des Supreme Court nicht erforderlich, weil in diesen Fällen jede Beschränkung des Käufers durch den Verkäufer über die Verwendung des Kaufgegenstandes offensichtlich so wettbewerbsschädlich sei, dass automatisch ein Verstoß gegen Section 1 Sherman Act vorliege.[304]

---

301 United States v. Arnold, Schwinn & Co., 388 U.S. 365 (1967).

302 United States v. Arnold, Schwinn & Co., 388 U.S. 365 (1967).

303 United States v. Arnold, Schwinn & Co., 388 U.S. 365, 379 (1967).

304 United States v. Arnold, Schwinn & Co., a.a.O., mit Hinweis auf die in *White Motor* und *Dr. Miles* aufgestellten Rechtssätze. Diese Begründung wurde von Richter Harlan in seiner abweichenden Stellungnahme scharf kritisiert, weil der ökonomi-

Der Supreme Court wandte hingegen die *rule of reason* in den Fällen auf Gebiets- und Kundenbeschränkungen an, in denen *Schwinn* das Eigentum an den Waren behielt und auch das Risiko für den Erfolg der Einzelhändler trug. Dies begründete der Supreme Court damit, dass sich diese Transaktionen nach seiner Ansicht nicht von denen eines Vertreters oder Agenten unterscheiden ließen.[305] Die *rule of reason*-Untersuchung durch den Supreme Court ergab in diesen Fällen, dass die Beschränkungen, die *Schwinn* den Händlern auferlegte, im Hinblick auf die starke Konkurrenz von anderen Herstellern nach Ansicht des Supreme Court gerechtfertigt waren. Folglich konnte der Supreme Court in diesen Fällen keinen Verstoß gegen Section 1 Sherman Act feststellen.[306]

(3) Analyse und Bedeutung der Entscheidung

Schwinn ist in erster Linie für die kurzzeitige[307] Einführung eines *per se*-Verbots für vertikale Wettbewerbsbeschränkungen bekannt. *Schwinn* ist jedoch auch in einer weiteren, weniger beachteten Hinsicht bemerkenswert, nämlich hinsichtlich der Abgrenzung zwischen einseitigen Maßnahmen und abgestimmten Verhaltensweisen.

Das erstinstanzliche Gericht kam zu dem Ergebnis, dass aufgrund der einseitigen Zuteilung von exklusiven Vertragsgebieten durch *Schwinn* an seine Händler und *Schwinns* Aufforderung an diese, nur innerhalb dieser Gebiete zu verkaufen, sich einige der Händler keine Konkurrenz mehr machten und dass diese damit zusammen mit *Schwinn* eine Abstimmung im Sinne von Section 1 Sherman Act

---

sche Effekt der Wettbewerbsbeschränkungen nach seiner Ansicht der gleiche sei, unabhängig davon, ob das Eigentum auf den Käufer übergegangen ist oder nicht; vgl. United States v. Arnold, Schwinn & Co., a.a.O., Seite 388 ff.

305 United States v. Arnold, Schwinn & Co., 388 U.S. 365, 380 (1967). Diese Unterscheidung wurde auch von der US-Regierung als Beschwerdeführer als künstlich abgelehnt; a.a.O., Seite 378. Interessant ist der Vergleich des Supreme Court mit einem Agency-Verhältnis auch unter einem anderen Aspekt: Agency-Verträge stellen nach ständiger, im Vorfeld von *Schwinn* geltender Rechtsprechung des Supreme Court keine Vereinbarungen im Sinne von Section 1 Sherman Act dar (siehe oben Kapitel I.H.). So gesehen hätte der Supreme Court, wenn er schon auf Agency-Verträge abstellt, diese Verträge aus dem Anwendungsbereich des Section 1 Sherman Act ausklammern müssen, weil dies auch bei Agency-Verträgen so wäre. Darauf ist der Supreme Court jedoch mit keinem Wort eingegangen; siehe dazu auch Dara, Antitrust Law in the European Community and the United States: A Comparative Analysis, 47 Louisiana Law Review 761, 774 (März 1987).

306 United States v. Arnold, Schwinn & Co., 388 U.S. 365, 380 (1967).

307 *Schwinn* wurde bereits nach 4 Jahren durch *Sylvania* aufgehoben; siehe dazu unten Kapitel II.B.2.k).

gefunden hätten.[308] Dabei verneinte das erstinstanzliche Gericht ausdrücklich, dass *Schwinn* tatsächlich solchen Händlern gekündigt hatte, die sich nicht an die Instruktionen gehalten hatten.

Im Verfahren vor dem Supreme Court wurde die Feststellung, dass *Schwinn* unwilligen Händlern gekündigt habe, vehement angegriffen. Der Supreme Court ließ eine Entscheidung über diesen Punkt jedoch offen. Er vertrat die Ansicht, dass aus der Tatsache, dass *Schwinn* auf der Einhaltung der Instruktionen hinsichtlich Verkaufsgebiet und Kundenkreis bestanden habe und bei Nichtbeachtung entschlossen mit Kündigung drohte, auf eine Verhaltensabstimmung geschlossen werden könne.[309]

Wie sich diese Feststellung in die bisherigen Entscheidungen des Supreme Court zur Abgrenzung zwischen einseitigen Maßnahmen und abgestimmten Verhaltensweisen einfügt, wird nicht ganz klar. Diese Frage wird auch in der Literatur nur ganz vereinzelt behandelt.[310] Die Tatsache, dass *Schwinn* innerhalb von nur wenigen Jahren durch *Sylvania* aufgehoben wurde, bewirkt anscheinend, dass *Schwinn* nicht weiter beachtet wird. Dies ist jedoch nicht gerechtfertigt. Zwar wurde *Schwinn* durch *Sylvania* aufgehoben. Der Supreme Court stützte diese Aufhebung jedoch auf Gründe, die nicht die Abgrenzung zwischen einseitigen Maßnahmen und abgestimmten Verhaltensweisen betrafen. Die in *Schwinn* getroffenen Feststellungen hinsichtlich der Verhaltensabstimmung sprach der Supreme Court in *Sylvania* nicht weiter an.[311]

j) Albrecht v. Herald Co.[312]

In diesem im Jahr 1968 entschiedenen Fall ging es um die Zulässigkeit einer vertikalen Absprache über Höchstweiterverkaufspreise. In diesem Zusammenhang hat der Supreme Court auch interessante Ausführungen über die Abgrenzung zwischen einseitigen Maßnahmen und kooperativen Verhaltensweisen gemacht.

---

308 So der Supreme Court in *Schwinn* zu der Entscheidung des erstinstanzlichen Gerichts; United States v. Arnold, Schwinn & Co., 388 U.S. 365, 371 (1967).

309 United States v. Arnold, Schwinn & Co., 388 U.S. 365, 372 (1967).

310 So zum Beispiel von Meyer, Relaxation of the per se Mantra in the Vertical Price Fixing Arena, 68 Southern California Law Review 73, Fußnote 129 (November 1994).

311 Siehe dazu unten Kapitel II.B.2.k).

312 Albrecht v. Herald Co., 390 U.S. 145 (1968).

(1) Sachlage

Albrecht war Großhändler für Zeitungen von *Herald Co.* und verfügte über ein exklusives Vertriebsgebiet.[313] Der Vertrag mit *Herald Co.* sah vor, dass *Herald Co.* den Vertrag kündigen kann, falls *Albrecht* einen bestimmten Weiterverkaufspreis überschreitet.

Als *Albrecht* diesen Höchstpreis überschritt, protestierte *Herald Co.* dagegen bei *Albrecht.* Zudem informierte *Herald Co.* Albrechts Kunden, dass *Herald Co.* selbst die Zeitungen in *Albrechts* Vertragsgebiet zu einem niedrigeren Preis als *Albrecht* liefern werde, wenn die Kunden dies wünschten. Anschließend beauftragte *Herald Co.* eine Agentur, *Milne*, damit, die Kunden von *Albrecht* gezielt zu bewerben. Etwa 300 der 1200 Kunden von *Albrecht* wechselten daraufhin zum Direktbezug von *Herald Co. Herald Co.* teilte *Albrecht* mit, dass diese Kunden an *Albrecht* zurückgegeben würden, wenn *Albrecht* sich an die empfohlenen Preise halte. Während des gesamten Zeitraumes wurde *Albrecht* weiterhin von *Herald Co.* beliefert, jedoch mit dem klaren Hinweis, dass die Lieferungen im Falle weiterer Missachtung der Preisempfehlungen eingestellt würden.

In der Zwischenzeit vermittelte *Herald Co.* die abgeworbenen Kunden ohne Erhebung irgendwelcher Gebühren an *Kroner*, einen anderen Händler, dem der gesamte Vorgang bekannt war. *Kroner* wusste insbesondere auch, dass *Herald Co.* keine Missachtung der Preisobergrenze dulden werde, und er rechnete damit, die Kunden gegebenenfalls an *Albrecht* zurückzuführen.[314]

(2) Entscheidung des US Supreme Court

Während die ersten beiden Instanzen der Ansicht waren, dass mangels abgestimmten Verhaltens kein Verstoß gegen Section 1 Sherman Act vorläge,[315] urteilte der Supreme Court anders. Der Supreme Court stützte sich auf seine Entscheidung in *Parke, Davis*[316], in der er ausgeführt hatte, dass zwar die einseitige Ankündigung einer Kündigung unter bestimmten Umständen zulässig sei, jedoch

313 Die beiden ersten Instanzen hinterfragten nicht, ob es zulässig war, den einzelnen Zeitungshändlern exklusive Gebiete einzuräumen. Vielmehr gingen sie von der Zulässigkeit aus. Der Supreme Court hingegen zweifelte dies jedoch stark an, ließ die Frage aber am Ende offen; vgl Albrecht v. Herald Co., 390 U.S. 145, 153f. (1968). Letztlich kann dieser Punkt in diesem Fall durchaus mitentscheidend gewesen sein, wie Justice Stewart in seiner abweichenden Stellungnahme ausführte; vgl. Albrecht v. Herald Co., 390 U.S. 145, 168 (1968).

314 Albrecht v. Herald Co., 390 U.S. 145, 147 (1968).

315 Berufungsentscheidung des Court of Appeals des achten Circuit, Albrecht v. Herald Co., 376 F.2d 517 (1966).

316 Siehe oben Kapitel II.B.2.g).

nicht die Drohung mit der Kündigung, falls ein Händler sich nicht füge. Diesen Grundsatz betonend stellte der Supreme Court fest, dass *Albrecht* gemeinsam von *Herald & Co., Milne* und *Kroner* unter Druck gesetzt wurde. Sowohl *Milne* als auch *Kroner* kannten den Hintergrund ihrer Beauftragung durch *Herald & Co.*, und sie kannten auch die Ziele, die *Herald & Co.* verfolgte. Trotzdem beteiligten sie sich an den Aktivitäten von *Herald & Co.* Damit lag nach Ansicht des Supreme Court ein abgestimmtes Verhalten zwischen *Herald & Co.*, *Milne* und *Kroner* vor.[317]

Darüber hinaus stellte der Supreme Court mit Hinweis auf seine Entscheidungen in *Parke, Davis*[318] und *Schwinn*[319] fest, dass möglicherweise auch darin eine Verhaltensabstimmung im Sinne von Section 1 Sherman Act zu sehen sei, dass *Herald* seine empfohlene Preispolitik gegenüber allen Verteilern vertrat und auch strikt durchsetzte, wobei die meisten Verteiler sich dieser Politik fügten. Der Supreme Court führte in Fußnote 6 seiner Entscheidung aus:

> "Petitioner's original complaint broadly asserted an illegal combination under § 1 of the Sherman Act. Under Parke, Davis petitioner could have claimed a combination between respondent and himself, at least as of the day he unwillingly complied with respondent's advertised price. Likewise, he might successfully have claimed that respondent had combined with other carriers because the firmly enforced price policy applied to all carriers, most of whom acquiesced in it. (...)
> Petitioner's amended complaint did allege a combination between respondent and petitioner's customers. Because of our disposition of this case it is unnecessary to pass on this claim. It was not, however, a frivolous contention."(ohne Fußnoten)[320]

Letztlich ließ der Supreme Court diese Fragen also offen, weil sie nicht mehr von den Parteien vorgetragen wurden oder nicht mehr entscheidungserheblich waren.

Der Supreme Court urteilte, dass dieses abgestimmte Verhalten auch *per se* verboten ist. Die Anwendung der *per se*-Regel aus *Dr. Miles*[321] sei, so der Supreme Court, nicht nur auf die Festlegung von Minimumpreisen, sondern auch auf die Festlegung von Maximumpreisen anwendbar.[322] Folglich hob der Supreme Court die Entscheidung des Berufungsgerichts auf und verwies die Sache an dieses zurück.[323]

---

317 Albrecht v. Herald Co., 390 U.S. 145, 149 f. (1968).
318 Siehe oben Kapitel II.B.2.g).
319 Siehe oben Kapitel II.B.2.i).
320 Albrecht v. Herald Co., 390 U.S. 145, 150 (1968).
321 Siehe oben Kapitel II.B.2.b).
322 Albrecht v. Herald Co., 390 U.S. 145, 152 f. (1968).
323 Albrecht v. Herald Co., 390 U.S. 145, 154 (1968).

(3) Analyse und Bedeutung der Entscheidung

Bekannt ist die Entscheidung in *Albrecht* in erster Linie für die Aussage, dass das *per se*-Verbot von vertikalen Preisbindungen auch auf vertikale Maximumpreisbindungen anwendbar ist.[324] Dieser Aspekt ist im Rahmen der hier durchgeführten Untersuchung nur von geringem Interesse. Zudem ist *Albrecht* hinsichtlich der Anwendung des *per se*-Verbotes auf Maximumpreisbindungen in der Zwischenzeit durch den Supreme Court in *Khan* ausdrücklich aufgehoben worden.[325]

Von größerem Interesse ist jedoch die in *Albrecht* getroffene Abgrenzung zwischen einseitigen Maßnahmen und abgestimmten Verhaltensweisen. Diese Abgrenzung war auch innerhalb des Supreme Court nicht unumstritten.

Justice Harlan übte in seiner abweichenden Stellungnahme scharfe Kritik an der Mehrheitsentscheidung. Harlan war der Ansicht, dass es keinen Unterschied mache, ob ein Unternehmen einen seiner Angestellten für eine Tätigkeit bezahle oder einen Dritten heranziehe, um dieselbe Tätigkeit zu erledigen. Hier hatten nach Ansicht Harlans weder *Milne* noch *Kroner* ein eigenes Interesse daran, die von *Herald & Co.* vorgeschlagenen Preise durchzusetzen. Vielmehr sei das Verhalten von *Herald & Co.* ein einseitiges Verhalten gewesen, dass nicht dadurch zu einer abgestimmten Verhaltensweise werde, dass unbeteiligte Dritte zur Durchführung der Pläne eingeschaltet würden.[326] Der Maßstab, unter dem man bei empfohlenen Minimumpreisen auf eine Abstimmung schließen könne, könne - so Harlan - keinesfalls auch bei empfohlenen Maximumpreisen herangezogen werden. Hier sei ein höherer Standard geboten.[327] Weiter schlussfolgerte er im Hinblick auf die Entscheidungspraxis des Supreme Court zur Abgrenzung zwischen einseitigen Maßnahmen und kooperativen Verhaltensweisen:

> "The Court's difficulties on all of its theories stem from its unwillingness to face the ultimate conclusion which it has actually arrived: it is unlawful for one person to dictate

---

324 Diese Gleichbehandlung von Minimum- und Maximumpreisbindungen wurde von Justice Harlan in seiner abweichenden Stellungnahme scharf kritisiert, weil der wirtschaftliche Hintergrund und die wirtschaftlichen Folgen von empfohlenen Maximumpreisen einerseits und empfohlenen Minimumpreisen andererseits völlig unterschiedlich seien, vgl. Albrecht v. Herald Co., 390 U.S. 145, 157 f. (1968). Justice Stewart wies in seiner abweichenden Stellungnahme darauf hin, daß die Gleichstellung von Maximum- und Minimumpreisbindungen jedenfalls dann nicht gelten könne, wenn die einzelnen Händler eine Monopolstellung haben, wie dies vorliegend durch die exklusiven Verkaufsgebiete der Fall gewesen sei; vgl. Albrecht v. Herald Co., 390 U.S. 145, 169 (1968).

325 Siehe dazu unten Kapitel II.B.2.n).

326 Albrecht v. Herald Co., 390 U.S. 145, 160 f. (1968).

327 Albrecht v. Herald Co., 390 U.S. 145, 163 f. (1968).

price floors or price ceilings to another; any pressure brought to bear in support of such dictation renders the dictator liable to any dictatee who is damaged. The reason for the Court's reluctance to state this conclusion bluntly is transparent: this statement of the matter takes no account of the absence of a combination or conspiracy." [328]

Diese Kritik von Justice Harlan zeigt die Schwächen in der Argumentation der Entscheidung auf. Auch diese Entscheidung ist ein weiterer Beleg dafür, dass der Supreme Court bisher keine klare Linie für die Behandlung der Abgrenzung von einseitigen Maßnahmen und abgestimmten Verhaltensweisen gefunden hat. Dies wird in der weiter unten durchgeführten Gesamtbetrachtung[329] der Entscheidungen noch deutlicher werden.

Interessant ist auch, dass der Supreme Court angedacht hat, ob eine kooperative Verhaltensweise darin zu sehen ist, dass ein Händler sich dem Druck des Herstellers beugt und seine "Empfehlungen" befolgt, auch wenn der Händler dies nur widerwillig tut. Dies ist ein Gedankengang, der sich auch in der aktuellen Entscheidungspraxis der EG-Kommission wiederfindet.[330]

k) Continental T.V., Inc. v. GTE Sylvania, Inc.[331]

In diesem im Jahr 1977 - also gerade zehn Jahre nach *Schwinn* - entschiedenen Fall befasste sich der Supreme Court erneut mit vertikalen Wettbewerbsbeschränkungen.

(1) Sachlage

Sylvania, ein Hersteller von Fernsehgeräten, hatte einen Marktanteil von etwa zwei Prozent in den USA, als er sein Vertriebssystem auf ein Franchisesystem umstellte. Der Vertrieb erfolgte in der Weise, dass die Franchisenehmer das Eigentum an den Produkten von *Sylvania* erwarben und diese dann an die Endkunden weiterverkauften. Die Franchisenehmer hatten kein exklusives Verkaufsgebiet. *Sylvania* untersagte seinen Franchisenehmern in den Franchiseverträgen jedoch, die Franchiseprodukte an anderen Orten zu vertreiben als denen, die im Franchisevertrag gestattet waren. Zudem ernannte *Sylvania* nur eine begrenzte Zahl von Franchisenehmern, um so einen größeren Anreiz für Händler zu bieten, sich dem Franchisesystem anzuschließen. *Sylvania* wählte dann die besten und tüchtigsten Händler aus. Diese Marktstrategie war offensichtlich erfolgreich,

328 Albrecht v. Herald Co., 390 U.S. 145, 162 (1968).
329 Siehe unten Kapitel II.B.3.
330 Siehe dazu unten Kapitel III.B.1.c)(2), D. 190 ff.
331 Continental T.V., Inc. v. GTE Sylvania, Inc., 433 U.S. 36 (1977).

denn *Sylvania* erhöhte seinen Marktanteil in den USA von 1962 bis 1965 von zwei Prozent auf etwa fünf Prozent.[332]

(2) Entscheidung des US Supreme Court

Der Supreme Court befasste sich mit der Frage, ob diese Art der Wettbewerbsbeschränkung unter die in *Schwinn* aufgestellte *per se*-Illegalität falle und kam zu dem Ergebnis, dass man die beiden Fälle von der rechtlichen Problematik her nicht unterscheiden könne. Folglich war nach Ansicht des Supreme Court der in *Schwinn* aufgestellte Rechtssatz anwendbar gewesen.

Der Supreme Court kam jedoch zu dem Ergebnis, dass *Schwinn* keine Gültigkeit mehr beanspruchen könne. Der Supreme Court führte aus, dass entsprechend der Regel aus *Northern Pacific*[333] eine Wettbewerbsbeschränkung nur dann *per se* unter Section 1 Sherman Act verboten sei, wenn sie unvernünftig sei und ihr keine ausgleichenden Vorteile zukämen. Der Supreme Court legte anschließend erneut dar, dass bei der Betrachtung von kartellrechtlichen Problemen unter Section 1 Sherman Act entsprechend den Entscheidungen in *Standard Oil*[334] und *Northern Pacific* grundsätzlich eine *rule of reason*-Untersuchung stattzufinden habe. Nur wenn sich aus überprüfbaren wirtschaftlichen Überlegungen heraus ergäbe, dass gewisse Wettbewerbsbeschränkungen grundsätzlich schädlich seien, dann sei ein Abweichen vom *rule of reason*-Ansatz zugunsten eines *per se*-Verbots möglich. Bei dieser Fragestellung komme es nicht auf formalistische Unterscheidungen an, sondern auf eine teleologisch motivierte ökonomische Betrachtung.

Anschließend erörterte der Supreme Court die wirtschaftlichen Auswirkungen von vertikalen Wettbewerbsbeschränkungen. Der Court stellte fest, dass viele Kommentatoren diese für nützlich hielten, weil durch vertikale Wettbewerbsbeschränkungen der *interbrand*-Wettbewerb gesteigert werde. Dass hingegen der *intrabrand*-Wettbewerb eingeschränkt werde, sei vor dem Hintergrund des gesteigerten *interbrand*-Wettbewerbs nach Ansicht vieler Ökonomen in Kauf zu nehmen.[335]

Daraus schloss der Supreme Court, dass man nicht am *per se*-Verbot von vertikalen Wettbewerbsbeschränkungen festhalten könne.[336] Vielmehr stellte der Supreme Court fest, dass er in *White Motors*[337] noch zu dem Ergebnis kam, dass

---

332 Continental T.V., Inc. v. GTE Sylvania, Inc., 433 U.S. 36, 38f. (1977).
333 Siehe oben Kapitel II.B.2.f).
334 Siehe oben Kapitel II.B.2.a).
335 Siehe oben Kapitel I.F.2.a).
336 Continental T.V., Inc. v. GTE Sylvania, Inc., 433 U.S. 36, 54ff. (1977).
337 Siehe oben Kapitel II.B.2.h).

zu wenig über die wirtschaftlichen Auswirkungen von vertikalen Wettbewerbsbeschränkungen bekannt sei, um diese als automatisch verboten zu behandeln. In *Schwinn* wäre auf dieses Phänomen mit keinem Wort eingegangen worden.[338] *Schwinn* hätte sich vielmehr in klaren Widerspruch zu der vor *Schwinn* geltenden Rechtslage gesetzt, ohne eine nähere Begründung für den Wechsel zu geben.[339] Letztlich spreche sehr wenig für die in *Schwinn* unterstellte grundsätzliche Schädlichkeit von vertikalen Wettbewerbsbeschränkungen, unabhängig davon, ob diese nun Waren beträfen, an denen der Hersteller Eigentum behalten hätte oder nicht. Vielmehr spreche einiges für deren Nützlichkeit, wie man auch aus dem gesteigerten Marktanteil von *Sylvania* erkennen könne. Daher hob der Supreme Court das in *Schwinn* aufgestellte *per se*-Verbot wieder auf.[340]

(3) Analyse und Bedeutung der Entscheidung

Sylvania war eine für die Behandlung von vertikalen Wettbewerbsbeschränkungen bahnbrechende Entscheidung. Sie spiegelt den geänderten Ansatz der Rechtsprechung, der vertikalen Wettbewerbsbeschränkungen grundsätzlich positiv gegenübersteht, wider.

Zum Teil wird angezweifelt, ob es tatsächlich notwendig war, *Schwinn* aufzuheben. So vertrat Justice White in seiner abweichenden Meinung die Ansicht, dass *Sylvania* durchaus von *Schwinn* zu unterscheiden gewesen wäre, da die Beschränkung, außerhalb der genehmigten Orte zu verkaufen, einen Preiswettbewerb zulasse, die Beschränkung in *Schwinn* hingegen nicht. Die Tatsache, dass der Supreme Court *Schwinn* aufhob, obwohl dies nicht notwendig war, unterstreicht seinen neuen Ansatz zu vertikalen Wettbewerbsbeschränkungen.

Obwohl die Entscheidung in *Sylvania* wesentlich für das Grundverständnis der Behandlung von vertikalen Wettbewerbsbeschränkungen ist, sagt es über die Abgrenzung zwischen einseitigen Maßnahmen und kooperativen Verhaltenswei-

---

338 Diese Aussage in *Sylvania* ist etwas missverständlich. In *Schwinn* wurde durchaus auf *White Motor* eingegangen; siehe United States v. Arnold, Schwinn & Co., 388 U.S. 365, 376. Allerdings ging der Supreme Court in *Schwinn* bei der Frage der Auswirkungen der dortigen vertikalen Gebiets- und Kundenbeschränkungen nicht auf die Aussage in *White Motors* ein, dass der Effekt solcher vertikaler Wettbewerbsbeschränkungen nicht geklärt sei. Vielmehr kam der Supreme Court ohne weitere Begründung zu dem Ergebnis, daß die in *Schwinn* vorliegenden Gebiets- und Kundenbeschränkungen "offensichtlich so wettbewerbsschädlich" sind, daß deren bloßes Vorliegen einen Verstoß gegen Section 1 Sherman Act darstellt; United States v. Arnold, Schwinn & Co., 388 U.S. 365, 379.

339 So auch bereits Richter Harlan in seiner abweichenden Stellungnahme zu *Schwinn*; vgl. United States v. Arnold, Schwinn & Co., 388 U.S. 365, 388f.

340 Continental T.V., Inc. v. GTE Sylvania, Inc., 433 U.S. 36, 59 (1977).

sen wenig aus. Sie ist jedoch für das Grundverständnis der Abgrenzung zwischen einseitigen Maßnahmen und kooperativen Verhaltensweisen notwendig.[341]

l) Monsanto Company v. Spray-Rite Service Corp.[342]

Bereits im Jahr 1983 befasste sich der Supreme Court erneut mit vertikalen Wettbewerbsbeschränkungen.[343]

(1) Sachlage

Monsanto, ein Hersteller von Pflanzenschutzmitteln, vertrieb seine Produkte über autorisierte Großhändler. Im Jahr 1967 verkündete *Monsanto* eine neue Geschäftspolitik. Diese sah vor, dass Großhändler nur für jeweils ein Jahr zum *Monsanto*-Vertriebssystem zugelassen wurden. Die Verlängerung der Großhändlerverträge machte *Monsanto* abhängig von diversen Kriterien, wie zum Beispiel der Anstellung von ausgebildetem Personal.

Spray-Rite war ein Großhändler von *Monsanto. Spray-Rite* verfolgte eine Discount-Politik; *Spray-Rite* kaufte große Mengen an *Monsanto*-Produkten und verkaufte diese mit einer nur geringen Gewinnspanne weiter. Dabei unterschritt *Spray-Rite* den von *Monsanto* empfohlenen Verkaufspreis regelmäßig. Über diese Preispolitik beschwerten sich andere *Monsanto*-Händler bei *Monsanto*, weil sie durch die Discountstrategie von *Spray-Rite* Umsatzeinbußen erlitten. Im Jahr 1968 weigerte sich *Monsanto*, den Großhändlervertrag mit *Spray-Rite* zu verlängern.

(2) Entscheidung des US Supreme Court

Der Supreme Court musste klären, ob *Monsanto* mit anderen seiner Großhändler eine Absprache über die Weiterverkaufspreise getroffen hatte. Der Supreme Court bestätigte seine in *Dr. Miles* aufgestellte Prämisse, dass vertikale Preisab-

---

341 Die Entscheidung in *Sylvania* sorgte jedoch auch teilweise für Verwirrung bei den unteren US-Gerichten. So entschied der Court of Appeals des ersten Circuit gestützt auf *Sylvania*, dass eine vertikale *Preis*absprache nicht *per se* verboten sei; vgl. Eastern Scientific Co. v. Wild Heerbrugg Instruments, Inc., 572 F.2d. 883 (1st Cir 1978); dazu auch Posner, The Next Step in the Antitrust Treatment of Restricted Distribution: Per Se Legality, 48 The University of Chicago Law Review 6, 10 (1981).

342 Monsanto Comp v. Spray-Rite Service Corp., 465 U.S. 752 (1984).

343 Zur Prozessgeschichte von *Monsanto* siehe Meyer, Relaxation of the per se Mantra in the Vertical Price Fixing Arena, 68 Southern California Law Review 73, 113 (November 1994).

sprachen *per se* gegen Section 1 Sherman Act verstießen.[344] Nachdem der Supreme Court offensichtlich der Auffassung war, dass eine Vereinbarung - sofern sie festzustellen ist - eine *Preis*absprache und damit *per se* verboten ist, kam es entscheidend darauf an, ob eine einseitige Maßnahme oder ein abgestimmtes Verhalten vorlag.

Das Berufungsgericht des siebten *Circuit* bejahte dies mit dem Hinweis darauf, dass *Monsanto* den Vertrag nicht verlängert habe als Reaktion auf verschiedene Beschwerden anderer *Monsanto*-Händler über *Spray-Rites* Discountpreise. Nach Ansicht des Berufungsgerichts reichte diese Tatsachenlage aus, um den Schluss einer Abstimmung zwischen den verbleibenden Händlern und *Monsanto* zu ziehen.[345]

Der Supreme Court teilte die Auffassung des Berufungsgerichts nicht. Vielmehr bestätigte er ausdrücklich die *Colgate*-Doktrin[346] und stellte nochmals klar, dass es den am Markt Beteiligten grundsätzlich freigestellt sei, mit wem und zu welchen Bedingungen sie Geschäfte machten. Dies gelte sowohl für den Hersteller als auch für die Händler.[347] Dabei machte der Supreme Court keinen Unterschied zwischen der Kündigung eines Händlers durch den Hersteller und der Nichtverlängerung seines Vertrages.

Allein die Tatsache, dass ein Hersteller als Reaktion auf Beschwerden anderer Händler einem seiner Händler kündige, reiche nicht aus, so der Supreme Court, um eine Vereinbarung im Sinne von Section 1 Sherman Act zu unterstellen. Solch eine Auslegung ließe nach Ansicht des Supreme Court von der *Colgate*-Doktrin und der Entscheidung in *Sylvania* praktisch nichts übrig, weil es gerade in Branchen mit hohen Kosten für Service und Promotion alltäglich sei, dass sich Händler über Billigkonkurrenz beschwerten. Daher betonte der Supreme Court, dass "etwas mehr" als Händlerbeschwerden dargelegt und bewiesen werden müsse, um eine Vereinbarung im Sinne von Section 1 Sherman Act festzustellen. Tatsachen, die sowohl auf eine verbotene Absprache als auch auf ein legitimes Geschäftsverhalten hindeuten, könnten als Beweis nicht dienen. Ansonsten würde auch erlaubtes einseitiges Marktverhalten ungerechtfertigt in den Anwendungsbereich von Section 1 Sherman Act gezogen. Der Supreme Court führte aus:

---

344 Monsanto Comp v. Spray-Rite Service Corp., 465 U.S. 752, 752f. (1984).

345 Monsanto Comp v. Spray-Rite Service Corp., 683 F.2d 1226, 1238 (1982).

346 Siehe oben Kapitel II.B.2.c).

347 Meyer stellt jedoch heraus, daß ein Händler gerade nicht frei entscheidet, wenn er dem Herstellerverlangen aufgrund der Ankündigung einer Vertragsbeendigung bei Nichtbefolgung nachkommt. Meyer schließt daraus, daß die *Colgate*-Doktrin in sich widersprüchlich ist; Meyer, Relaxation of the per se Mantra in the Vertical Price Fixing Arena, 68 Southern California Law Review 73, 117 (November 1994).

"To bar a manufacturer from acting solely because the information upon which it acts originated as a price complaint would create an irrational dislocation in the market. ... In sum, to permit the inference of concerted action on the basis of receiving complaints alone and thus to expose the defendant to treble damage liability would both inhibit management's exercise of independent business judgment and emasculate the terms of the statute. ... Thus, something more than evidence of complaints is needed. There must be evidence that tends to exclude the possibility that the manufacturer and the nonterminated distributors were acting independently. ... [T]he antitrust plaintiff should present direct or circumstantial evidence that reasonably tends to prove that the manufacturer and others had a conscious commitment to a common scheme designed to achieve an unlawful objective."[348]

Diesen "etwas mehr"-Standard zog der Supreme Court heran, und bestätigte anschließend das Urteil des Berufungsgerichts im Ergebnis. Der Supreme Court arbeitete Umstände in dem Sachverhalt heraus, die nach seiner Ansicht über bloße Händlerbeschwerden hinausgingen und den Schluss auf eine Absprache zwischen *Monsanto* und seinen verbleibenden Händlern rechtfertigte.

Die Annahme, dass eine Abstimmung stattgefunden habe, stützte der Supreme Court zum einen darauf, dass *Monsanto* preisbrechende Händler aufsuchte und ihnen androhte, ihnen keine ausreichenden Warenmengen mehr zur Verfügung zu stellen, falls diese Händler weiterhin zu Discountpreisen verkaufen sollten. Als einer dieser so angesprochenen Händler dem Verlangen nicht nachkam, setzte sich *Monsanto* mit der Muttergesellschaft dieses Händlers in Verbindung. Die Muttergesellschaft veranlasste dann den Händler, die empfohlenen Preise einzuhalten.[349]

Zum anderen betonte der Supreme Court, dass *Spray-Rite* selbst im Vorfeld der Kündigung von *Monsanto* mit Hinweis auf die Beschwerden anderer Händler aufgefordert wurde, die Preise einzuhalten. *Monsanto* drohte auch mit Kündigung, falls die Preise weiterhin unterschritten würden. Der Kündigungsgrund, der dann nach der Kündigung tatsächlich angegeben wurde, nämlich dass *Spray-Rite* die von Großhändlern verlangten Kriterien nicht erfülle, wurde hingegen vor der Kündigung nie angesprochen.[350]

Darüber hinaus schrieb einer der *Monsanto*-Händler in einem Rundschreiben an seine Kunden, dass *Monsanto* seinen Händlern versichert habe, dass *Monsanto* in seinen eigenen Einzelhandelsgeschäften die empfohlenen Preise nicht unterschreiten werde. Zudem sei es unwahrscheinlich, dass Großhändler von den Preisempfehlungen abweichen würden. Auch aus dem Inhalt dieses Rundschreibens schloss die Jury im erstinstanzlichen Verfahren, dass eine Preisabstimmung

348 Monsanto Comp v. Spray-Rite Service Corp., 465 U.S. 752, 764 (1984).
349 Monsanto Comp v. Spray-Rite Service Corp., 465 U.S. 752, 765 (1984).
350 Monsanto Comp v. Spray-Rite Service Corp., 465 U.S. 752, 767 (1984).

stattgefunden habe. Diese Feststellung wurde vom Supreme Court nicht beanstandet.[351]

(3) Analyse und Bedeutung der Entscheidung

Die Entscheidung in *Monsanto* ist aus mehreren Gründen beachtlich. Zum einen schreibt sie den in *Sylvania* begonnenen Ansatz fort, der vertikalen Wettbewerbsbeschränkungen positiv gegenübersteht. *Monsanto* wird allgemein als eine Entscheidung gesehen, die im Sinn der Chicago-Lehre steht und die Freiheiten der Marktteilnehmer stärkt.

Zum anderen betonte der Supreme Court die Gültigkeit der Rechtssätze sowohl aus *Colgate* als auch aus *Dr. Miles*.[352] Von diesen Grundsätzen ausgehend stellt der Supreme Court eine Prämisse auf, die im Ansatz klar erscheint: Das Vorliegen von bloßen Händlerbeschwerden reicht nicht aus, um eine Reaktion des Herstellers auf diese Beschwerden als Verhaltensabstimmung zu qualifizieren. Allerdings hat der Supreme Court dann unter Anwendung dieser soeben aufgestellten Anforderungen aus den Einzelheiten des Falles Umstände herausgearbeitet, die seiner Ansicht nach nahezu ausschließen, dass die Beteiligten autonom gehandelt haben.

Ob dies tatsächlich der Fall ist, erscheint fraglich. Warum anhand der Tatsache, dass die Parteien mehr als einmal Kontakt zueinander hatten, geschlossen werden kann, dass es nahezu ausgeschlossen ist, dass sie autonom handeln, ist nicht einsichtig. Dies sind sicher starke Indizien. Ob diese Indizien allerdings ausreichen, um den in *Monsanto* selbst aufgestellten Grundsatz zu erfüllen, kann bezweifelt werden. Insofern scheint die Entscheidung in *Monsanto* in sich inkonsequent.[353]

---

351 Monsanto Comp v. Spray-Rite Service Corp., 465 U.S. 752, 765 f. (1984).

352 Insbesondere Richter Brennan unterstrich die Gültigkeit der Regel aus *Dr. Miles* in seiner ergänzenden Stellungnahme. Er wies darauf hin, dass diese Rechtsprechung seit über 70 Jahre bestanden und sich auch der Congress nie berufen gefühlt hätte, diese Auslegung von Section 1 Sherman Act durch Verabschiedung eines anderslautenden Gesetzes zu ändern. Daher sollte auch der Supreme Court an dieser Auslegung festhalten; vgl. Monsanto Comp v. Spray-Rite Service Corp., 465 U.S. 752, 769 (1984).

353 Siehe dazu auch unten Kapitel II.B.3.b), S. 125.

m) Business Electronics Corp. v. Sharp Electronics Corp.[354]

Im Jahr 1988 kam der Fall *Business Electronics Corp. v. Sharp Electronics Corp.* vor den Supreme Court.[355]

(1) Sachlage

In diesem Fall ging es erneut um die Beendigung einer Vertragsbeziehung zu einem preisbrechenden Händler durch einen Hersteller, nachdem sich andere Händler über dessen Discountpreise beschwert hatten. Entscheidende Frage in diesem Fall war die Abgrenzung zwischen vertikalen *Preis*absprachen und vertikalen Absprachen anderer Art.

Sharp, ein Hersteller von elektronischen Rechnern, vertrieb seine Produkte über Einzelhändler. Dabei teilte *Sharp* den Einzelhändlern Preisempfehlungen mit, ohne die Händler jedoch zu verpflichten, diese einzuhalten.[356] Der sorgfältige Verkauf der *Sharp*-Produkte erforderte eine eingehende Beratung der Kunden vor und eine Schulung nach dem Kauf durch die Händler.

Business Electronics war im Jahr 1968 der einzige *Sharp*-Händler in Houston. Im Jahr 1972 nahm *Sharp* einen zweiten Händler, *Hartwell,* in Houston in sein Vertriebsnetz auf. *Business Electronics* verkaufte die *Sharp*-Rechner regelmäßig deutlich unter den von *Sharp* empfohlenen Preisen und auch unter den Preisen von *Hartwell,* obwohl auch dieser gelegentlich die Preisempfehlungen unterschritt. *Hartwell* beschwerte sich bei *Sharp* in mehreren Fällen über die Preispolitik von *Business Electronics.* Im Juni 1973 erklärte *Hartwell* gegenüber *Sharp,* dass er seine Vertragsbeziehung zu *Sharp* abbrechen werde, falls *Sharp* seine Vertragsbeziehung zu *Business Electronics* nicht binnen 30 Tagen kündigen werde. Daraufhin beendete *Sharp* seine Geschäftsbeziehung zu *Business Electronics.*[357]

(2) Entscheidung des US Supreme Court

Zuerst bestätigte der Supreme Court nochmals seine Rechtsprechung aus *Sylvania* und *Monsanto* und fasste diese dahingehend zusammen, dass grundsätzlich eine Vermutung für eine *rule of reason*-Untersuchung bestehe. Von dieser Vermutung könne insbesondere bei vertikalen Wettbewerbsbeschränkungen nur ab-

---

354 Business Electronics Corp. v. Sharp Electronics Corp., 485 U.S. 717 (1988).

355 Zur Prozessgeschichte vgl. Meyer, Relaxation of the *per se* Mantra in the Vertical Price Fixing Arena, 68 Southern California Law Review 73, 122 (November 1994).

356 Business Electronics Corp. v. Sharp Electronics Corp., 485 U.S. 717, 721 (1988).

357 Business Electronics Corp. v. Sharp Electronics Corp., 485 U.S. 717, 721 (1988).

gewichen werden, wenn dies durch darlegbare wirtschaftliche Auswirkungen gerechtfertigt sei, wie zum Beispiel bei der Vereinfachung von Kartellbildungen. Formalistische Unterscheidungen, so der Supreme Court, seien nicht ausreichend für ein Abweichen vom *rule of reason*-Grundsatz. Der Supreme Court stellte nochmals klar, dass der *interbrand*-Wettbewerb das Hauptziel des Kartellrechts sei und dass Kartellrechtsfragen im Bereich der vertikalen Wettbewerbsbeschränkungen im Lichte von *Sylvania* zu beantworten seien.[358]

Vor diesem Hintergrund kam der Supreme Court zu dem Ergebnis, dass eine *Preis*absprache nur dann vorliege, wenn sich die beteiligten Parteien auf einen bestimmten einzuhaltenden Preis oder Preisrahmen einigten. Die Tatsache, dass ein Hersteller nach Beschwerden von Händlern über die niedrigen Preise eines anderen Händlers kündige, reiche nicht aus, um eine Preisabsprache anzunehmen. Vielmehr sei dies erst dann zu bejahen, wenn die verbleibenden Händler an einen bestimmten Preis gebunden werden und somit ihre Freiheit, den Preis der Waren unabhängig zu bestimmen, verlören.[359]

Der Supreme Court stützte dieses Ergebnis auf den Sinn und Zweck der *per se*-Illegalität von vertikalen Preisabsprachen. In *Dr. Miles* wandte der Supreme Court die *per se*-Regel an, weil vertikale Preisabsprachen nach Ansicht des Gerichts die Kartellbildung erleichtern. Durch die festgelegten Preise sei nämlich leicht zu erkennen, ob ein Kartellmitglied gegen die Absprachen verstoße. Da die Einhaltung der Absprachen für den Erfolg eines Kartells von entscheidender Bedeutung sei, seien Preisabsprachen hervorragend geeignet, die Kartellmitglieder zu überwachen.[360] Diese Gefahr bestehe aber nur dann, wenn die verbleibenden Händler tatsächlich an einen festgesetzten Preis gebunden seien. Können die Händler ihre Preise nach wie vor frei wählen, sei die Gefahr einer solchen Abstimmung zwischen Hersteller und Händler nicht anders zu beurteilen als die bei anderen nicht preisbezogenen Absprachen.[361]

Der Supreme Court führte aus, dass eine andere Sichtweise von dem in *Sylvania* aufgestellten Grundsatz nicht viel übrigließe. Ob der Händler, dessen Vertrag nicht verlängert werde, die Preisempfehlungen missachte, beruhe häufig auf Zufälligkeiten. Wenn ein Händler keinen angemessenen Kundenservice biete, werde er häufig auch zu günstigen Preisen verkaufen, weil dies oft Hand in Hand gehe. Würde man allein auf die Preispolitik dieses Händlers abstellen, so könnte der Hersteller diesem Händler faktisch nicht kündigen, auch wenn er dies aufgrund anderer Gründe, wie zum Beispiel aufgrund des schlechten Service, beab-

358 Business Electronics Corp. v. Sharp Electronics Corp., 485 U.S. 717, 726 (1988).
359 Business Electronics Corp. v. Sharp Electronics Corp., 485 U.S. 717, 726f. (1988).
360 Siehe oben *Dr. Miles*, Kapitel II.B.2.b).
361 Business Electronics Corp. v. Sharp Electronics Corp., 485 U.S. 717, 726 f. (1988).

sichtige. Der Supreme Court stellte daher nochmals seine Aussage in *Sylvania* heraus, dass es nicht auf formale Betrachtungen ankomme, sondern auf nachweisbare wirtschaftliche Auswirkungen. Dass der Einzelhandelspreis durch vertikale Wettbewerbsbeschränkungen beeinflusst werde, sei nicht nur häufig der Fall, sondern sei oft sogar beabsichtigt.[362]

In *Sharp* kam der Supreme Court zu dem Ergebnis, dass nicht auszuschließen sei, dass *Sharp Business Electronics* nicht wegen der Discountpreise gekündigt habe, sondern um *Hartwell* den aufwendigen Kundenservice durch höhere Umsätze und Gewinne zu erleichtern.[363] Daher lag nach Ansicht des Supreme Court keine Preisabsprache vor, folglich musste eine *rule of reason*-Untersuchung stattfinden. Der Supreme Court bestätigte damit das Urteil des Berufungsgerichts, das den Fall an das erstinstanzliche Gericht zur erneuten Verhandlung zurückverwiesen hatte.

(3) Analyse und Bedeutung der Entscheidung

In *Sharp* ging es nicht um die Frage, ob eine Verhaltensabstimmung oder eine einseitige Maßnahme vorlag. Vielmehr lag nach unstrittigem Vortrag der Parteien solch eine Vereinbarung vor.[364] Daher ist *Sharp* für die Abgrenzung zwischen einseitigen Maßnahmen und kooperativen Verhaltensweisen wenig aufschlussreich.

Sharp ist jedoch in einer anderen Hinsicht von Bedeutung. Die Ausgangslage von *Sharp* verdeutlicht nämlich das Dilemma, in dem sich die US-Gerichte befinden: Wenn eine koordinierte vertikale Verhaltensweise zwischen den Beteiligten vorliegt, muss das Gericht die Verhaltensweise untersagen, wenn es eine *Preis*absprache ist. Liegt jedoch keine *Preis*absprache vor, kann die Verhaltensweise durchaus legitim sein. Folglich wird ein teleologisch handelndes Gericht in manchem Fall zu dem Ergebnis kommen, dass keine *Preis*absprache vorliegt, sondern eine sonstige Absprache. Hierbei greift das Gericht dann ggf. zu nicht immer ganz überzeugenden Lösungen. So ist die Annahme, dass die Gründe für die Kündigung durch *Sharp* nicht in der Preispolitik von *Business Electronics*, sondern auch in anderen Bereichen liegen könnten, nach abweichender Ansicht von Justice Stevens und Justice White in der *Sharp* eine bloße Hypothese, die durch nichts belegt sei. Im Gegenteil stünde diese Hypothese im Gegensatz zu den Tatsachenfeststellungen des Gerichts der ersten Instanz. Die von der Mehr-

362 Business Electronics Corp. v. Sharp Electronics Corp., 485 U.S. 717, 728 (1988).
363 Business Electronics Corp. v. Sharp Electronics Corp., 485 U.S. 717, 728 (1988).
364 Siehe auch Meyer, Relaxation of the *per se* Mantra in the Vertical Price Fixing Arena, 68 Southern California Law Review 73, 122 und Fußnote 20 (November 1994).

heit herangezogene Rechtfertigung sei willkürlich und könne in jedem Fall vorgebracht werden.[365]

Diese Kritik scheint durchaus berechtigt. Auch wenn das Urteil vom Ergebnis her vertretbar ist, zeigt es die dogmatischen Unklarheiten in den neuesten Urteilen des US Supreme Court zu vertikalen Wettbewerbsbeschränkungen.

n) State Oil Co. v. Khan[366]

Nachdem der Supreme Court sich im Fall *Atlantic Richfield Co. v. USA Petroleum Co.*[367] im Jahr 1990 mit der Zulässigkeit von Absprachen über Maximumpreise beschäftigt und dort den Kreis der möglichen Kläger begrenzt hatte, widmete er sich bereits 1997 im Rahmen der Entscheidung in *State Oil Co. v. Khan* erneut diesem Thema.

(1) Sachlage

Khan war Pächter einer *State Oil*-Tankstelle. Der Vertrag zwischen den Parteien sah vor, dass *Khan* Benzin von *State Oil* zu einem Preis beziehen sollte, der der jeweiligen Preisempfehlung für die Endpreise an den Tankstellen entsprach, abzüglich 3.25 Cents pro Gallone. *Khan* konnte seine Benzinpreise frei festsetzen, musste aber, falls er Preise verlangte, die über der Preisempfehlung von *State Oil* lagen, den zusätzlichen Gewinn an *State Oil* abführen, so dass ihm immer nur die Händlerspanne von 3.25 Cents pro Gallone blieb. Ein Verkauf unterhalb der Preisempfehlung von *State Oil* würde diese Händlerspanne minimieren.[368]

---

365 Business Electronics Corp. v. Sharp Electronics Corp., 485 U.S. 717, 756 (1988). Das Urteil wurde von Justice Stevens und Justice White in ihrer abweichenden Stellungnahme auch hinsichtlich der *rule of reason*-Untersuchung scharf kritisiert. Sie waren der Ansicht, die Kündigung durch *Sharp* sei allein auf Druck von *Hartwell* hin ergangen und bringe keinerlei positive Effekte für den *interbrand*-Wettbewerb. Die Sachlage entspräche daher eher einer horizontalen Absprache zwischen verschiedenen Händlern, die einen Hersteller dazu zwingen, einem preisbrechenden Händler zu kündigen. Diese sei aber *per se* verboten. Die Tatsache allein, daß nicht mehrere Händler den Hersteller zur Kündigung nötigten, sondern nur einer, könne das Ergebnis nicht ändern, weil dies auf ein Abstellen auf Formalitäten und Zufälligkeiten bedeuten würde. Business Electronics Corp. v. Sharp Electronics Corp., 485 U.S. 717, 736 ff. (1988). Dieser Ansatz stellt letztlich darauf ab, über wieviel Marktmacht der Händler verfügt, der Druck ausübt. Dies ist ein Ansatz, der auch in der EU stark an Bedeutung gewonnen hat (siehe unten Kapitel III.A.1.d und Kapitel IV.C.4.c)).

366 State Oil Co. v. Khan, 118 S.Ct. 275 (1997).

367 Atlantic Richfield Co. v. USA Petroleum Co., 495 U.S. 328 (1990).

368 State Oil Co. v. Khan, 118 S.Ct. 275, 277 (1997).

(2) Entscheidung des US Supreme Court

Der District Court war der Ansicht, dass keine Absprache über Maximumpreise vorlag, und verneinte daher eine *per se*-Rechtswidrigkeit des beschriebenen Vertrages.[369] Der Court of Appeals des siebten Circuit war hingegen der Ansicht, dass eine Absprache über Höchstpreise vorliege, weil es für *Khan* wirtschaftlich sinnlos gewesen sei, über die Preisempfehlungen hinauszugehen; schließlich musste er den zusätzlichen Gewinn an *State Oil* abführen.[370] Der Court of Appeals, Judge Posner[371], legte zwar dar, dass er die Entscheidung in *Albrecht*[372] für falsch halte, fühlte sich aber nach dem Grundsatz von *stare decisis* daran gebunden und folgerte, dass der Vertrag *per se* verboten ist.[373]

Der Supreme Court befasste sich nicht mit der Frage, ob tatsächlich Maximumpreisfixing vorlag. Vielmehr setzte er sich mit seiner Entscheidung in *Albrecht* und der Frage auseinander, ob Maximumpreisfixing *per se* verboten sein soll[374]. Der Supreme Court kam zu dem Ergebnis, dass die vorausgesehenen Gefahren, die der Entscheidung in *Albrecht* zugrunde lagen, nicht eingetreten sind und erklärte, dass *Albrecht* keine Gültigkeit mehr beanspruchen könne. Der Supreme Court begründete dies mit den zwischenzeitlichen Erkenntnissen über wirtschaftliche Zusammenhänge, der ständig geäußerten Kritik an *Albrecht*, und nicht zuletzt mit seinen eigenen Entscheidungen, die der Supreme Court seit *Albrecht* gefällt hatte.[375] Die Sache wurde an den Court of Appeals zur weiteren Entscheidung zurückverwiesen.

(3) Analyse und Bedeutung der Entscheidung

Die Entscheidung ist für die Abgrenzung zwischen einseitigen Maßnahmen und kooperativen Verhaltensweisen ohne größere Bedeutung. Sie zeigt allerdings die allgemeine Tendenz des Supreme Court, vertikale Wettbewerbsbeschränkungen zunehmend freundlich zu betrachten. *Khan* könnte der letzte Schritt vor der Aufhebung des *per se*-Verbots auch für vertikale Minimumpreisabsprachen sein.

---

369 State Oil Co. v. Khan, 118 S.Ct. 275, 278 (1997).

370 State Oil Co. v. Khan, 93 F.3d. 1358, 1360 (1996).

371 Judge Posner ist Vertreter der Chicago-Lehre; siehe unten Kapitel II.B.3.a).

372 Siehe oben Kapitel II.B.2.j).

373 State Oil Co. v. Khan, 93 F.3d. 1358, 1363 (1996).

374 Siehe zu der Entscheidung in *Khan* auch ausführlich Blair/Lopatka, Albrecht Overruled – At last, 66 Antitrust Law Journal 537 (1998); Alprin, Moving Towards an Antitrust Policy Based on Consumer Welfare: State Oil v. Khan, 73 Tulane Law Review 353 (1998).

375 State Oil Co. v. Khan, 118 S.Ct. 275, 280ff. (1997).

Dies wäre ein Schritt, der entscheidenden Einfluss auf die Abgrenzung zwischen einseitigen Maßnahmen und kooperativen Verhaltensweisen haben könnte.[376]

3. *Analyse der wichtigsten Entscheidungen des Supreme Court zur Abgrenzung von kooperativen Verhaltensweisen und einseitigen Maßnahmen im Bereich der vertikalen Wettbewerbsbeschränkungen*

a) *Grundlegende Feststellungen*

Die oben aufgeführten Entscheidungen des Supreme Court lassen erkennen, dass der Supreme Court noch keine klare Linie bei der Behandlung von vertikalen Wettbewerbsbeschränkungen gefunden hat. Dass der Supreme Court seine Rechtsprechung zu vertikalen Wettbewerbsbeschränkungen, die keine Preisabsprachen sind, innerhalb von nur 14 Jahren durch seine Entscheidungen in *Schwinn* und *Sylvania* zweimal grundlegend änderte, ist ein deutliches Indiz für die bestehende Unsicherheit in diesem Bereich. In die gleiche Richtung deutet die Behandlung von Absprachen über Maximumpreise durch den Supreme Court: Nachdem er solche Absprachen in *Albrecht* als *per se* verboten erklärte, hob er *Albrecht* durch *Khan* wieder auf und wandte die *rule of reason* an.

Wie man aus den Entscheidungen entnehmen kann, ist diese Unsicherheit vor allem darauf zurückzuführen, dass die Ziele des Kartellrechts noch nicht abschließend definiert sind.[377] Hierzu werden vor allem auch in der Literatur kontroverse Ansichten vertreten. Auch innerhalb der Gerichte haben sich die Ansichten über die Ziele des Kartellrechts verändert.[378] Diese geänderten Ansichten

---

376 Siehe dazu unten Kapitel II.B.3.

377 So hat Bork festgestellt, daß Kartellrecht nicht vernünftig gestaltet werden kann, solange keine Einigkeit über die Ziele von Kartellrecht bestehen. Bork, The Antitrust Paradox – A Policy at War with Itself, Seite 50. Zu den verschiedenen Ansichten über die Ziele des Kartellrechts siehe oben Kapitel I.E.

378 Zum Wechsel des Ansatzes des Supreme Court zu Kartellrechtsfällen siehe oben Kapitel I.E., siehe auch allgemein Kalinowski/Sullivan/McGuirl, Antitrust and Trade Regulation, Band 1, § 1.03. In der Zwischenzeit sind verstärkt Anhänger der Chicago School als Bundesrichter tätig, so zum Beispiel Robert H. Bork, Richard A. Posner und Frank H. Easterbrook als Richter an Circuit Gerichten und Antonin Scalia als Richter am Supreme Court; siehe dazu auch Meyer, Relaxation of the *per se* Mantra in the Vertical Price Fixing Arena, 68 Southern California Law Review 73, Fußnote 135 (November 1994). Manche Kommentatoren folgern aus diesen gewandelten Ansichten, daß es riskant sei, sich im Kartellrecht auf ältere Entscheidungen zu berufen, weil diese auf einer anderen Kartellrechtsideologie beruhen; siehe dazu allgemein Baker/Blumenthal, The 1982 Guidelines and Preexisting Law, 71 California Law Review 311 (1983). Die Tatsache, daß sich die Rechtsprechung im Laufe

lassen sich leicht am Ausgang vieler Prozesse und den entsprechenden Urteilsbegründungen feststellen.

Der Supreme Court - und auch die Kartellrechtsliteratur - schenkte den wirtschaftlichen Auswirkungen von Wettbewerbspraktiken in der Zeit vor den 80er Jahren wenig Aufmerksamkeit. Vielmehr beurteilte der Supreme Court Wettbewerbsverhalten oft losgelöst von den wirtschaftlichen Folgen. Dieser Ansatz änderte sich - beeinflusst durch die Lehre der Chicago School - in der Folgezeit deutlich. Der Supreme Court widmete sich immer stärker den wirtschaftlichen Auswirkungen und Hintergründen von Geschäftspraktiken und stellte den *interbrand*-Wettbewerb als das wichtigste Schutzgut des Kartellrechts in den Vordergrund.[379]

Obwohl manche Kommentatoren mutmaßen, dass es erneut einen Richtungswechsel in der Rechtsprechung des Supreme Court geben wird und die reine Lehre der Chicago School in der Gerichtspraxis wieder auf dem Rückmarsch ist, kann von einem Untergang des "Chicago Imperiums"[380] kaum gesprochen werden. Der Supreme Court misst den wirtschaftlichen Auswirkungen und Rechtfertigungen nach wie vor sehr viel Wert bei.[381]

Allerdings ist insofern eine neue Tendenz zu erkennen, als der Supreme Court nicht mehr "blind" alle wirtschaftlich motivierten Argumente übernimmt und als Rechtfertigung gelten lässt. Vielmehr erkennt der Supreme Court an, dass es in der Realität wirtschaftliche Auswirkungen gibt, die manche Verhaltensweisen fragwürdig erscheinen lassen, obwohl diese Verhaltensweisen nach einem wirtschaftstheoretischen Ansatz sinnvoll sind und - in der Theorie - den *interbrand*-Wettbewerb fördern können. Als bekanntestes Beispiel ist hier die Entscheidung in *Eastman Kodak Co. v. Image Technical Services, Inc.* zu nennen, in der der Supreme Court die unreflektierte Übernahme eines theoretischen Arguments ablehnte; der Supreme Court führte aus, dass es den "idealen" Wettbewerb nicht

---

der Jahrzehnte ändert, ist jedoch nicht völlig ungewöhnlich. In der Tat ist es jedoch ratsam, bei seiner Geschäftsplanung zu beachten, daß der Supreme Court inzwischen in vielerlei Hinsicht einen anderen Ansatz hat. Da dieser Ansatz aber zumeist die Beschränkungen des Kartellrechts lockert und der Wirtschaft mehr Freiraum läßt, ist das Risiko für Unternehmen letztlich nicht unkalkulierbar groß.

379 Siehe dazu oben Kapitel I.E.1 und Kapitel II.B.2.k).

380 Vgl. dazu allgemein Festa, Eastman Kodak Co. v. Image Technical Services, Inc.: The Decline and the Fall of the Chicago Empire?, 68 Notre Dame Law Review 619 (1993); Haley/Iyori, Antitrust: A New International Trade Remedy?, 4 Pacific Rim Law & Policy Journal 277, 290 (1995).

381 Matsushita Electric Industrial Co. Ltd. v. Zenith Radio Corporation, 475 U.S. 574 (1986).

gebe und der Markt in der Praxis aufgrund bestehender Störungen durchaus nicht immer so reagiere, wie dies in der Theorie der Fall wäre.[382]

Zusammenfassend lässt sich feststellen, dass der Supreme Court noch kein überzeugendes, geschweige denn konsequentes Konzept für die Behandlung von vertikalen Wettbewerbsbeschränkungen gefunden hat.

b) Die Abgrenzung zwischen einseitigen Maßnahmen und kooperativen Verhaltensweisen nach der Rechtsprechung des Supreme Court

Die allgemeine Verunsicherung des Supreme Court und der Literatur über die Behandlung von vertikalen Wettbewerbsbeschränkungen schlägt auch auf die Frage der Abgrenzung zwischen einseitigen Maßnahmen und kooperativen Verhaltensweisen in diesem Bereich durch. Die oben angeführten Entscheidungen des Supreme Court zeigen, dass die Abgrenzung von einseitigen Maßnahmen und abgestimmten Verhaltensweisen im Einzelfall sehr schwierig sein kann. Trotzdem muss diese Abgrenzung in der Praxis immer getroffen werden, weil sie im Bereich der *per se*-Verbote in der Regel entscheidend für den Ausgang eines Prozesses ist.[383]

Zwar hat die Unterscheidung zwischen einseitigen Maßnahmen und kooperativen Verhaltensweisen dadurch etwas an Bedeutung verloren, weil der Supreme Court die Anwendung der *per se*-Regeln in vielen Bereichen zugunsten der *rule of reason* zurück gedrängt hat; so zum Beispiel bei vertikalen Vereinbarungen, die nicht unmittelbar den Weiterverkaufspreis betreffen,[384] oder auch bei Vereinbarungen über Maximumpreise.[385] Darüber hinaus schaltet der Supreme Court der Anwendung von *per se*-Regeln inzwischen häufig eine kurze ökonomische Analyse des beanstandeten Verhaltens vor, um kursorisch zu prüfen, ob eine typische Gefahr vorliegt, die die Anwendung einer *per se*-Regel rechtfertigt. Dadurch verlieren die *per se*-Regeln ebenfalls etwas an Schärfe.[386] Trotzdem wird

---

382 Eastman Kodak Company v. Image Technical Services, Inc. 504 U.S. 451 (1992).

383 Im Bereich der horizontalen Wettbewerbsbeschränkungen ist die Abgrenzung zwischen einseitigen Maßnahmen und kooperativen Verhaltensweisen häufig ebenso entscheidend für die Beurteilung der Rechtslage; man denke nur an zulässiges Parallelverhalten und unzulässige Abstimmungen zwischen Wettbewerbern.

384 Continental T.V., Inc. v. GTE Sylvania Incorporated, siehe oben Kapitel II.B.2.k).

385 State Oil Co. v. Khan, siehe oben Kapitel II.B.2.n).

386 Siehe dazu Calvani, The Per se Rule and the Rule of reason, C988 ALI-ABA 147, 157 m.w.N. (März 1995). Ein "klassisches Beispiel" für solch eine vorgeschaltete Prüfung ist die Entscheidung des Supreme Court in *Jefferson Parish Hospital Dist. No. 2 v. Hyde*, 466 U.S. 2 (1984), in der der Supreme Court feststellte, daß *tying arrangements* nur dann *per se* verboten sind, wenn das Unternehmen, daß die Bezugsverpflichtung auferlegt, über eine ausreichend starke Marktstellung verfügt. Robin-

die Abgrenzung zwischen einseitigen Maßnahmen und kooperativen Verhaltensweisen auch in Zukunft in den USA für die Gerichte und insbesondere die Wirtschaft von erheblicher Bedeutung sein.

(1) Eindeutige Fälle

Bei der Suche nach einer Linie zwischen einseitigen Maßnahmen einerseits und kooperativen Vereinbarungen bzw. Verhaltensabstimmungen andererseits lassen sich die beiden äußeren Grenzen im Bereich der vertikalen Wettbewerbsbeschränkungen vom theoretischen Ansatz des Supreme Court her verhältnismäßig leicht feststellen:

Eine einseitige Maßnahme liegt dann vor, wenn ein Hersteller seine Geschäftspolitik seinen eigenen Interessen entsprechend definiert und diese Geschäftspolitik anschließend verlautbart. Wenn der Hersteller im Anschluss daran seine vorherige Ankündigung umsetzt und sonst nichts weiteres unternimmt, liegt nach wie vor nur eine einseitige Maßnahme vor. Dies ergibt sich aus der *Colgate*-Doktrin.[387]

Der zweite leicht auszumachende Ausgangspunkt liegt in eindeutigen und ausdrücklichen vertraglichen Regelungen. Unbestritten liegt eine kooperative Verhaltensweise vor, wenn sich die Parteien vertraglich - ausdrücklich oder konkludent - auf ein bestimmtes Verhalten einigen, wie dies zum Beispiel in *Dr. Miles*[388] der Fall war. Dabei kommt es nicht darauf an, ob die vertragliche Regelung zivilrechtlich wirksam ist oder ob sich die an ihr beteiligten Parteien an die Regelung halten.[389]

---

son kritisiert dieses Vorgehen als unsystematisch und schwer vorhersehbar; vgl. Robinson, Explaining Vertical Agreements: The Colgate Puzzle and Antitrust Method, 80 Virginia Law Review 577 (1994).

387 Siehe oben Kapitel II.B.2.c). Dabei ist – wie bereits dargelegt – zu bemerken, daß der Supreme Court in *Colgate* zwar diesen allgemeinen Rechtssatz aufgestellt hat, er jedoch den Sachverhalt bei *Colgate* nicht selbst auf das Vorliegen einer Absprache oder Kooperation prüfen konnte, weil er an die Feststellungen der unteren Instanzen gebunden war, die solch eine Vereinbarung oder Kooperation weder behauptet noch festgestellt haben. Wenn man den Sachverhalt in *Colgate* mit später vom Supreme Court entschiedenen Fällen - wie zum Beispiel *Beech-Nut (s*iehe oben Kapitel II.B.2.d) oder *Bausch & Lomb* (siehe oben Kapitel II.B.2.e)) - vergleicht, so liegt die Vermutung nahe, daß der Supreme Court auch im Fall von *Colgate* eine kooperative Verhaltensweise im Sinne von Section 1 Sherman Act festgestellt hätte. Dies ist allerdings nur noch eine theoretische Frage, weil die *Colgate*-Doktrin inzwischen in dieser Auslegung ständige Rechtsprechung ist; siehe dazu oben Kapitel II.B.2.c)(3).

388 Siehe oben Kapitel II.B.2.b).

389 Siehe oben Kapitel I.B.

(2) Zweifelsfälle

Irgendwo zwischen diesen beiden Fallkonstellationen verläuft die Grenze, bei deren Überschreiten eine einseitige Maßnahme zu einer kooperativen Verhaltensweise wird. Wo diese Grenze zu ziehen ist, lässt sich nicht ohne weiteres erkennen.[390] Seit seiner Entscheidung in *Colgate* hat sich der Supreme Court - soweit ersichtlich - in sieben weiteren Fällen direkt mit der *Colgate*-Doktrin auseinandergesetzt.[391]

(a) Colgate *im Lichte der nachfolgenden Entscheidungen*

Die *Colgate* nachfolgenden Entscheidungen lassen erkennen, dass der Supreme Court, obwohl er die *Colgate*-Doktrin immer bestätigt hat, deren Anwendungsbereich teilweise sehr eng gezogen hat. So hat der Supreme Court nur in einem Fall seit *Colgate*, nämlich im Jahr 1921 in *Frey & Son v. Cudahy Packing Co.*[392], festgestellt, dass eine einseitige Maßnahme vorlag. Generell kann man sagen, dass der Supreme Court die *Colgate*-Doktrin durch die ihr nachfolgenden Entscheidungen einschränkte:

In *United States v. Schrader's Son* stellte der Supreme Court fest, dass nach den Umständen des Falles auf eine kooperative Verhaltensweise zwischen den Beteiligten geschlossen werden könne. In *Beech-Nut* ließ es der Supreme Court für die Annahme einer kooperativen Verhaltensweise ausreichen, dass der Hersteller seine Großhändler aufforderte, die Einzelhändler aktiv zu überwachen, um so deren Beachtung der Herstellerempfehlungen zu erreichen. In *Bausch & Lomb* ging der Supreme Court noch weiter und kam zu dem Ergebnis, dass auch dann eine kooperative Verhaltensweise vorliege, wenn der Hersteller seinen Großhändlern ankündigte, sie nicht weiter zu beliefern, falls sie preisbrechende Einzelhändler belieferten, und sich die Großhändler ohne weiteres an diese Empfehlung des Herstellers hielten. In *Parke, Davis* ging der Supreme Court nochmals einen Schritt weiter und erklärte, dass jede Maßnahme eines Herstellers, die über die bloße Lieferverweigerung hinausgehe, eine kooperative Verhaltensweise darstelle, sofern sich andere Händler an die Empfehlungen des Herstellers hiel-

---

390 Dementsprechend vage sind auch die Ausführungen darüber, welche Handlungen ein Hersteller ohne Verletzung von Section 1 Sherman Act ergreifen kann, um Preisdisziplin in seinem Vertriebssystem zu erreichen; vgl. zum Beispiel Yelpaala, Strategy and Planning in Global Product Distribution – Beyond the Distribution Contract, 25 Law and Policy in International Business 839 (Frühjahr 1994).

391 Dies waren die Entscheidungen in *Schrader's Son*, *Frey & Son*, *Beech-Nut*, *Bausch & Lomb*, *Parke, Davis*, *Albrecht* und *Monsanto*; siehe oben Kapitel II.B.2.

392 Frey & Son v. Cudahy Packing Co., 256 U.S. 208 (1921).

ten. Der Höhepunkt der „*Colgate*-Feindlichkeit" war die Entscheidung in *Albrecht*. Dort erklärte der Supreme Court, dass es für eine kooperative Verhaltensweise ausreiche, wenn ein Händler sich - wenn auch widerwillig - dem Druck des Herstellers beuge.[393] Darüber hinaus deutete der Supreme Court an, dass sogar eine kooperative Verhaltensweise zwischen dem Hersteller und den Kunden des Händlers vorliegen könne, wenn der Hersteller die Kunden direkt beliefere, um Druck auf den Händler auszuüben.[394] Jedenfalls fand der Supreme Court darin eine kooperative Verhaltensweise, dass der Hersteller Dritte einschaltete, um Druck auf einen Händler auszuüben.

(b) Insbesondere: Monsanto

Einen Umschwung in der Haltung des Supreme Court zu *Colgate* brachte - so eine vielgeäußerte Ansicht[395] - die Entscheidung in *Monsanto*. Die vorherigen Entscheidungen des Supreme Court machten die *Colgate*-Doktrin zu einem stumpfen Schwert. Vielfach wird die Ansicht vertreten, dass *Monsanto* der *Colgate*-Doktrin neues Leben einflößte[396], indem der Supreme Court die Anforderungen für den Nachweis einer kooperativen Verhaltensweise neu definierte. Zwingend ist diese Schlussfolgerung jedoch nicht.

Der Supreme Court hat in *Monsanto* die Gültigkeit seiner vorherigen Entscheidungen zum Umfang der *Colgate*-Doktrin nicht ausdrücklich in Frage gestellt. Auch ist nicht ersichtlich, ob - und wenn ja, inwieweit - der Supreme Court den Standard für die Annahme einer kooperativen Verhaltensweise tatsächlich angehoben hat. Zwar hat der Supreme Court verlangt, dass Umstände vorliegen müssen, die tendenziell ausschließen, dass die Beteiligten unabhängig gehandelt haben. Dies deutet im Verhältnis zu den Anforderungen, die er zuvor an das Vorliegen einer kooperativen Verhaltensweise gestellt hat, auf eine Verschärfung hin. Allerdings hat der Supreme Court solche Umstände, die ein einseitiges Handeln tendenziell ausschließen, darin gesehen, dass der Hersteller die Händler nicht nur einmal auf die drohende Kündigung seinerseits hingewiesen hat, sondern dies mehrmals getan hat mit dem Ziel, die Händler zur Einhaltung seiner Preispolitik zu bewegen, und die Händler ihr Einverständnis signalisiert haben.

---

393 Dieser Gedanke findet sich auch in Entscheidungen der EG-Kommission wieder; siehe zum Beispiel unten Kapitel III.B.1.b)(8), S. 174 ff.

394 Siehe dazu oben Kapitel II.B.2.j); im Hinblick auf die Ausführungen des Supreme Court in *Albrecht* (dort Fußnote 6) vgl. auch Robinson, Explaining Vertical Agreements: The Colgate Puzzle and Antitrust Method, 80 Virginia Law Review 577, 585 (1994).

395 So zum Beispiel Robinson, a.a.O.

396 Siehe nur Robinson, a.a.O.

Wenn man diese Umstände betrachtet, ist nicht mehr eindeutig, dass *Monsanto* tatsächlich die Anforderungen an das Vorliegen einer kooperativen Verhaltensweise erhöht hat. Sowohl in *Monsanto* als auch in den davor entschiedenen Fällen hat der Hersteller die Händler zur Einhaltung seiner Vertriebspolitik gedrängt und Druck auf sie ausgeübt. Der wesentliche Unterschied ist, dass in *Monsanto* ein Händler dem Hersteller gegenüber signalisiert hat, dass er in Zukunft die Preispolitik einhalten werde.

Zum einen ist nicht ersichtlich, dass *Monsanto* verlangt, dass die Händler solch ein Einverständnis ausdrücklich erklären. Wenn aber auch ein stillschweigendes Einverständnis ausreichen sollte, dann besteht praktisch kein Unterschied mehr zur bloßen Befolgung der Herstellerwünsche, weil auch darin ein stillschweigendes Einverständnis gesehen werden kann. Zum anderen ähnelt die Situation in *Monsanto* einer Situation, die der Supreme Court in *Albrecht* als ausreichend für die Annahme einer kooperativen Verhaltensweise angesehen hat. In beiden Fällen wurde die Ausübung von Druck auf den Händler und dessen anschließende Befolgung der Herstellerpolitik als ausreichend angesehen, um auf eine kooperative Verhaltensweise zu schließen.

Letztlich hat *Monsanto* nur festgestellt, dass das bloße Vorliegen von Händlerbeschwerden allein nicht ausreicht, um eine darauf folgende Reaktion des Herstellers zu einer kooperativen Verhaltensweise werden zu lassen. Dies ist aber nichts anderes als die Bestätigung der *Colgate*-Doktrin in ihrer ursprünglichen Bedeutung, nur auf den umgekehrten Fall angewendet. Die bloße Mitteilung von Wünschen oder Bedingungen, zu denen man Geschäfte machen wird, reicht nicht aus, um eine kooperative Verhaltensweise anzunehmen, unabhängig davon, ob der Hersteller oder der Händler die Wünsche oder Bedingungen äußert. Die bloße Befolgung dieser Bedingungen durch die Gegenseite ändert daran nichts. Jedes über dieses Szenario hinausgehende Geschehen setzt das Verhalten aber der Gefahr aus, aus dem Schutzbereich von *Colgate* hinauszufallen. Dies hat sich trotz des ersten Anscheins auch nach *Monsanto* nicht geändert.[397]

(3) Analyse der Entscheidungen

Vor diesem Hintergrund stellt sich die Frage, ob die Entscheidungen des Supreme Court eine dogmatische Linie für die Grenzziehung zwischen einseitigen Maßnahmen und kooperativen Verhaltensweisen erkennen lassen. Falls dies nicht

---

397 Teilweise wird jedoch vertreten, dass sich die Beweislast in behaupteten *conspiracy*-Fällen durch *Monsanto* leicht zugunsten der Hersteller verschoben habe (vgl. Steiner, The Nature of Vertical Restraints, 30 Antitrust Bulletin 143, 192f. (1985)); dies erscheint allerdings zweifelhaft, wenn man die Umstände bedenkt, aus denen der Supreme Court in *Monsanto* eine kooperative Verhaltensweise hergeleitet hat.

der Fall ist, ist zu prüfen, ob sich wenigstens eine klare Linie anhand einer Fallgruppenbildung ziehen lässt.

(a) Dogmatischer Ansatz

Drei Kriterien, die der Supreme Court für die Abgrenzung zwischen einseitigen Maßnahmen und kooperativen Verhaltensweisen in seinen Urteilsbegründungen angeführt hat, lassen sich ausmachen. Allerdings zeigt sich, dass alle drei Kriterien eine sinnvolle Abgrenzung nicht erlauben.

(i) Common scheme

Der Supreme Court fordert das Vorliegen eines *common scheme* als Voraussetzung für die Annahme einer kooperativen Verhaltensweise auch im vertikalen Bereich.

Nach der Rechtsprechung des Supreme Court ist das Vorliegen eines gemeinsamen Planes ein wichtiges Indiz für das Vorliegen einer kooperativen Handlungsweise im Bereich der *horizontalen* Wettbewerbsbeschränkungen. Dabei wird aus der Rechtsprechung des Supreme Court jedoch nicht ganz klar, ob das Verfolgen eines gemeinsamen Planes in diesem Sinne voraussetzt, dass die Beteiligten auch ein gemeinsames Interesse an der Umsetzung des Planes haben. Einige Urteile deuten in diese Richtung. So hat der Supreme Court in *Matsushita* zum Beispiel festgestellt, dass, wenn eine behauptete kooperative Verhaltensweise von Unternehmen für diese wirtschaftlich sinnlos ist, eine starke Vermutung besteht, dass keine kooperative Verhaltensweise vorliegt.[398]

Unabhängig von der Frage, ob bei horizontalen Absprachen ein gemeinsamer Plan ein gemeinsames Interesse voraussetzt, ist bei horizontalen Absprachen wie zum Beispiel Marktaufteilungen oder Preisabsprachen zwischen Wettbewerbern ein gemeinsamer Plan in der Regel einfach festzustellen, weil alle Beteiligten von diesen Maßnahmen profitieren und alle das gleiche Ziel verfolgen, also regelmäßig auch ein gemeinsames Interesse gegeben ist. Insofern ist das Erfordernis eines gemeinsamen Planes im Bereich der horizontalen Wettbewerbsbeschränkungen durchaus gerechtfertigt.[399]

Der Supreme Court übernimmt dieses Konzept eines gemeinsamen Plans kurzerhand auch im Bereich der vertikalen Wettbewerbsbeschränkungen. In *Mons-*

---

398 Matsushita Electric Industrial Co. Ltd. v. Zenith Radio Corporation, 475 U.S. 574 (1986).

399 So auch Wegman Burns, Rethinking the "Agreement" Element in vertical Antitrust Restraints, 51 Ohio State Law Journal 1, 8f. (1990).

anto griff der Supreme Court einen Fall von horizontalen Wettbewerbsbeschränkungen, nämlich die Entscheidung des Court of Appeals des Dritten Circuit in *Edward J. Sweeney & Sons, Inc. v. Texaco, Inc.*[400] auf und führte aus:

> "As Judge Aldisert has written, the antitrust plaintiff should present direct or circumstantial evidence that reasonably tends to prove that the manufacturer and others 'had a conscious commitment to a common scheme designed to achieve an unlawful objective.' "[401]

Der Rückgriff auf ein *common scheme* ist wenig hilfreich, weil der Supreme Court es versäumt hat, diesen Begriff näher zu definieren. Vielmehr entsteht der Eindruck, dass der Supreme Court hilfreiche dogmatische Überlegungen durch Schlagworte wie *common scheme* ersetzt, mit denen er das jeweils gewünschte Ergebnis begründen kann. Wenn man die Entscheidungen des Supreme Court betrachtet, stellt man dementsprechend auch fest, dass das propagierte Erfordernis eines *common scheme* nicht mit der eigenen Entscheidungspraxis des Supreme Court übereinstimmt. Die verschiedenen Definitionsmöglichkeiten von *common scheme* führen allesamt nicht zu einer in sich stringenten Rechtsprechung.

"Common scheme" als Kenntnis der Herstellerwünsche und deren Befolgung durch die Händler in Verwirklichung eines gemeinsamen Interesses

Falls der Supreme Court annehmen sollte, dass ein gemeinsamer Plan neben der Kenntnis der Umstände und der Befolgung der Bedingungen durch die Händler auch ein gemeinsames Interesse erfordert, kommt man zu in sich nicht schlüssigen Ergebnissen.

Gerade in den Fällen, in denen man ein solches gemeinsames Interesse feststellen wird, nimmt der Supreme Court ein autonomes Handeln der Beteiligten an: Wenn der Hersteller den Händlern seine Vertriebspolitik mitteilt mit dem Hinweis, er werde eine dauerhafte Geschäftsbeziehung nur zu solchen Händlern pflegen, die sich an die Vertriebspolitik halten, und sich die Händler ohne weitere Einwirkung durch den Hersteller, also mehr oder weniger freiwillig, an diese Vertriebspolitik halten, weil sie sie für wirtschaftlich sinnvoll halten, hat dieses Verhalten gute Chancen, unter der *Colgate*-Doktrin behandelt zu werden. In Fällen hingegen, in denen der Hersteller zusätzlich Druck ausübt oder versucht, den widerwilligen Händler durch zusätzliche Mittel zu überreden, die Herstellerempfehlungen zu beachten, man also von einem Interessengegensatz ausgehen kann,

---

400 Edward J. Sweeney & Sons, Inc. v. Texaco, Inc., 637 F.2d. 105, 111 (3d Cir. 1980).
401 Monsanto Company v. Spray-Rite Service Corporation, 465 U.S. 752, 764 (1984).

nimmt die Rechtsprechung häufig eine kooperative Verhaltensweise im Sinne von Section 1 Sherman Act an. Folglich kann die Verfolgung gemeinsamer Interessen nach Ansicht des Supreme Court keine Voraussetzung für ein *common scheme* sein - es sei denn, der Supreme Court geht davon aus, dass die widerwilligen Händler in der Regel nicht wissen, was gut für sie ist.

"Common scheme" als Kenntnis der Herstellerwünsche und deren Befolgung durch die Händler ohne Vorliegen eines gemeinsamen Interesses

Wenn der Supreme Court jedoch annehmen sollte, dass ein gemeinsames Interesse keine Voraussetzung für die Durchführung eines gemeinsamen Planes ist, dann kommt man ebenfalls nicht zu schlüssigen Ergebnissen. Denn wenn man es für einen gemeinsamen Plan ausreichen lässt, dass die Händler die Vertriebspolitik des Herstellers kennen und, aus welchen Gründen auch immer, diese Vertriebspolitik befolgen, dann besteht kein Grund, solche Fälle aus dem Anwendungsbereich von Section 1 Sherman Act herzunehmen, die nach der bisherigen Rechtsprechung des Supreme Court unter die *Colgate-Doktrin* fallen. Vielmehr kann man auch in diesen Fällen eine kooperative Verhaltensweise feststellen.[402]

Dieser innere Widerspruch wurde schon früh bemerkt. So stellte zum Beispiel der District Court in *United States v. Schrader's Son, Inc.* zu der nach seiner Ansicht etwas willkürlichen Unterscheidung in *Dr. Miles* und *Colgate* fest:

> "Personally, and with all due respect, permit me to say that I can see no real difference upon the facts between the Dr. Miles Medical Company Case and the Colgate Company Case. The only difference is that in the former the arrangement for marketing its product was put in writing, whereas in the latter the wholesale and retail dealers observed the prices fixed by the vendor. This is a distinction without a difference. The tacit acquiescence of the wholesalers and retailers in the prices thus fixed is the equivalent for all practical purposes of an express agreement."[403]

Auf diese Kritik antwortete der Supreme Court in der Revisionsentscheidung wie folgt:

> "It seems unnecessary to dwell upon the *obvious difference* between the situation presented when a manufacturer merely indicates his wishes concerning prices and declines

402 So auch Sullivan, Handbook of the Law of Antitrust, Seite 394 (1977) und Turner, The Definition of Agreement Under the Sherman Act: Conscious Parallelism and Refusals to Deal, 75 Harvard Law Review 655, 686f. (1962); Meyer, The Relaxation of the Per se Mantra in the Vertical Price Fixing Arena, 68 Southern California Law Review 73, 79f. (November 1994).

403 United States v. Schrader's Son, Inc., 264 Fed. 175 (1919).

further dealings with all who fail to observe them, and one where he enters into agreements - whether express or implied from a course of dealing or other circumstances - with all customers throughout the different states which undertake to bind them to observe the fixed resale price." (Hervorhebung durch Verfasser)[404]

Diesen "offensichtlichen" Unterschied zwischen einseitigen Handlungen und Verhaltensabstimmungen erklärte der Supreme Court dann wie folgt:

"In the first, the manufacturer but exercises his independent discretion concerning his customers and there is no contract or combination which imposes any limitation on the purchaser. In the second, the parties are combined through agreements designed to take away dealers' control of their affairs and thereby destroy competition and restrain the free and natural flow of trade amongst the states."[405]

Letztlich zeigt diese Betrachtung, dass der Supreme Court mit seinem Konzept des *common scheme* keine inhaltlichen Anforderungen an die Abgrenzung von einseitigen Maßnahmen und kooperativen Verhaltensweisen aufstellt, sondern dass *common scheme* eine mehr oder weniger bedeutungsleere Floskel ist.

(ii) Einschränkung der Dispositionsfreiheit des Händlers

Das oben angeführte Zitat aus *Schrader's Son* zeigt ein weiteres Argument, das der Supreme Court gerade auch in seinen älteren Entscheidungen zu der Frage der Abgrenzung zwischen einseitigen und kooperativen Verhaltensweisen im vertikalen Bereich herangezogen hat: Die Freiheit der Händler, über die Ware nach deren Erwerb nach Belieben verfügen zu können.[406]

Letztlich ist aber auch dies kein verlässliches Kriterium. Tauglich wäre es allenfalls dann, wenn der Supreme Court für das Vorliegen einer kooperativen Verhaltensweise im Sinne von Section 1 Sherman Act eine für die Beteiligten verbindliche und durchsetzbare Vereinbarung fordern würde. Dann bestünde wirklich eine entsprechende Bindungswirkung, die auch gerichtlich durchgesetzt werden kann. Da der Supreme Court für das Vorliegen einer kooperativen Verhaltensweise jedoch gerade nicht verlangt, dass diese verbindlich ist - dies wäre im Hinblick auf die Unwirksamkeit bei einem Verstoß gegen Section 1 Sherman Act auch ein Zirkelschluss - ist der Händler in vielen Fällen von kooperativen Verhaltensweisen nicht rechtlich, sondern nur faktisch in seiner Dispositionsfreiheit beschränkt. Solch eine faktische Einschränkung besteht aber auch in den Si-

---

404 United States v. Schrader's Son, Inc., 252 U.S. 85, 99 (1920).
405 United States v. Schrader's Son, Inc., 252 U.S. 85, 99f. (1920).
406 Dieses Argument ist auch in *Dr. Miles* zu finden, siehe oben Kapitel II.B.2.b).

tuationen, die von der *Colgate*-Doktrin erfasst werden.[407] Auch in Situationen, in denen ein Händler die Produkte eines Herstellers benötigt, um sein Sortiment abzurunden, hat er nur die theoretische Freiheit, sich nicht an die Bedingungen des Herstellers zu halten.

Zudem ist das Argument der Dispositionsfreiheit ein zweischneidiges. So weist Robinson zu recht darauf hin, dass es nicht einsichtig sei, warum die Freiheit des Herstellers zwar die Freiheit umfasse, die Waren zu seinen eigenen Bedingungen zu verkaufen, nicht aber die Freiheit, diese Bedingungen auch vertraglich festzulegen.[408]

Darüber hinaus weist Robinson im Zusammenhang mit dem Argument der Händlerfreiheit noch auf einen weiteren zutreffenden Punkt hin: Es ist gerade Sinn und Zweck des Kartellrechts, in die Freiheit der Unternehmen einzugreifen, wenn sie wettbewerbsschädlich handeln.[409]

Alles in allem ist das Argument der Händlerfreiheit nicht überzeugend und bietet keine ausreichende Grundlage für eine sinnvolle Abgrenzung von einseitigen Maßnahmen und kooperativen Verhaltensweisen.

(iii) Umstände, die tendenziell ausschließen, dass die Beteiligten autonom gehandelt haben

Eine weitere Formulierung, die der Supreme Court für die Abgrenzung zwischen einseitigen Maßnahmen und abgestimmten Verhaltensweisen herangezogen hat, ist, dass Umstände vorliegen müssen, die tendenziell ausschließen, dass die Beteiligten einseitig gehandelt haben.[410] Bei näherer Betrachtung erweist sich aber auch dieses Kriterium, wie es vom Supreme Court angewendet wird, als wenig hilfreich.

So ist der Supreme Court der Ansicht, dass das Vorliegen von Händlerbeschwerden an den Hersteller über einen anderen Händler, der sich nicht an die Vertriebspolitik des Herstellers hält, kein Umstand ist, der tendenziell ausschließt, dass die Beteiligten einseitig und unabhängig gehandelt haben.[411] Dies begründet der Supreme Court damit, dass Beschwerden von Händlern über Konkurrenten, die sich nicht an Preisempfehlungen des Herstellers halten, natürlich und für den Hersteller unvermeidbar seien. Allein aufgrund der Tatsache, dass

407 So auch Turner, The Definition of Agreement Under the Sherman Act: Conscious Parallelism and Refusals to Deal, 75 Harvard Law Review 655, 687f. (1962).

408 Robinson, Explaining Vertical Agreements: The Colgate Puzzle and Antitrust Method, 80 Virginia Law Review 577, 581 (1994).

409 Robinson, a.a.O.

410 Monsanto Company v. Spray-Rite Service Corporation, 465 U.S. 752, 764 (1984).

411 Monsanto Company v. Spray-Rite Service Corporation, 465 U.S. 752, 763 f. (1984).

sich Händler über einen bestimmten Händler beschweren, dürfe nicht folgen, dass der Hersteller diesem Händler nicht mehr kündigen dürfe, ohne Gefahr zu laufen, einen Kartellrechtsverstoß zu begehen.[412] Soweit ist die Argumentation des Supreme Court noch nachvollziehbar.

Allerdings hat der Supreme Court dann Umstände gefunden, die nach seiner Ansicht mehr oder weniger ausschlossen, dass einseitige Maßnahmen vorlagen. Diese Umstände sah der Supreme Court darin, dass der Hersteller, *nachdem* dem klagenden Händler gekündigt worden war, an zwei weitere Händler, die seine Preispolitik nicht beachtet hatten, herangetreten war und sie darauf aufmerksam gemacht hatte, dass sie in Zukunft keine ausreichenden Lieferungen mehr bekommen würden, falls sie die Preisempfehlungen auch zukünftig nicht einhalten würden. Als einer der beiden Händler sich noch immer nicht beugte, wandte sich der Hersteller an die Muttergesellschaft dieses Händlers und teilte dieser den Sachverhalt mit. Diese nahm offensichtlich Einfluss auf den Händler. Ergebnis war, dass der Händler den Hersteller anschließend informierte, dass er in Zukunft die Preispolitik des Herstellers einhalten werde.[413]

Der letzte Punkt lässt sich sicher als kooperative Verhaltensweise verstehen. Ausschlaggebend für diese Einschätzung ist jedoch, dass der Händler dem Hersteller mitteilte, er werde sich in Zukunft an seine Vertriebspolitik halten. Dass der Supreme Court allerdings auch darauf abstellte, dass der Hersteller wiederholt an die Händler herangetreten war und sie auf die Folgen ihrer Nichtbefolgung seiner Preispolitik aufmerksam gemacht hatte, ist wenig überzeugend, weil dieses Verhalten gerade nicht tendenziell ausschließt, dass die Beteiligten unabhängig handelten.

Dass der Supreme Court in *Monsanto* einen dahingehenden Rechtssatz aufstellen wollte, dass eine kooperative Verhaltensweise nur dann vorliegt, wenn die Beteiligten sich mehr oder weniger ausdrücklich einigen, ist nicht ersichtlich. Solch eine Schlussfolgerung würde auch kaum dem Gedanken von Section 1 Sherman Act gerecht werden, weil in diesem Fall faktisch höhere Anforderungen an das Vorliegen einer kooperativen Verhaltensweise gestellt würden, als dies bei dem Zustandekommen eines Vertrages der Fall ist.[414] Letztlich sind auch die "Tatsachen, die tendenziell ausschließen, dass die Beteiligten autonom gehandelt haben", eine wenig hilfreiche Worthülse, die nicht als Abgrenzungskriterium taugt.

412 Monsanto Company v. Spray-Rite Service Corporation, 465 U.S. 752, 763 f. (1984).

413 Monsanto Company v. Spray-Rite Service Corporation, 465 U.S. 752, 765 (1984).

414 So ähnlich auch Robinson, Explaining Vertical Agreements: The Colgate Puzzle and Antitrust Method, 80 Virginia Law Review 577, 587 (1994).

(iv) Stellungnahme und weitere Beobachtungen

Diese Überlegungen zeigen, dass die Formulierungen, die der Supreme Court für die Abgrenzung zwischen einseitigen Maßnahmen und kooperativen Verhaltensweisen heranzieht, letztlich wenig aufschlussreich sind.

Aber auch im Hinblick auf die Substanz der Entscheidungen lassen sich einige Feststellungen treffen. Der Supreme Court hat in den letzten beiden Jahrzehnten gerade auch unter dem Einfluss der Chicago-Lehre sehr viel Wert auf wirtschaftliche Argumente und Auswirkungen gelegt.[415] Dabei hat er wiederholt betont, dass es im Kartellrecht weniger auf die Form als vielmehr auf die Auswirkungen und die Substanz einer Maßnahme ankomme.[416] Dieser Grundsatz findet sich in den Urteilen zur Abgrenzung zwischen einseitigen Maßnahmen und kooperativen Verhaltensweisen nicht wieder. Hier geht der Supreme Court - zumindest dem propagierten Ansatz nach - stark formalistisch vor.[417]

Es wurde in der Literatur[418] und auch von den Gerichten wiederholt dargelegt, dass die Auswirkungen auf den Wettbewerb durchaus gleich sein können. Auch der Supreme Court erkennt an, dass die Marktauswirkungen von einseitigem und von abgestimmtem Verhalten durchaus identisch sein können.[419] Es macht keinen Unterschied, ob ein Hersteller die Voraussetzungen, unter denen er mit Händlern Geschäftsbeziehungen aufnimmt, einseitig definiert und bekannt gibt - was nach der *Colgate*-Doktrin eine erlaubte einseitige Maßnahme darstellt - oder ob Händler und Hersteller sich über die Bedingungen einigen. Entscheidend für die Wirkung auf den Wettbewerb ist, ob sich die Händler an die Wünsche des Herstellers halten. In beiden Fällen hat der Hersteller starken Einfluss darauf, zu welchen Konditionen seine Produkte den Endverbraucher erreichen.

Dementsprechend lässt sich anhand der Urteile des Supreme Court schnell erkennen, dass die formale Unterscheidung zwischen einseitigen Herstellerwünschen und Abstimmungen zwischen Hersteller und Händler in ihrer praktischen Anwendung vom Supreme Court stark aufgeweicht wird. Da es selten direkte Beweise für eine kooperative Verhaltensweise gibt - zum Beispiel einen schriftlichen Vertrag - müssen und können[420] die Gerichte häufig auf Indizienbeweise zu-

415 Siehe Sylvania (oben Kapitel II.B.2.k)); siehe auch Matsushita Electric Industrial Co. Ltd. v. Zenith Radio Corporation, 475 U.S. 574 (1986).

416 Copperweld Corp. v. Independence Tube Corp., 467 U.S. 752 (1984).

417 So auch Liebeler, Intrabrand "Cartels" under GTE Sylvania, 30 UCLA Law Review 1, 2 (1982).

418 So zum Beispiel Robinson, Explaining Vertical Agreements: The Colgate Puzzle and Antitrust Method, 80 Virginia Law Review 577, 581 (1994).

419 Copperweld Corp. v. Independence Tube Corp., 467 U.S. 752, 775 (1984).

420 Vgl. zum Beispiel United States v. Schrader's Son, 252 U.S. 85 (1920).

rückgreifen, um festzustellen, ob ein abgestimmtes Verhalten vorliegt. Hierbei kann man sich des Eindrucks nicht erwehren, dass die Gerichte häufig dann eine kooperative Verhaltensweise aus den vorliegenden Indizien herleiten, wenn sie gegen das beanstandete Verhalten vorgehen wollen und umgekehrt.[421]

Dieser Eindruck stimmt überein mit einer Feststellung von Areeda. Nach Areeda muss die Frage, welche Kontakte zwischen autonomen Teilnehmern am Markt als kooperative Verhaltensweise im Sinn von Section 1 Sherman Act angesehen werden sollen, vor dem Hintergrund beantwortet werden, dass der einzige Grund, ein Verhalten als kooperativ einzustufen, der ist, dass man es kontrollieren oder verbieten will.[422] Trotz eines vordergründig formalen Ansatzes bei der Frage, ob eine einseitige Maßnahme oder eine kooperative Verhaltensweise vorliegt, werden diese beiden Begriffe vom Supreme Court und ihm folgend von den Gerichten des Federal Circuit häufig teleologisch ausgelegt.

Dieser Widerspruch zwischen der vordergründig auf formale Aspekte gestützten Abgrenzung und der letztlich teleologisch durchgeführten Abgrenzung ist ein - wenn nicht *der* - Hauptgrund für die Konfusion, die im US-Recht im Bereich der vertikalen Wettbewerbsbeschränkungen herrscht.

In *Copperweld Corp. v. Independence Tube Corp.*[423] beschäftigte sich der Supreme Court mit dem Problem, ob eine Muttergesellschaft mit ihrer hundertprozentigen Tochterfirma eine Vereinbarung im Sinne von Section 1 Sherman Act schließen kann. In dieser Grundsatzentscheidung machte der Supreme Court Ausführungen, die auch für die Abgrenzung zwischen einseitigen Maßnahmen und abgestimmten Verhaltensweisen aufschlussreich sind:

> "The Sherman Act contains a basic distinction between concerted action and independent action (...). The conduct of a single firm is governed by [Section] 2 alone and is unlawful only when it threatens actual monopolization. It is not enough that a single firm appears to "restrain trade" unreasonably, for even a vigorous competitor may leave that impression. (...) In part because it is sometimes difficult to distinguish robust competition from conduct with long-run anticompetitive effects, Congress authorized Sherman Act scrutiny of single firms only when they pose a danger of monopolization."[424]

Der Supreme Court führte weiter aus:

---

421 So auch Wegman Burns, Rethinking the "Agreement" Element in vertical Antitrust Restraints, 51 Ohio State Law Journal 1, 5 (1990).

422 Philip Areeda, Antitrust Law: An Analysis of Antitrust Principles and Their Application, Band VI Seite 1402 Rdnr. 10 (1986).

423 Copperweld Corp. v. Independence Tube Corp., 467 U.S. 752 (1984).

424 Copperweld Corp. v. Independence Tube Corp., 467 U.S. 752, 767f. (1984).

"Concerted activity subject to [Section] 1 is more sternly than unilateral activity under [Section] 2. (...) Whatever form the inquiry takes, however, it is not necessary to prove that concerted activity threatens monopolization.

The reason Congress treated concerted behaviour more strictly than unilateral behavior is readily appreciated. Concerted activity inherently is fraught with anticompetitive risk. It deprives the marketplace of the independent centers of decisionmaking that competition assumes and demands. In any conspiracy, two or more entities that previously pursued their own interests separately are combining to act as one for their common benefit. This not only reduces the diverse directions in which economic power is aimed but suddenly increases the economic power moving in one particular direction."[425]

Anschließend legte der Supreme Court im Hinblick auf die Systematik von Section 1 und 2 des Sherman Act dar:

"It cannot be denied that [Section] 1's focus on concerted behavior leaves a 'gap' in the Act's proscription against unreasonable restraints of trade. (...) Because the Sherman Act does not prohibit unreasonable restraints of trade as such - but only restraints effected by a contract, combination, or conspiracy - it leaves untouched a single firm's anticompetitive conduct (short of threatened monopolization) that may be indistinguishable in economic effect from the conduct of two firms subject to [Section] 1 liability. (...) [W]hatever the wisdom of the distinction, the Act's plain language leaves no doubt that Congress made a purposeful choice to accord different treatment to unilateral and concerted conduct. Had Congress intended to outlaw unreasonable restraints of trade as such, [Section] 1's requirement of a contract, combination, or conspiracy would be superfluous, as would the entirety of [Section] 2."[426]

Aus diesen Ausführungen wird klar, dass sich der Supreme Court darüber bewusst ist, dass die Dichotomie von Section 1 und Section 2 Sherman Act nicht immer alle fragwürdigen Geschäftspraktiken erreicht.[427] Trotz dieser Lücke im Gesetz hält der Supreme Court ganz bewusst an der Abgrenzung zwischen einseitigen Maßnahmen und kooperativen Verhaltensweisen fest. Nur wo er seine dogmatische Grenze zieht und warum er sie gerade dort zieht, wo man sie vermuten muss, wird nicht klar.

425 Copperweld Corp. v. Independence Tube Corp., 467 U.S. 752, 768 (1984).

426 Copperweld Corp. v. Independence Tube Corp., 467 U.S. 752, 774ff. (1984).

427 So auch Wegman Burns, Rethinking the "Agreement" Element in Vertical Antitrust Restraints, 51 Ohio State Law Journal 1, Fußnote 14. Diese Erkenntnis hatte Rahl bereits im Jahr 1950, vgl. Rahl, Conspiracy and the Anti-Trust Laws, 44 Illinois Law Review 743, 744 ff. (1950).

(b) Fallgruppenbildung

Damit stellt sich die Frage, ob es möglich ist, eine klare Linie zu ziehen, indem man die wesentlichen Fallgruppen feststellt, die der Supreme Court und die unteren Gerichte jeweils als einseitige Maßnahme oder als kooperative Verhaltensweise einstufen. Jedoch zeigt auch hier eine nähere Betrachtung, dass dies nicht zu zufriedenstellenden Ergebnissen führt.[428]

Die beiden eindeutigen Fälle, in denen eine Aussage möglich ist, wurden bereits oben dargestellt.[429] Sobald zu diesen beiden klar definierten Verhaltensmustern weitere Aspekte hinzukommen, ist es jedoch schon nicht mehr möglich, eine klare Aussage zu treffen.

Dies zeigt sich daran, dass letztlich jede Kommunikation zwischen den Beteiligten das Risiko birgt, dass ein Gericht eine kooperative Verhaltensweise feststellt. So vertritt Bork die Ansicht, dass selbst dann eine Vereinbarung im Sinne von Section 1 Sherman Act entstehen kann, wenn zwar der Hersteller einseitig seine Empfehlungen ausspricht, aber ein Händler ihm unaufgefordert versichert, er werde sich an diese Empfehlungen halten.[430] Jede gezielte Kontaktaufnahme ist riskant – selbst in *Monsanto* war dies schädlich. Auch die Ausübung von Druck rückt jede Verhaltensweise gleich in den kritischen Bereich.[431] Sobald diese verschiedenen Varianten kombiniert werden, ist eine verlässliche Aussage nicht mehr möglich.

Dass eine Fallgruppenbildung nicht möglich ist, zeigt sich letztlich auch daran, dass viele Urteile des Supreme Court und der unteren Gerichte den Anschein erwecken, miteinander in Widerspruch zu stehen.

(4) Schlussfolgerung

Die durchgeführte Analyse der Entscheidungen des US Supreme Court und der jeweiligen Urteilsbegründungen zeigt deutlich, dass der Supreme Court bisher keine überzeugende – geschweige denn eine klare – Abgrenzung zwischen ein-

428 Den Versuch einer nach Fallgruppen gegliederten Analyse, welches vertikale Verhalten kartellrechtlich zulässig ist, macht Zeidman, Legal Aspects of Selling and Buying, § 2, Seite 33ff; seine Analyse zeigt jedoch in erster Linie, dass die Grenze zwischen einseitigem und kooperativem Verhalten so diffus ist, dass schon kleinste Änderungen im Verhalten des Herstellers sein Verhalten in den Anwendungsbereich von Section 1 Sherman Act bringen können.

429 Siehe oben Kapitel II.B.3.b)(1)

430 Siehe Bork, The Antitrust Paradox – A Policy at War with Itself, S. 280f.

431 Siehe oben Kapitel II.B.2.g).

seitigen Maßnahmen und kooperativen Verhaltensweisen im Bereich der vertikalen Wettbewerbsbeschränkungen gefunden hat.

Nachfolgend ist daher zu untersuchen, ob die Entscheidungspraxis in der Europäischen Union eine überzeugendere Lösung bieten kann, als dies die bestehende Rechtslage in den USA vermag.

Kapitel III: Die Rechtslage in der Europäischen Union

A. Die Rechtslage in Grundzügen

1. Einschlägige Vorschriften

a) Artikel 81, 82 EGV

Die Kernvorschriften im Bereich des europarechtlichen Kartellrechts sind Artikel 81 und Artikel 82 EGV.

Artikel 81 Absatz 1 EGV lautet in seinem wesentlichen Teil:

> "Mit dem Gemeinsamen Markt unvereinbar und verboten sind alle Vereinbarungen zwischen Unternehmen, Beschlüsse von Unternehmensvereinigungen und aufeinander abgestimmte Verhaltensweisen, welche den Handel zwischen den Mitgliedstaaten zu beeinträchtigen geeignet sind und eine Verhinderung, Einschränkung oder Verfälschung des Wettbewerbs innerhalb des Gemeinsamen Marktes bezwecken oder bewirken ..."

Artikel 82 EGV lautet in seinem wesentlichen Teil:

> "Mit dem Gemeinsamen Markt unvereinbar und verboten ist die missbräuchliche Ausnutzung einer beherrschenden Stellung auf dem Gemeinsamen Markt oder auf einem wesentlichen Teil desselben durch ein oder mehrere Unternehmen, soweit dies dazu führen kann, den Handel zwischen Mitgliedstaaten zu beeinträchtigen."

b) Kartellverordnung (Verordnung 17/62/EWG)

Von großer Bedeutung sind darüber hinaus die Regelungen der Verordnung (EWG) 17/62. Diese Verordnung enthält insbesondere umfangreiche Befugnisse der EG-Kommission zur Durchsetzung der EU-Wettbewerbsregeln und regelt die Möglichkeit der Verhängung von Bußgeldern.

c) Gruppenfreistellungsverordnungen

Wichtig sind ferner die verschiedenen Gruppenfreistellungsverordnungen, die bestimmte Wettbewerbsbeschränkungen generell im Sinne von Artikel 81 Absatz

3 EGV freistellen. Im Bereich der vertikalen Wettbewerbsbeschränkungen sind dies vor allem die Alleinbezugsfreistellungsverordnung,[432] die Alleinvertriebsfreistellungsverordnung,[433] die Freistellungsverordnung für Franchiseverträge[434] und die Kfz-Gruppenfreistellungsverordnung[435]. Diese Verordnungen werden nach ihrem Ablauf ersetzt durch eine einzige Gruppenfreistellungsverordnung im Bereich der vertikalen Wettbewerbsbeschränkungen.[436] Diese Gruppenfreistellungsverordnung ist bereits in Kraft getreten.[437]

Neben den eben erwähnten Gruppenfreistellungsverordnungen gibt es im Bereich der vertikalen Wettbewerbsbeschränkungen die Kfz-Vertriebsfreistellungsverordnung[438]. Diese soll nicht durch die Gruppenfreistellungsverordnung für vertikale Wettbewerbsbeschränkungen ersetzt werden.[439]

Die Gruppenfreistellungsverordnungen sagen unmittelbar nichts über die Abgrenzung zwischen einseitigen Maßnahmen und kooperativen Verhaltensweisen aus, sondern setzen vielmehr voraus, dass Artikel 81 Absatz 1 EGV einschlägig ist, also eine kooperative Verhaltensweise vorliegt. Allerdings sind die Gruppenfreistellungsverordnungen für die Abgrenzung zwischen einseitigen Maßnahmen und kooperativen Verhaltensweisen mittelbar von Interesse.

So enthalten die Freistellungsverordnungen in ihren "Schwarzen Listen"[440] nicht nur kooperative Verhaltensweisen. Zum Beispiel sind in Artikel 6 Absatz 1

---

432 Verordnung (EWG) Nr. 1984/83, ABl. (EG) 1983 Nr. L 173, 5.

433 Verordnung (EWG) Nr. 1983/83, ABl. (EG) 1983 Nr. L 173, 1.

434 Verordnung (EWG) Nr. 4087/88, ABl. (EG) 1988 Nr. L 359, 46.

435 Verordnung (EWG) Nr. 1475/95, ABl. (EG) 1995 Nr. L 145, 25.

436 Siehe auch den 28. Bericht der EG-Kommission über die Wettbewerbspolitik (1998), Seite 23, Ziffer 36.

437 siehe dazu nachfolgend Kapitel III.A.1.d).

438 Verordnung (EWG) Nr. 1475/95, ABl. (EG) 1995 Nr. L 145, 25.

439 Siehe auch den 28. Bericht der EG-Kommission über die Wettbewerbspolitik (1998), Seite 23, Ziffer 36.

440 Die Gruppenfreistellungsverordnungen beinhalten neben den dort näher beschriebenen Vereinbarungen, die freigestellt werden können, eine "Weiße Liste" und eine "Schwarze Liste". Die "Weißen Listen" legen fest, welche Klauseln in den Verträgen die Anwendbarkeit der Gruppenfreistellungsverordnung nicht beeinträchtigen. Die "Schwarzen Listen" bestimmen, welche Klauseln die Anwendbarkeit der Gruppenfreistellungsvereinbarung verhindern. Die neue Gruppenfreistellungsverordnung für vertikale Wettbewerbsvereinbarungen weicht von diesem bisherigen Schema ab. Sie enthält keine freistellbaren Klauseln mehr, sondern legt lediglich fest, welche Klauseln nicht freistellbar sind. Damit werden die Unternehmen nicht mehr in ein festes Schema gepresst, an das sie ihre Vereinbarung anpassen müssen, um von der Gruppenfreistellungsverordnung profitieren zu können (vgl. auch XXVIII. Bericht der EG-Kommission über die Wettbewerbspolitik (1998), Einleitung Seite 15 und Seite 23 Ziff. 36); siehe dazu auch Nazerali/Cowan, Reforming E.U. Distribution Rules – Has the Commission Found Vertical Reality?, [1999] E.C.L.R. 159, 161.

der Kfz-Vertriebsfreistellungsverordnung bestimmte einseitige Maßnahmen aufgeführt, die zur Unanwendbarkeit der Gruppenfreistellungsverordnung führen. Eine ähnliche Bestimmung ist in Artikel 3 lit. d) der Alleinvertriebsfreistellungsverordnung enthalten. Daraus ergibt sich, dass unter EG-Kartellrecht kooperative Verhaltensweisen durch begleitende einseitige Maßnahmen in einen kritischen Bereich rücken können.

d) Insbesondere: Gruppenfreistellungsverordnung über vertikale Wettbewerbsbeschränkungen

Die Verordnung (EG) Nr. 2790/1999 der EG-Kommission über die Anwendung von Artikel 81 Absatz 3 des Vertrages auf Gruppen von vertikalen Vereinbarungen und aufeinander abgestimmten Verhaltensweisen ist mit Wirkung zum 1. Januar 2000 in Kraft getreten.[441] Diese Gruppenfreistellungsverordnung ersetzt die Alleinvertriebs- und die Alleinbezugsfreistellungsverordnung sowie die Freistellungsverordnung für Franchiseverträge nach deren Ablauf.[442]

Ebenso wie die anderen Gruppenfreistellungsverordnungen befasst sich diese Gruppenfreistellungsverordnung nicht unmittelbar mit der Abgrenzung zwischen einseitigen Maßnahmen und kooperativen Verhaltensweisen. Vielmehr setzt die Anwendbarkeit der Gruppenfreistellungsverordnung ebenfalls voraus, dass eine kooperative Verhaltensweise im Sinne des Artikel 81 Absatz 1 EGV vorliegt.

Eine Bestimmung, die im Zusammenhang mit der Abgrenzung von einseitigen Maßnahmen und kooperativen Verhaltensweisen von besonderem Interesse ist, beinhaltet Artikel 4 der Gruppenfreistellungsverordnung. Artikel 4 lautet in Auszügen wie folgt:

> „Die Freistellung nach Artikel 2 gilt nicht für vertikale Vereinbarungen, die unmittelbar oder mittelbar, für sich allein oder in Verbindung mit anderen Faktoren, auf welche die Beteiligten wesentlichen Einfluss haben, folgendes bezwecken:
>
> a) die Beschränkungen der Möglichkeiten des Käufers, seinen Verkaufspreis selbst festzusetzen; dies gilt unbeschadet der Möglichkeit des Lieferanten, Höchstverkaufspreise festzusetzen oder Preisempfehlungen auszusprechen, sofern sich diese nicht infolge der Ausübung von Druck oder der Gewährung von Anreizen durch eine der Vertragsparteien tatsächlich wie Fest- oder Mindestverkaufspreise auswirken."[443]

Der Gruppenfreistellungsverordnung sieht also vor, dass es dem Lieferanten grundsätzlich unbenommen ist, für den Weiterverkauf Höchstpreise festzusetzen und Preisempfehlungen auszusprechen. Dies gilt jedoch nicht, wenn der Lieferant

---

441 ABl. (EG) Nr. L 336, Seite 21

442 Wiedemann, Handbuch des Kartellrechts, § 9 Rdnr. 20f.

443 ABl. (EG) 1999 Nr. L 336, 21, 23.

zu weiteren Mitteln greift, um diese Empfehlungen und/oder Festsetzungen durchzusetzen.

Wie diese Bestimmung zu verstehen ist und welche dogmatische Bedeutung ihr zukommt, ist noch zu erörtern.[444]

2. *Die Rolle der EG-Kommission im Bereich des EG-Kartellrechts*

Die EG-Kommission nimmt eine wesentliche Rolle im Bereich der Durchsetzung der Wettbewerbsvorschriften des EG-Vertrages ein.[445] Dies folgt nicht nur daraus, dass sie unzulässige Praktiken verbieten und durch Geldbußen ahnden kann. Dies folgt auch daraus, dass Vereinbarungen, die unter Artikel 81 Absatz 1 EGV fallen und nicht durch eine Gruppenfreistellungsverordnung freigestellt sind, nur von der EG-Kommission freigestellt werden können.[446]

Diese hervorgehobene Stellung der Kommission wird noch dadurch verstärkt, dass die Kommission den Anwendungsbereich von Artikel 81 Absatz 1 EGV sehr weit auslegt und praktisch alle Wettbewerbsbeschränkungen, die von Bedeutung für den Warenverkehr im gemeinsamen Markt sind, unter Artikel 81 Absatz 1 EGV fasst.[447]

---

444 Siehe dazu unten Kapitel IV.C.1.

445 In der EU spielt die Durchsetzung des Kartellrechts durch Private keine so wesentliche Rolle wie in den USA. Zwar bemerkt Hefti zutreffend, dass durch die direkte Anwendbarkeit der EU-Wettbewerbsregeln Privaten ein gutes Mittel an die Hand gegeben wird, um an der Durchsetzung des Kartellrechts mitzuwirken (Hefti, H. Thomas, European Union Competition Law, 18 Seton Hall Legislative Journal 613, 626 (1994)). Dieser Anreiz ist jedoch nicht so hoch wie in den USA, wo es das Institut der *treble damages* gibt (siehe oben Kapitel II.A.2.b)).

446 Artikel 4 Absatz 1 der Verordnung (EWG) Nr. 17/62. Diese ausschließliche Zuständigkeit der EG-Kommission wird möglicherweise im Rahmen der Umstrukturierung des EG-Kartellrechts abgeschafft; vgl. das Weißbuch der Kommission vom 12.5.1999 (ABl. (EG) 1999 Nr. C 132, 1, 15) und oben Fußnote 82 m.w.N; siehe auch Griffiths, A Glorification of de minimis – The Regulation on Vertical Agreements, [2000] E.C.L.R. 241. Gemäß einer Änderung des Artikel 4 Absatz 2 der Verordnung können Freistellungen für bestimmte Kategorien von Vereinbarungen unter bestimmten Voraussetzungen inzwischen auch rückwirkend erteilt werden.

447 Hawk, The American (Anti-trust) Revolution: Lessons for the EEC?, E.C.L.R 53, 64f. (1988); siehe dazu auch oben Kapitel I.C.2.

3. Die Rolle des EuGH im Bereich des EG-Kartellrechts

Der EuGH ist die oberste Instanz im Bereich des EG-Kartellrechts. Daher kommt dem EuGH für die Auslegung des europäischen Kartellrechts eine entscheidende Rolle zu. Seine Urteile haben dementsprechend häufig einen über den Einzelfall hinausgehenden grundsätzlichen Charakter.

Neben der Rechtsprechung des EuGH ist die Entscheidungspraxis der EG-Kommission im Bereich des EG-Kartellrechts von großer Bedeutung. Da viele Unternehmen aus Zeit- und Kostengründen gegen Entscheidungen der EG-Kommission nicht vorgehen werden, ist häufig bereits der Ausgang der Verfahrens bei der EG-Kommission vorentscheidend.[448] Folglich muss auch immer die - teilweise etwas von der Ansicht des EuGH abweichende[449] - Ansicht der EG-Kommission genauestens geprüft werden.

B. Grundzüge der Rechtsprechung des EuGH und der Ansichten der EG-Kommission zu vertikalen Wettbewerbsbeschränkungen

Die Abgrenzung zwischen einseitigen Maßnahmen und kooperativen Verhaltensweisen im Bereich der vertikalen Wettbewerbsbeschränkungen lässt sich nur dann richtig bestimmen, wenn man sich des rechtlichen Rahmens, der dieser Abgrenzung zugrunde liegt - nämlich der Behandlung von vertikalen Wettbewerbsbeschränkungen im EG-Kartellrecht - bewusst ist. Dieser rechtliche Hintergrund lässt sich in Grundzügen wie folgt zusammenfassen:

- Artikel 81 Absatz 1 EGV setzt voraus, dass mindestens zwei wirtschaftlich voneinander unabhängige Unternehmen handeln.[450] Einseitiges, autonomes Verhalten fällt nicht unter Artikel 81 EGV.[451]
- Artikel 81 EGV erfasst sowohl horizontale als auch vertikale Wettbewerbsbeschränkungen.[452]

---

448 Siehe oben Kapitel I.C.2.

449 Siehe dazu oben Kapitel I.C.2.

450 Siehe oben Kapitel I.G.2.

451 Vgl. den Wortlaut von Artikel 81 (siehe oben Kapitel III.A.1.a)). So auch die ständige Rechtsprechung des EuGH, vgl. zum Beispiel Viho Europe BV ./. Kommission der Europäischen Gemeinschaften, Urt. vom 24. Oktober 1996, Slg. I 1996, 5457.

452 Vgl. zum Beispiel den Entwurf der Leitlinien über vertikale Wettbewerbsbeschränkungen der Kommission, Mitteilung der Kommission vom 24.09.1999 (ABl. Nr. C 270, 12 vom 24.09.1999). So auch der EuGH, vgl. Consten GmbH und Grundig-Verkaufs-GmbH ./. Kommission der EWG, Urt. v. 13. Juli 1966, verbundene Rs. 56 und 58/64, Slg. 1966, 321; Italien ./. Kommission der Europäischen Gemeinschaften, Urt. v. 13. Juli 1966, Rs. C - 32/65, Slg. 1966, 457, vgl. auch Lenz, EG-Vertrag,

- Artikel 81 Absatz 1 EGV kennt keine *rule of reason* wie sie in den USA bei Section 1 Sherman Act zur Anwendung kommt. Artikel 81 Absatz 1 EGV erfasst daher Wettbewerbsbeschränkungen unabhängig davon, ob sie sinnvoll für einen effektiven Wettbewerb sind oder nicht.[453]
- Wettbewerbsbeschränkungen im Sinne von Artikel 81 Absatz 1 EGV können grundsätzlich bei Vorliegen der Voraussetzungen des Artikel 81 Absatz 3 EGV freigestellt werden. Wettbewerbsbeschränkungen, die Parallelimporte behindern, werden jedoch praktisch nie freigestellt.

1. Die wichtigsten Entscheidungen der EG-Kommission, des EuG und des EuGH zur Abgrenzung zwischen einseitigen Maßnahmen und kooperativen Verhaltensweisen im Bereich vertikaler Wettbewerbsbeschränkungen

a) Vorbemerkung

Die nachfolgende Darstellung der Entscheidungen basiert auf den amtlichen Veröffentlichungen der Entscheidungen und Urteile im Amtsblatt der EG oder der Sammlung der Entscheidungen des Gerichtshofes. Die jeweilige Darstellung des Sachverhalts und der Begründung ist so weit wie möglich reduziert auf die Aspekte, die für die Abgrenzung zwischen einseitigen Maßnahmen und abgestimmten Verhaltensweisen von Bedeutung sind. Daher ist die folgende Darstellung stark verkürzt. Die Darstellung richtet sich nach der Sachlage, die zur Zeit der Untersuchung bestand und ist gestützt auf die Feststellungen, die die EG-Kommission oder der Europäische Gerichtshof ihrer jeweiligen Entscheidung zugrunde gelegt haben. Dies schließt nicht aus, dass die dargelegten Punkte zwischen den Parteien strittig waren. Falls Änderungen der Sachlage nach dem maßgeblichen Entscheidungszeitpunkt eingetreten sind, sind diese nur dann berücksichtigt, wenn sie für die vorliegende Untersuchung von Interesse sind.

Die folgenden Entscheidungen sind zum besseren Verständnis der Entwicklung in ihrer zeitlichen Abfolge dargestellt.[454]

Art. 85 Rdnr 2, Ebel, Kartellrecht, GWB und EG-Vertrag, Art. 85 Rdnr. 113; Eggers, Vertikale vertragliche Vertriebssysteme für Markenartikel, Seite 103 ff. m.w.N.

453 Siehe dazu, sowie zu der daran geäußerten Kritik und der geplanten Umstrukturierung des EG-Kartellrechts oben Fußnote 82 m.w.N.

454 Am 1.5.1999 ist der Vertrag von Amsterdam in Kraft getreten. Gemäß diesem Vertrag wurden der Vertrag über die Europäische Union und der Vertrag zur Gründung der Europäischen Gemeinschaften neu numeriert. Obwohl hier grundsätzlich die neue Numerierung verwendet wird, wird die alte Numerierung noch in den Fällen erwähnt, in denen im Text ausdrücklich ein Rechtsakt zitiert wird, der vor der Um-

b) *Die wichtigsten Entscheidungen*

(1) Johnson & Johnson[455]

(a) Sachlage

Johnson & Johnson, Inc. (nachfolgend "Johnson & Johnson"), eine US-Gesellschaft, gehört zu den wichtigsten Herstellern von Arzneimitteln und medizinischen Geräten in der Welt. Johnson & Johnson hat weltweit diverse Tochterfirmen, so in Großbritannien die Ortho Pharmaceutical Ltd. (nachfolgend "Ortho UK"), in der Schweiz die Cilag-Chemie AG (nachfolgend "Cilag-Schaffhausen"), in Deutschland die Cilag-Chemie GmbH Alsbach (nachfolgend "Cilag-Alsbach") und die Dr. Molter GmbH. Diese Tochterfirmen waren zuständig für die Belieferung ihres jeweiligen nationalen Marktes und waren Johnson & Johnson unmittelbar gegenüber verantwortlich.

Gravindex ist ein Schwangerschaftstest, dessen aktive Wirkstoffe von einer amerikanischen Tochterfirma von Johnson & Johnson herstellt und anschließend an die Tochterfirmen von Johnson & Johnson geliefert wurden. *Gravindex* wurde in Deutschland vor allem an Ärzte, in Großbritannien - durch Ortho UK - vor allem an Krankenhäuser und Arzneimittelhändler verkauft.

Zwischen Januar 1973 und Januar 1977 enthielten alle Preislisten, die Ortho UK seinen Verkäufen an Arzneimittelhändler zugrunde legte, unter anderem die Klausel "*Ausfuhr verboten außer nach vorheriger Absprache*". Ab Januar 1977 lautete diese Klausel "*Ausfuhr verboten nach Ländern außerhalb der EWG außer nach vorheriger Genehmigung*". Ab Oktober 1978 enthielten die Preislisten keine vergleichbare Bestimmung mehr. Obwohl *Gravindex* nicht auf diesen Preislisten aufgeführt war, wendete Ortho UK nach eigener Aussage diese Klauseln auch bei Verkäufen von *Gravindex* entsprechend an.

Von 1958 bis 1978 verwandte Cilag-Alsbach ebenfalls Preislisten für Arzneimittel, die folgende Klausel enthielten: "*Der unmittelbare oder mittelbare Weiterverkauf nach dem Ausland einschließlich der Freihafengebiete ist nicht statthaft.*" Seit 1967 wurde das Produkt *Gravindex* auf dieser Preisliste aufgeführt.

Als Cilag-Alsbach im Mai 1975 bemerkte, dass ein Apotheker *Gravindex* deutlich unter dem Preis von Cilag-Alsbach anbot, führte Cilag-Alsbach Testkäu-

numerierung angenommen worden ist. Dasselbe gilt, wenn Inhalte von Dokumenten zitiert werden, die vor dem 1.5.1999 abgefasst worden sind. Um den Leser darauf aufmerksam zu machen, wird hinter den auf der alten Numerierung basierenden Artikel "a.F." gesetzt.

455 Entscheidung der Kommission vom 25. November 1980 (ABl. (EG) Nr. L 377, 16.

fe durch. Diese Testkäufe ergaben, dass die von dem Apotheker verkauften *Gravindex*-Packungen aus Großbritannien stammten. Cilag-Alsbach machte Ortho UK umgehend auf diesen Sachverhalt aufmerksam und bat Ortho UK, alle erforderlichen Maßnahmen zu ergreifen, um diese Parallelimporte zu unterbinden. Ortho UK versuchte daraufhin anhand der Nummern auf den *Gravindex*-Packungen, den britischen Exporteur zu ermitteln. Einem vermeintlichen Exporteur drohte Ortho UK im April 1976 mit Liefereinstellung. Als dieser die Exporte abstritt, kennzeichnete Ortho UK die folgenden Lieferungen an diesen Händler in einer Art und Weise, dass eine einwandfreie Identifizierung dieser Produkte möglich war.

Obwohl die Preislisten von Ortho UK seit Januar 1977 kein Exportverbot mehr enthielten, teilte Ortho UK Cilag-Alsbach auch nach diesem Zeitpunkt mit, dass die Lieferungen von *Gravindex* aus Großbritannien unterbunden würden, falls ein Exporteur ermittelt werden könnte.

Im Februar 1977 wurde ein britischer Exporteur ermittelt, der *Gravindex* exportierte. Im Mai und Juni 1977 stellte Ortho UK Lieferungen an einige verdächtige Apotheker ganz ein oder beschränkte diese drastisch. Trotz ausreichender Lagerbestände wurden Bestellungen dieser Apotheker monatelang verzögert. Darüber hinaus betonte Ortho UK solchen verdächtigen Händlern gegenüber, dass Exporte auch in EWG-Länder weiterhin verboten seien.[456]

b) Entscheidung der Kommission

In ihrer Entscheidung vom 25. November 1980 kam die Kommission zu dem Ergebnis, dass das Verhalten von Johnson & Johnson und seiner Tochterfirmen einen Verstoß gegen Artikel 85 Absatz 1 EGV a.F. darstellte und untersagte die Praktiken. Darüber hinaus verhängte die Kommission eine gesamtschuldnerische Geldbuße gegen Johnson & Johnson, Ortho UK, Cilag-Alsbach und Cilag-Schaffhausen.

Zuerst stellte die Kommission fest, dass die Exportverbote, die in den Preislisten von Ortho UK und Cilag-Alsbach enthalten waren, einen wesentlichen Bestandteil der Verkaufsverträge zwischen diesen Firmen und ihren Abnehmern darstellten. Diese ausdrücklichen Exportverbote würden von Artikel 85 Absatz 1 EGV a.F. erfasst. Auch nach der Änderung der Exportverbot-Klauseln in den Preislisten betonte Ortho UK seinen Händlern gegenüber die Gültigkeit der Exportverbote. Für den Fall der Nichtbeachtung des Exportverbots drohte Ortho UK mit Einstellung oder Blockierung von Lieferungen und setzte diese Drohun-

---

456 Entscheidung der Kommission vom 25. November 1980, a.a.O., Seite 23 rechte Spalte.

gen auch um. Darüber hinaus überwachte Ortho UK die Einhaltung des Exportverbots. Dieses Verhalten stellte - so die Kommission - ein faktisches Exportverbot dar.[457] Die Händler seien sich darüber im klaren gewesen, dass sie zukünftig Lieferungen nur erhalten würden, wenn sie dem Ersuchen nachkämen und keine Ausfuhren tätigten. Aufgrund der fortgesetzten Anstrengungen von Ortho UK zur Unterbindung der Exporte mussten die Händler nach Meinung der Kommission schließlich akzeptieren, dass ihnen Exporte nach wie vor verboten waren.[458]

Anschließend stellte die Kommission fest, dass die Exportverbote auch dann gegen Artikel 85 Absatz 1 EGV a.F. verstoßen, wenn sie nicht immer durchgesetzt oder beachtet werden. Nach Ansicht der Kommission ist allein die Gefahr der Nichtbelieferung durch den Hersteller für die Händler ausreichend.[459] Eine Wettbewerbsbeschränkung sei damit gegeben. Diese Wettbewerbsbeschränkung beeinträchtige auch den Handel zwischen den Mitgliedsstaaten im Sinne von Artikel 85 Absatz 1 EGV a.F.[460]

Eine Freistellung nach Artikel 85 Absatz 3 EGV a.F. kam nach Ansicht der EG-Kommission nicht in Betracht, weil die Vereinbarungen nicht angemeldet worden waren und zudem die Freistellungsvoraussetzungen nicht vorlagen.

Die EG-Kommission verhängte eine gesamtschuldnerische Geldbuße in Höhe von 200.000 ECU gegen die beteiligten Unternehmen des Johnson & Johnson-Konzerns. Den beteiligten Apothekern legte die Kommission hingegen keine Geldbuße auf. Die Kommission begründete dies damit, dass die wettbewerbsschädlichen Vereinbarungen lediglich der Durchsetzung der Marktabschottungspolitik von Johnson & Johnson dienten und den Interessen der beteiligten Apotheker selbst zuwiderliefen.[461]

(c) Analyse und Bedeutung der Entscheidung

Die Entscheidung der Kommission in Johnson & Johnson ist aus mehreren Gründen von Bedeutung für die Abgrenzung zwischen einseitigen Maßnahmen und kooperativen Verhaltensweisen[462]: Nachdem die EG-Kommission klarstellte,

---

457 Entscheidung der Kommission vom 25. November 1980, a.a.O., Seite 25 linke Spalte.

458 Entscheidung der Kommission vom 25. November 1980, a.a.O., Seite 23 rechte Spalte.

459 Entscheidung der Kommission vom 25. November 1980, a.a.O.

460 Entscheidung der Kommission vom 25. November 1980, a.a.O., Seite 23ff.

461 Entscheidung der Kommission vom 25. November 1980, a.a.O., Seite 23 linke Spalte.

462 Die Entscheidung gibt ebenfalls Aufschlüsse zu der Frage der Zulässigkeit von geographischen Preisdiskriminierungen; vgl. Henle, Geographische Preisdifferenzierungen im Gemeinsamen Markt, Seite 21ff.

dass Exportverbote in vertikalen Wettbewerbsverhältnissen gegen Art. 85 Absatz 1 EGV a.F. verstoßen, kam sie zu dem Ergebnis, dass solche Exportverbote unzulässig sind, unabhängig davon, ob sie ausdrücklich oder konkludent vereinbart werden. Diese Feststellung ist noch ohne größere Bedeutung für die Frage der Abgrenzung zwischen einseitigen Maßnahmen und kooperativen Verhaltensweisen. Relevant ist allerdings die Feststellung der Kommission, dass ein Exportverbot zwischen Hersteller und Händler auch dann konkludent vereinbart ist, wenn der Händler Waren von einem Hersteller bezieht, obwohl er wissen muss, dass der Hersteller ihn nicht mehr beliefern wird, falls er – der Händler – entgegen dem Wunsch des Herstellers die Waren exportiert. Ob der Händler sich in Wirklichkeit an das Exportverbot des Herstellers hält oder nicht, ist für die Frage, ob ein konkludentes Exportverbot vorliegt, nach Ansicht der Kommission ohne Bedeutung.

(2) Hasselblad[463]

(a) Sachlage

Victor Hasselblad Aktiebolag (nachfolgend "Hasselblad"), eine schwedische Gesellschaft und ein weltweit führender Hersteller von Spiegelreflexkameras, organisierte den Vertrieb ihrer Kameras in der Europäischen Gemeinschaft über selbständige Alleinvertriebshändler in den Mitgliedstaaten. Hasselblad versah ihre Waren mit Fertigungsnummern und registrierte ihre Verkäufe an die Alleinvertriebshändler. Dadurch konnte Hasselblad genau nachvollziehen, an wen sie zu welchem Zeitpunkt welche Waren verkauft hat.[464]

Grundlage der Verkäufe von Hasselblad an die Alleinvertriebshändler waren Alleinvertriebsverträge. Ein Muster dieses Alleinvertriebsvertrages hatte Hasselblad bei der EG-Kommission angemeldet. Der Alleinvertriebsvertrag sah vor, dass die Händler weder direkt noch indirekt Waren außerhalb ihres Vertragsgebietes verkaufen durften. Nach Beanstandungen der Kommission wurde der Vertrag dahingehend abgeändert, dass es den Händlern lediglich verboten war, außerhalb ihres Gebietes aktiv Verkäufe zu fördern oder durchzuführen. Anschließend teilte die Kommission Hasselblad mit, dass der angemeldete Vertrag aufgrund des mitgeteilten Sachverhaltes in den Anwendungsbereich der Verordnung EWG 67/67 falle.[465]

463 Entscheidung der Kommission vom 2. Dezember 1981 (ABl. (EG) Nr. L 161, 18 ff. vom 12.6.1982).
464 Entscheidung der Kommission vom 2. Dezember 1981, a.a.O., Seite 18f.
465 Entscheidung der Kommission vom 2. Dezember 1981, a.a.O., Seite 19f.

Aufgrund eines starken Preisgefälles für Hasselblad-Kameras kam es verstärkt zu Parallelimporten, die die Preispolitik der Alleinvertriebshändler störten. Insbesondere der britische Alleinvertriebshändler, die Hasselblad (GB) Limited (nachfolgend "Hasselblad (GB)"), hatte verstärkt mit Parallelimporten zu kämpfen. Aber auch der deutsche Alleinvertriebshändler, die Nordic Im- und Export Handelsgesellschaft mbH (nachfolgend "Nordic"), und der belgische Alleinvertriebshändler, die Prolux SPRL (nachfolgend "Prolux"), stellten verstärkt Parallelimporte fest.[466]

Prolux beschwerte sich im Jahr 1974 bei Hasselblad darüber, dass ein Händler in Brüssel Hasselblad-Kameras zu sehr günstigen Preisen verkaufte, obwohl er nicht von Prolux beliefert worden war. Victor Hasselblad stellte anschließend anhand der Registrierungsnummer fest, dass die Kameras im Januar 1974 an den französischen Alleinvertriebshändler, die Telos S.A. (nachfolgend "Telos"), geliefert worden waren. Hasselblad informierte Telos daraufhin über diesen Vorgang und teilte Telos mit, dass diese Parallelimporte den Markt störten und ärgerlich für die loyalen Hasselblad-Händler seien. Hasselblad forderte Telos daher auf, eine Stellungnahme über den betroffenen Händler abzugeben und die Situation im Auge zu behalten. Telos versicherte daraufhin, die Lage zu beobachten, machte aber auch deutlich, dass es sehr schwer sei, solche Vorfälle völlig zu unterbinden.

Im Dezember 1974 wandte sich Prolux direkt an Telos und wies darauf hin, wie unerfreulich Parallelimporte seien. Telos teilte Prolux mit, man habe den exportierenden Händler ermittelt, sei aber trotz aller Verärgerung darüber nicht in der Lage, diese Exporte zu verhindern.[467]

Der irische Alleinvertriebshändler, die Ilford (Ireland) Limited (nachfolgend "Ilford"), verkaufte im April 1978 eine größere Lieferung von Hasselblad-Kameras an einen nordirischen Einzelhändler, der seinerseits die Kameras zum Teil wieder an die Firma Camera Care nach London weiterverkaufte. Aufgrund von Testkäufen von Hasselblad (GB) und anhand der Registrierungsnummern stellte Hasselblad fest, dass diese Kameras ursprünglich an Ilford geliefert worden waren. Hasselblad teilte diesen Vorgang Ilford anschließend mit, drückte ihre Verärgerung über die Parallelimporte aus und forderte Ilford auf, der Sache nachzugehen und Hasselblad anschließend zu unterrichten. Ilford teilte Hasselblad daraufhin mit, dass man sich der Problematik von Verkäufen nach Nordirland durchaus bewusst sei, es aber aus tatsächlichen Gründen sehr schwer sei, diese zu unterbinden. In einem anschließenden Telefonat forderte Hasselblad Ilford in der "denkbar stärksten Ausdrucksweise" auf, nur an Kunden in Irland zu

---

466 Entscheidung der Kommission vom 2. Dezember 1981, a.a.O., Seite 20.
467 Entscheidung der Kommission vom 2. Dezember 1981, a.a.O., Seite 20f.

verkaufen. Dieses Ausfuhrverbot wurde nochmals schriftlich von Hasselblad untermauert. Daraufhin willigte Ilford in diese Verkaufspolitik ein.[468]

Hasselblad teilte Ilfords Einwilligung Hasselblad (GB) mit. Hasselblad (GB) wandte sich darüber hinaus anschließend selbst an Ilford und forderte Ersatz für den durch die Parallelimporte entgangenen Gewinn. Als Ilford wiederum versicherte, alles Mögliche zu tun, um solche "grauen" Ausfuhren zu verhindern, gab sich Hasselblad (GB) zufrieden.[469]

Im Mai 1978 bestellte Camera Care eine große Menge von Hasselblad-Kameras bei Telos. Telos machte den Verkauf davon abhängig, dass Camera Care die Ware nicht innerhalb der Gemeinschaft weiterverkauft. Nach Lieferung durch Telos verkaufte Camera Care die Produkte in Großbritannien. Wiederum wurde mittels Testkäufen durch Hasselblad (GB) und anhand der Fertigungsnummern von Hasselblad festgestellt, dass diese Kameras ursprünglich an Telos geliefert wurden. Nachdem Telos von Hasselblad auf diesen Sachverhalt aufmerksam gemacht worden war, lehnte Telos mit Hinweis auf den Alleinvertriebsvertrag mit Hasselblad jede weitere Geschäftsbeziehung zu Camera Care ab und informierte Hasselblad darüber. Hasselblad teilte dies ihrerseits Hasselblad (GB) mit. Auch Prolux verweigerte mit Hinweis auf den Alleinvertriebsvertrag mit Hasselblad eine direkte Lieferung an Camera Care.[470]

Zusätzlich zu diesen Kontakten innerhalb des Hasselblad-Vertriebssystems tauschten die beteiligten Alleinvertriebshändler untereinander Informationen über ihre jeweilige Preispolitik, d.h. Preislisten und Rabattsysteme, aus, und teilten diese Informationen auch Hasselblad mit.[471]

Hasselblad (GB) führte darüber hinaus ein Kundendienstsystem ein, in dessen Rahmen Hasselblad-Produkte, die über Hasselblad (GB) bezogen worden sind, bevorzugt repariert wurden. Zum einen dehnte Hasselblad (GB) die im Alleinvertriebsvertrag vorgesehene Garantiezeit von 12 auf 24 Monate aus. Diese Verlängerung der Garantiezeit kam aber nur solchen Kunden zugute, die die Waren über Hasselblad (GB) bezogen hatten. Zum anderen wurden von Hasselblad (GB) bezogene Produkte schneller repariert. Auf diese Umstände wies Hasselblad (GB) in seiner Werbung auch ausdrücklich hin.[472] Allerdings gewährte Hasselblad (GB) auch solchen Kameras, die parallelimportiert wurden, keinen

468 Entscheidung der Kommission vom 2. Dezember 1981, a.a.O., Seite 21.
469 Entscheidung der Kommission vom 2. Dezember 1981, a.a.O., Seite 22.
470 Entscheidung der Kommission vom 2. Dezember 1981, a.a.O.
471 Entscheidung der Kommission vom 2. Dezember 1981, a.a.O., Seite 23.
472 Entscheidung der Kommission vom 2. Dezember 1981, a.a.O., Seite 24.

schlechteren Service als dies in anderen Mitgliedsstaaten durch die dortigen Alleinvertriebshändler der Fall war.[473]

(b) Entscheidung der Kommission

In ihrer Entscheidung vom 2. Dezember 1981 kam die EG-Kommission zu dem Ergebnis, dass der vorstehende Sachverhalt einen Verstoß gegen Artikel 85 Absatz 1 EGV a.F. darstellte. Die EG-Kommission verbot die oben aufgeführten Praktiken und verhängte Geldbußen gegen Hasselblad, Hasselblad (GB), Ilford, Telos und Prolux.

Zuerst stellte die EG-Kommission fest, dass zwischen den Beteiligten ein abgestimmtes Verhalten zur Marktabschottung vorliege. Mit Hinweis auf die Entscheidung des EuGH in *Suiker Unie*[474] legte die Kommission dar, dass

> “... der Begriff der aufeinander abgestimmten Verhaltensweisen eine Form der Koordinierung zwischen Unternehmen [erfasst], die bewusst eine praktische Zusammenarbeit an die Stelle des mit Risiken verbundenen Wettbewerbs treten lässt und die zu Wettbewerbsbedingungen führt, die den normalen Marktbedingungen nicht entsprechen.”[475]

Die Kommission führt weiter aus:

> “Macht sich ein Unternehmen Klagen zu eigen, die ihm von einem anderen Unternehmen zugehen, dass es dieses durch den Absatz seiner Erzeugnisse einem Wettbewerb aussetzt, so ist dies oder zeigt dies eine abgestimmte Verhaltensweise.”[476]

Von diesen Grundsätzen ausgehend stellte die Kommission fest, dass Hasselblad die Beschwerden seiner Alleinvertriebshändler Prolux und Hasselblad (GB) aufgegriffen habe und dabei den anderen Alleinvertriebshändlern Telos und Ilford gegenüber seine Vertriebspolitik, nämlich dass die Händler vor Einfuhren

---

473 Entscheidung der Kommission vom 2. Dezember 1981, a.a.O. In *Suiker Unie* ging es um eine Verhaltensabstimmung zwischen Wettbewerbern, also um einen Fall einer horizontalen Wettbewerbsbeschränkung. Die Kommission problematisierte nicht, ob diese in Zusammenhang mit horizontalen Wettbewerbsbeschränkungen aufgestellte Feststellung auch in gleichem Maße bei vertikalen Wettbewerbsbeschränkungen Gültigkeit hat.

474 Suiker Unie u.a. ./. Kommission der Europäischen Kommissionen, Urt. v. 16. Dezember 1975, verbundene Rs. C - 40 bis 48, 50, 54 bis 56, 111, 113 und 114/73, Slg. 1975, 1663ff.

475 Entscheidung der Kommission vom 2. Dezember 1981, a.a.O., Seite 26.

476 Entscheidung der Kommission vom 2. Dezember 1981, a.a.O., Seite 24.

aus anderen Ländern geschützt werden sollen, deutlich dargelegt und auch durchgesetzt habe.[477]

Ilford hat sich gegenüber Hasselblad verpflichtet, dem Exportverbot nachzukommen. Telos sagte Hasselblad zu, die Exporte zu beobachten und nicht mehr an Camera Care zu liefern. Auch Prolux weigerte sich, Bestellungen aus Großbritannien anzunehmen. Telos hat eine ähnliche Zusicherung auch gegenüber Prolux und Hasselblad (GB) abgegeben. Zudem haben Telos, Ilford und Prolux ihre Ausfuhren nach Großbritannien tatsächlich eingestellt.

Daraus folgert die EG-Kommission, dass

> "... Telos, Ilford und Prolux die jeweiligen Klagen der Alleinvertriebshändler befolgt und sich entweder ausdrücklich (wie Ilford und Telos) oder durch schlüssiges Verhalten (wie Prolux) zu eigen gemacht [haben]."[478]

Darüber hinaus haben nach Ansicht der EG-Kommission Hasselblad (GB) und Prolux bewusst und gewollt auf eine Marktabschottung gedrängt. Diese Verhaltensweisen zeigten, dass sich die betroffenen Alleinvertriebshändler darauf geeinigt haben, Ausfuhren innerhalb des Gemeinsamen Marktes zu unterlassen; zudem sind die Händler nach Ansicht der EG-Kommission damit der ihnen bekannten Vertriebspolitik der Marktabschottung von Hasselblad nachgekommen.[479] Die EG-Kommission ließ jedoch offen, ob das Exportverbot an Ilford alle Merkmale einer Vereinbarung im Sinne von Artikel 85 Absatz 1 EGV a.F. aufweise, weil jedenfalls die anderen Verhaltensweisen von Hasselblad und den anderen Alleinvertriebshändlern eine unter Artikel 85 Absatz 1 EGV a.F. relevante Verhaltensabstimmung darstelle.[480]

Die Kommission führte weiter aus, dass

> "[d]er Einwand von Telos und Ilford, sie seien nur formal auf das Exportverbot eingegangen (so Telos) oder nur unter äußerstem Druck dem Exportverbot nachgekommen (so Ilford), ... für die Frage einer abgestimmten Verhaltensweise unbeachtlich [sei]. Für eine abgestimmte Verhaltensweise reich[e] es aus, wenn ein selbständiges Unternehmen wissentlich und autonom sein Verhalten den Wünschen eines anderen Unternehmens anpass[e]; auf die Beweggründe oder das Bewußtsein der Rechtswidrigkeit komm[e] es nicht an".[481]

477 Entscheidung der Kommission vom 2. Dezember 1981, a.a.O.
478 Entscheidung der Kommission vom 2. Dezember 1981, a.a.O.
479 Entscheidung der Kommission vom 2. Dezember 1981, a.a.O., Seite 26.
480 Entscheidung der Kommission vom 2. Dezember 1981, a.a.O.
481 Entscheidung der Kommission vom 2. Dezember 1981, a.a.O.

Der Austausch von Informationen über die Preise und Rabattsysteme innerhalb des Vertriebssystems stellte nach Ansicht der EG-Kommission ein weiteres Mittel zur kooperativen Marktabschottung dar.[482]

Insgesamt stellte die EG-Kommission fest, dass durch die praktische Handhabung des Vertriebssystems die angemeldeten Alleinvertriebsverträge aus dem Schutz der Verordnung EWG 67/67 herausfielen und Artikel 85 Absatz 1 EGV a.F. anwendbar sei.

Im Hinblick auf die von Hasselblad (GB) eingeführte Praxis, bei parallelimportierten Geräten nicht den gleichen Reparaturservice wie bei "ordnungsgemäß bezogener" Ware zu gewähren, stellte die Kommission fest, dass dies eine einseitige Maßnahme darstelle. Dies sei jedoch unerheblich, da auch einseitige Maßnahmen Vereinbarungen aus dem Anwendungsbereich der VO Nr. 67/67/EWG drängen könnten.[483]

Da die EG-Kommission durch die oben dargelegten Verhaltensweisen auch den Handel zwischen den Mitgliedsstaaten beeinträchtigt sah, stellte sie einen Verstoß gegen Artikel 85 Absatz 1 EGV a.F. fest. Nachdem die abgestimmten Verhaltensweisen nach Ansicht der EG-Kommission nicht nach Artikel 85 Absatz 3 EGV a.F. freistellungsfähig waren, untersagte sie diese.

Die EG-Kommission verhängte eine Geldbuße in Höhe von 560.000 ECU gegen Hasselblad, von 165.000 ECU gegen Hasselblad (GB) und von je 10.000 ECU gegen Ilford, Telos und Prolux.

(c) Entscheidung des EuGH

Hasselblad (GB) hat gegen die Entscheidung der Kommission Klage zum EuGH erhoben, soweit sie von der Entscheidung betroffen war.[484] Die anderen Adressaten der Entscheidung haben keine Rechtsmittel eingelegt. Der EuGH gab der Klage von Hasselblad (GB) in seiner Entscheidung vom 21. Februar 1984 nur teilweise statt.[485]

Auf das Vorbringen von Hasselblad (GB), sie sei nicht an einer Verhaltensabstimmung zur Marktabschottung beteiligt gewesen, nahm der EuGH nur kurz Stellung. Er legte dar, dass Hasselblad (GB) bei Camera Care Testkäufe durchge-

---

482 Entscheidung der Kommission vom 2. Dezember 1981, a.a.O., Seite 27.

483 Entscheidung der Kommission vom 2. Dezember 1981, a.a.O., Seite 28; siehe zu der Bedeutung von einseitigen Maßnahmen innerhalb von Vertriebssystemen auch oben Kapitel III.A.1.c).

484 Hasselblad (GB) Limited ./. Kommission der Europäischen Gemeinschaften, Rs. C - 86/82, Urteil vom 21. Februar 1984, Slg. 1984, Seiten 883, 888.

485 Hasselblad (GB) Limited ./. Kommission der Europäischen Gemeinschaften, a.a.O., Seiten 883 ff.

führt habe, aufgrund derer Hasselblad Ilford als die Quelle für die Parallelimporte ausmachen konnte. Anschließend drängten sowohl Hasselblad als auch Hasselblad (GB) gegenüber Ilford auf die Unterlassung von Exporten. Ilford beugte sich diesem Drängen und verpflichtete sich, keine Exporte mehr zuzulassen. Bei weiteren Testkäufen bei Camera Care durch Hasselblad (GB) konnte Hasselblad durch das Registrierungssytem Telos als die Quelle der Parallelimporte ermitteln. Auf eine Beschwerde von Hasselblad (GB) bei Telos lehnte Telos weitere Lieferungen an Camera Care ab. Aufgrund dieses Sachverhaltes konstatierte der EuGH, dass Hasselblad (GB) an einer Verhaltensabstimmung beteiligt war.[486] Aus den Ausführungen der EuGH wird deutlich, dass dieser vom Vorliegen einer abgestimmten Verhaltensweise ausging und nur ermittelte, ob Hasselblad (GB) daran beteiligt war.

Zur Frage, ob die diskriminierende Reparaturpolitik von Hasselblad (GB) eine einseitige Maßnahme darstellte, nahm der EuGH nicht Stellung, weil er feststellte, dass nicht nachgewiesen sei, dass Hasselblad (GB) bei importierten Kameras längere Reparaturzeiten habe, als dies in anderen Mitgliedstaaten üblich sei. Daraus schloss der EuGH, dass darin keine Beschränkung von Parallelimporten gesehen werden könne.[487]

Insgesamt hob der EuGH die Entscheidung der Kommission teilweise auf und reduzierte die gegen Hasselblad (GB) verhängte Geldbuße auf 80.000 ECU.[488]

(d) Analyse und Bedeutung der Entscheidungen

Die EG-Kommission bestätigte ihre Entscheidungspraxis aus Johnson & Johnson und stellte erneut fest, dass Exportverbote gegen Artikel 85 Absatz 1 EGV a.F. verstoßen.

Von besonderem Interesse für die Abgrenzung zwischen einseitigen Maßnahmen und abgestimmten Verhaltensweisen ist die Aussage der EG-Kommission, dass es für eine abgestimmte Verhaltensweise ausreiche, wenn ein selbständiges Unternehmen wissentlich und autonom sein Verhalten den Wünschen eines anderen Unternehmens anpasse; auf die Beweggründe oder das Bewusstsein der Rechtswidrigkeit kommt es nach Ansicht der Kommission nicht an.

Die Entscheidung des EuGH ist zu der Frage, ob eine abgestimmte Verhaltensweise vorliegt, hingegen wenig aufschlussreich. Der EuGH bestätigte die

---

486 Hasselblad (GB) Limited ./. Kommission der Europäischen Gemeinschaften, a.a.O., Ziffer 29.

487 Hasselblad (GB) Limited ./. Kommission der Europäischen Gemeinschaften, a.a.O., Ziffer 30ff.

488 Hasselblad (GB) Limited ./. Kommission der Europäischen Gemeinschaften, a.a.O., Seite 912.

Feststellung der EG-Kommission, dass Artikel 85 Absatz 1 EGV a.F. einschlägig sei, ohne jedoch auf die Problematik der Abgrenzung zwischen einseitigen Maßnahmen und kooperativen Verhaltensweisen näher einzugehen.

(3) AEG-Telefunken[489]

(a) Sachlage

Die Telefunken Fernseh- und Rundfunk GmbH (nachfolgend "TFR"), eine AEG-Tochtergesellschaft, war mit der Entwicklung, Herstellung und dem Vertrieb von Erzeugnissen der Unterhaltungselektronik befasst. TFR bediente sich beim Vertrieb dieser Erzeugnisse der AEG-Vertriebsorganisation, d.h. in Deutschland der AEG-Vertriebsbüros oder Niederlassungen, in den übrigen Mitgliedstaaten der für den Vertrieb zuständigen AEG-Tochtergesellschaften. Der weitere Vertrieb erfolgte von den AEG-Tochtergesellschaften über Groß- und Einzelhändler.[490]

AEG baute ein selektives Vertriebssystem auf. Nach der Vertragsform sah das Vertriebssystem wie folgt aus: Großhändler bezogen die Vertragsware auf eigene Rechnung und lieferten sie an Einzelhändler weiter. AEG verlangte von seinen Großhändlern, eine lückenlose Nummernkontrolle zu führen und keine Verstöße gegen wettbewerbsrechtliche Vorschriften zu begehen. Die Auswahl der Einzelhändler erfolgte nach Angabe von AEG ausschließlich aufgrund objektiver Gesichtspunkte qualitativer Art, die sich auf die fachliche Eignung des Einzelhändlers (u.a. qualifiziertes Fachpersonal) und seiner sachlichen Ausstattung (u.a. getrennte Fachabteilung) bezogen. Daneben mussten auch die Einzelhändler eine lückenlose Nummernkontrolle gewährleisten und durften die Vertragsgegenstände nicht an solche Händler abgeben, die dem AEG-Vertriebssystem nicht angehörten.[491]

In der tatsächlichen Anwendung des Vertriebssystems hingegen ergab sich, dass die Auswahlkriterien für die Einzelhändler nicht nur qualitativer Art waren. In manchen Fällen räumte AEG zugelassenen Einzelhändlern Gebietsschutz ein, indem keine weiteren Händler in diesem Gebiet zugelassen wurden.[492] Auch solche Geschäfte, von denen nicht zu erwarten war, dass sie sich an die von AEG empfohlenen Einzelhandelspreise hielten, wie z.B. Warenhäuser, Verbrauchermärkte oder Versandhäuser, wurden nicht zum AEG-Vertriebssystem zugelassen; dies selbst dann nicht, wenn sie alle von AEG geforderten qualitativen Anforde-

---

489 Entscheidung der Kommission vom 6.1.1982, ABl. (EG) Nr. L 117, 15.
490 Entscheidung der Kommission vom 6.1.1982, a.a.O., Seite 15.
491 Entscheidung der Kommission vom 6.1.1982, a.a.O., Seite 16.
492 Entscheidung der Kommission vom 6.1.1982, a.a.O., Seite 19f.

rungen erfüllten.[493] In einigen Fällen nahm AEG solche Einzelhändler teilweise erst nach erheblichem Drängen des betroffenen Einzelhändlers auf. Zuvor musste der Einzelhändler jedoch versichern, die AEG-Preisempfehlungen zu beachten.[494] Auch von Großhändlern wurde teilweise vor ihrer Aufnahme in das AEG-Vertriebssystem verlangt, sich zu verpflichten, keine Verbrauchermärkte oder ähnliche Unternehmen mit AEG-Produkten zu beliefern.[495]

(b) Entscheidung der Kommission

In ihrer Entscheidung vom 6. Januar 1982 ging die EG-Kommission auf die Zulässigkeit von selektiven Vertriebssystemen ein. Sie legte dar, dass qualitativ selektive Systeme unter bestimmten Voraussetzungen im Einklang mit Artikel 85 Absatz 1 EGV a.F. stehen können, sofern sie für die betroffenen Waren gerechtfertigt sind und ohne Diskriminierung angewendet werden.[496] Vertriebssysteme, die andere oder zusätzliche Auswahlkriterien für die Zulassung zum System heranziehen ("qualitativ selektive Vertriebssysteme"), fallen hingegen nach Ansicht der Kommission unter Artikel 85 Absatz 1 EGV a.F.[497]

Auf die Problematik, ob die Nichtzulassung eines Händlers zum Vertriebssystem durch den Hersteller eine einseitige Maßnahme oder eine kooperative Verhaltensweise darstellt, ging die EG-Kommission in ihrer Entscheidung nicht ein. Vielmehr stellte sie fest, dass AEG vorsätzlich gegen Artikel 85 Absatz 1 a.F. verstoßen habe.[498] Mit der Rolle der beteiligten Händler setzte sich die EG-Kommission nicht weiter auseinander.

Die EG-Kommission sah nach Erörterung der relevanten Aspekte den Verstoß gegen Artikel 85 Absatz 1 EGV a.F. darin, dass das AEG-Vertriebssystem in der tatsächlichen Anwendung andere als qualitative Voraussetzungen für die Zulassung der Händler aufstellte und AEG die Verkaufspreise der Vertragshändler mittelbar oder unmittelbar beeinflusste. Die EG-Kommission untersagte daher diese Geschäftspraktiken. Zudem verhängte die Kommission eine Geldbuße gegen AEG in Höhe von 1.000.000 ECU.[499] Gegen die AEG-Händler wurden keine Geldbußen verhängt.

---

493 Entscheidung der Kommission vom 6.1.1982, a.a.O., Seite 16ff.
494 Entscheidung der Kommission vom 6.1.1982. a.a.O., Seite 19.
495 Entscheidung der Kommission vom 6.1.1982, a.a.O., Seite 18.
496 Siehe dazu auch unten Fußnote 503.
497 Entscheidung der Kommission vom 6.1.1982, a.a.O., Seite 23.
498 Entscheidung der Kommission vom 6.1.1982, a.a.O., Seite 27.
499 Entscheidung der Kommission vom 6.1.1982, a.a.O., Seite 28, Artikel 1 bis 3 der Entscheidung.

(c) Entscheidung des EuGH[500]

AEG klagte vor dem EuGH gegen die Entscheidung der EG-Kommission. Dabei brachte AEG vor, dass die Nichtzulassung bestimmter Händler zum AEG-Vertriebssystem und die auf die Beeinflussung der Preise gerichteten Initiativen einseitiger Natur seien und daher nicht unter Artikel 85 Absatz 1 EGV a.F. fielen.[501]

In seinem Urteil vom 25. Oktober 1983 ging der Gerichtshof zuerst auf die rechtliche Bedeutung von selektiven Vertriebssystemen ein.[502] Der EuGH legte unter Zitierung seines Urteils vom 25. Oktober 1977 in der Sache Metro ./. Kommission[503] dar, dass selektive Vertriebssysteme mit Artikel 85 Absatz 1 EGV a.F. vereinbar sein können, wenn sie auf festgelegten qualitativen Gesichtspunkten beruhen und wenn jeder Händler zugelassen wird, der diese Kriterien erfüllt. Der Gerichtshof führte aus:

> "... Daraus folgt, dass die Anwendung eines selektiven Vertriebssystems, das auf anderen als diesen Gesichtspunkten beruht, eine Zuwiderhandlung gegen Artikel 85 Absatz 1 [a.F.] darstellt. Dasselbe gilt für den Fall, dass eine grundsätzlich dem Gemeinschaftsrecht entsprechende Vertriebsbindung in der Praxis in einer Weise angewandt wird, die mit diesem nicht vereinbar ist.
>
> Eine solche Praxis ist als unzulässig anzusehen, wenn der Hersteller in der Absicht, ein hohes Preisniveau aufrechtzuerhalten oder bestimmte moderne Vertriebsarten auszuschließen, Händlern, die den qualitativen Anforderungen der Vertriebsbindung genügen, die Zulassung verweigert."[504]

Schließlich folgerte der Gerichtshof:

---

500 Allgemeine Elektricitäts-Gesellschaft AEG - Telefunken AG ./. Kommission der Europäischen Gemeinschaften, Urt. v. 25. Oktober 1983, Rs. C - 107/82, Slg. 1983, 3151.

501 Allgemeine Elektricitäts-Gesellschaft AEG - Telefunken AG ./. Kommission der Europäischen Gemeinschaften, a.a.O., Seite 3194, Ziffer 31.

502 Allgemeine Elektricitäts-Gesellschaft AEG - Telefunken AG ./. Kommission der Europäischen Gemeinschaften, a.a.O., Ziffer 32.

503 Metro SB-Großmärkte GmbH & Co. KG ./. Kommission der Europäischen Gemeinschaften, Urt. v. 25. Oktober 1977, Rs. C 26/76, Slg. 1977, 1875. Zu der Beurteilung von selektiven Vertriebssystemen unter Artikel 85 EGV a.F. siehe auch SA Lacome und Cosparfrance Nederland BV ./. Etos BV und Albert Heyn Supermarkt BV, Urt. v. 10 Juli 1980, Rs. C 99/79, Slg. 1980, 2511; NV l'Oreal und SA l'Oreal ./. PVBA De nieuwe Amck, Urt. v. 11. Dezember 1980, Rs. C 31/80, Slg. 1980, 3775; Maria Salonia ./. Giorgio Poidomani und Franca Giglio, verwitwete Baglieri, Urt. v. 16. Juni 1981, Rs. C 126/80, Slg. 1981, 1563.

504 Allgemeine Elektricitäts-Gesellschaft AEG - Telefunken AG ./. Kommission der Europäischen Gemeinschaften, a.a.O., Seite 3195, Ziffer 36f.

"Ein derartiges Verhalten des Herstellers stellt keine einseitige Handlung des Unternehmens dar, die sich (...) dem Verbot des Artikel 85 Absatz 1 EWG-Vertrag [a.F.] entzieht. Es fügt sich vielmehr in die vertraglichen Beziehungen ein, die das Unternehmen mit seinen Wiederverkäufern unterhält. Denn im Fall der Aufnahme eines Händlers in die Vertriebsbindung gründet sich die Zulassung darauf, dass die Vertragsparteien die von AEG verfolgte Politik, nach der unter anderem Händler, die die Zulassungsvoraussetzungen erfüllen, aber nicht bereit sind, dieser Politik zuzustimmen, vom Händlernetz ausgeschlossen werden, ausdrücklich oder stillschweigend akzeptieren.

Deshalb ist davon auszugehen, dass selbst die Entscheidungen, durch die eine Zulassung abgelehnt wird, Handlungen sind, die zu den vertraglichen Beziehungen mit den zugelassenen Händlern gehören, da sie bezwecken, die Einhaltung der wettbewerbsbeschränkenden Abreden, die die Grundlage der Verträge zwischen den Herstellern und den zugelassenen Händlern bilden, zu gewährleisten. Fälle der Nichtzulassung von Händlern, die den oben genannten qualitativen Anforderungen genügen, erbringen somit den Beweis für das Vorliegen einer unzulässigen Anwendung dieses Systems, sofern ihre Anzahl ausreicht, um auszuschließen, dass es sich um isolierte Fälle handelt, die nicht Ausdruck eines planmäßigen Verhaltens sind."[505]

Anschließend stellte der EuGH fest, dass AEG innerhalb ihres Vertriebssystems über rein qualitative Anforderungen hinausgehende Zulassungskriterien an ihre Händler stellte und dass - entgegen der Ansicht des Generalanwalts[506] - ein planmäßiges Verhalten vorlag.[507] Der EuGH folgerte daher, dass keine einseitige Handlung von AEG vorlag, und wies die Klage ab.[508]

(d) Analyse und Bedeutung der Entscheidungen

Während die Kommission sich in ihrer Entscheidung nicht mit der Frage beschäftigte, ob eine einseitige Maßnahme vorlag, ging der EuGH in seinem Urteil auf diese Problematik ein. Der EuGH stellte in seinem Urteil darauf ab, dass die quantitative Selektion der Einzelhändler durch AEG Grundlage der Vertragsbeziehungen zu den AEG-Händlern war. Daher kam er zu dem Ergebnis, dass eine kooperative Verhaltensweise zwischen AEG und ihren Händlern vorlag.[509]

---

505 Allgemeine Elektricitäts-Gesellschaft AEG - Telefunken AG ./. Kommission der Europäischen Gemeinschaften, a.a.O., Seite 3195f., Ziffer 38f.

506 Allgemeine Elektricitäts-Gesellschaft AEG - Telefunken AG ./. Kommission der Europäischen Gemeinschaften, a.a.O., Schlussanträge des Generalanwalts in dieser Sache, Seite 3262ff.

507 Allgemeine Elektricitäts-Gesellschaft AEG - Telefunken AG ./. Kommission der Europäischen Gemeinschaften, a.a.O., Seite 3196ff., Ziffer 40ff.

508 Allgemeine Elektricitäts-Gesellschaft AEG - Telefunken AG ./. Kommission der Europäischen Gemeinschaften, a.a.O., Seite 3222, Ziffer 144.

509 Nach ständiger Rechtsprechung der EuGH können qualitativ selektive Vertriebssysteme mit Art. 81 Absatz 1 EGV vereinbar sein. Die Begründung dafür ist jedoch

Mit seiner Entscheidung in AEG hat der EuGH die Argumentation der EG-Kommission in Johnson & Johnson bestätigt: Sobald es laufende Lieferbeziehungen zwischen einem Hersteller und seinen Händlern gibt, wird das Verhalten des Herstellers als Teil der ständigen Beziehung und damit als kooperative Verhaltensweise betrachtet. Es kommt dabei nicht darauf an, ob die Händler sich bewusst darüber sind, dass bestimmte Verhaltensweisen rechtswidrig sind. Entscheidend ist vielmehr, dass die Händler erkennen, dass der Hersteller ein bestimmtes Verhalten wünscht. Bleiben Sie trotz dieser Gestaltung der Geschäftsbeziehung durch den Hersteller Teil des Vertriebssystems, billigen sie die Verhaltensweise des Herstellers nach Ansicht des EuGH damit zumindest konkludent. In dieser Billigung ist die kooperative Verhaltensweise zu sehen.

(4) Ford I und II

(a) Sachlage

Die US Gesellschaft Ford Motor Company (nachfolgend "Ford US") hat weltweit diverse Tochtergesellschaften, unter anderem auch in den meisten Mitgliedsstaaten der Gemeinschaft. Ford of Europe Incorporated (nachfolgend "Ford Europe") war eine hundertprozentige Tochtergesellschaft von Ford US. Ford Europe war zuständig für die Koordinierung bestimmter wirtschaftlicher Aktivitäten der Ford-Unternehmen.[510] Die Ford Werke AG (nachfolgend "Ford Deutschland"), eine Gesellschaft deutschen Rechts, produzierte die gesamte Palette von Ford-Fahrzeugen, die in Europa mit Linkslenkung (nachfolgend "LL") abgesetzt wurden.[511]

Ford Deutschland war nicht nur zuständig für die Produktion, sondern auch für den Vertrieb der Ford-Fahrzeuge.[512] Ford Deutschland vertrieb die Fahrzeuge über ausgesuchte Händler (nachfolgend "Ford-Händler"). Die Beziehung zwischen Ford Deutschland und den Ford-Händlern basierte auf einem "Haupthändlervertrag", den Ford Deutschland bei der EG-Kommission angemeldet hatte.

Der Haupthändlervertrag sah vor, dass die Ford-Händler die Fahrzeuge nur an Endkunden und an von Ford autorisierte Händler verkaufen durften. Die Ford-Händler hatten zudem ein Marktverantwortungsgebiet, auf das sie ihre Verkaufs-

---

nicht, dass keine kooperative Verhaltensweise vorliegt, sondern dass es an einer spürbaren Beeinträchtigung des Handels fehlt; siehe dazu oben Fußnote 503.

510 Entscheidung der Kommission vom 16.11.1983, ABl. (EG) 1983, Nr. L 327, 31, Ziffer 1ff.

511 Entscheidung der Kommission vom 16.11.1983, a.a.O., Ziffer 7.

512 Entscheidung der Kommission vom 16.11.1983, a.a.O., Ziffer 9.

bemühungen konzentrieren sollten. Allerdings durften die Händler laut Haupthändlervertrag in der gesamten Gemeinschaft verkaufen.[513]

Viele Ford-Händler in Deutschland bestellten für ihre Kunden Fahrzeuge mit Rechtslenkung (nachfolgend "RL") bei Ford Deutschland, die anschließend nach Großbritannien ausgeführt wurden. Vor dem Hintergrund dieser zunehmenden Parallelimporte richtete Ford Deutschland im April 1982 ein Rundschreiben an die Ford-Händler, die RL-Fahrzeuge verkauft hatten. In diesem Rundschreiben teilte Ford Deutschland den Händlern mit, dass Ford Deutschland für den Vertrieb auf dem deutschen Markt zuständig sei und dass auf dem deutschen Markt ausschließlich LL-Fahrzeuge benötigt würden. Daher könne Ford Deutschland deutsche Ford-Händler in Zukunft nicht mehr mit RL-Fahrzeugen beliefern. Ford Deutschland forderte die Händler auf, etwaige Interessenten für RL-Fahrzeuge an einen beliebigen autorisierten Ford-Händler in Großbritannien oder an die Ford Personal Import and Export Ltd. (nachfolgend "PIE") zu verweisen. In der Folgezeit setzte Ford Deutschland diese Ankündigung um und nahm keine Bestellungen für RL-Fahrzeuge mehr von deutschen Ford-Händlern an.[514] Einige Ford-Händler protestierten gegen die Einstellung der Lieferung von RL-Fahrzeugen.[515]

(b) Ford I - Einstweilige Anordnung

Nachdem die EG-Kommission Kenntnis von dem Rundschreiben von Ford Deutschland erhalten hatte, forderte sie Ford Deutschland im Wege einer Einstweiligen Anordnung auf, das Rundschreiben zurückzuziehen.[516] Auf Antrag von Ford Deutschland setzte der EuGH die Einstweilige Anordnung der EG-Kommission teilweise aus.[517]

---

513 Entscheidung der Kommission vom 16.11.1983, a.a.O., Ziffer 12 und 14.

514 Entscheidung der Kommission vom 16.11.1983, a.a.O., Ziffer 21.

515 Entscheidung der Kommission vom 16.11.1983, a.a.O., Ziffer 25.

516 Vertriebssystem der Ford Werke AG - Einstweilige Anordnung, Entscheidung der Kommission vom 18. August 1982, ABl. (EG) 1982, Nr. L 256, Seite 20ff.

517 Ford of Europe Incorporated und Ford-Werke AG ./. Kommission der Europäischen Gemeinschaften, Rs. C 228/82 und 229/82Urt. vom 28. Februar 1984, Slg. 1984, Seite 1129 ff. Die Entscheidungen im einstweiligen Rechtsschutzverfahren geben keine Aufschlüsse über die Abgrenzung zwischen einseitigen Maßnahmen und kooperativen Verhaltensweisen und sind deshalb hier nicht weiter erörtert.

(c) Ford II - Hauptsacheverfahren

(i) Entscheidung der Kommission

In ihrer Entscheidung zur Hauptsache vom 16. November 1983 kam die EG-Kommission zu dem Ergebnis, dass die Vereinbarungen des Haupthändlervertrages zwischen Ford Deutschland und den Ford-Händlern aufgrund der darin enthaltenen Wettbewerbsbeschränkungen und der damit verbundenen Auswirkungen auf den Handel zwischen den Mitgliedsstaaten unter Artikel 85 Absatz 1 EGV a.F. fielen.[518]

Die EG-Kommission sah unter anderem in der Verpflichtung der Ford-Händler, nur an Endkunden und an von Ford zugelassene Händler zu verkaufen, Beschränkungen der Wettbewerbsfreiheit der Händler.[519] Da diese Bestimmungen nach Ansicht der EG-Kommission den wesentlichen Teil des Ford-Haupthändlervertrages ausmachten, fiel der Vertrag unter Artikel 85 Absatz 1 EGV a.F.[520]

Zu der Frage, ob der Haupthändlervertrag nach Artikel 85 Absatz 3 EGV a.F. freistellungsfähig war, führte die Kommission aus, dass sie bei der Beurteilung dieser Entscheidung alle Umstände des Einzelfalls berücksichtigen müsse.[521] Ford Deutschland wandte ein, dass die durch das beanstandete Rundschreiben angekündigte und anschließend erfolgte Nichtlieferung von RL-Fahrzeugen an deutsche Ford-Händler eine einseitige Maßnahme sei, die im Rahmen des Artikel 85 Absatz 3 EGV a.F. nicht berücksichtigt werden könne.

Die EG-Kommission verwarf diese Argumentation von Ford im Ergebnis. Allerdings wird aus dem Wortlaut der Entscheidung der EG-Kommission nicht klar, ob die Kommission der Auffassung folgte, dass der Lieferstop eine einseitige Maßnahme von Ford Deutschland darstellte.[522] Die EG-Kommission führte aus:

> "Die Kommission ist demgegenüber der Auffassung, dass sie berechtigt ist, eine Freistellung zu verweigern, wenn ein an einer Vereinbarung Beteiligter Rechte ausübt oder Maßnahmen ergreift, um zu verhindern, dass Händler oder Verbraucher die vertragsge-

---

518 Entscheidung der EG Kommission vom 16.11.1983, ABl. (EG) 1983, Nr. L 327, Seite 31, 35f., Ziffer 30ff.

519 Entscheidung der EG Kommission vom 16.11.1983, a.a.O., Seite 36, Ziffer 31f.

520 Entscheidung der EG-Kommission vom 16.11.1983, a.a.O., Ziffer 34.

521 Entscheidung der EG-Kommission vom 16.11.1983, a.a.O., Seite 36f., Ziffer 36.

522 So interpretierte wohl auch Generalanwalt Sir Gordon Slynn die Entscheidung der Kommission. Siehe seine Schlußanträge zum Urteil des EuGH vom 28. Februar 1984, Ford of Europe Incorporated und Ford-Werke AG ./. Kommission der Europäischen Gemeinschaften, Rs. C - 228/82 und 229/82, Slg. 1984, 1129, 1166ff.

genständlichen Erzeugnisse innerhalb des Vertragsgebietes oder in einem anderen Gebiet erhalten. Dies ergibt sich schon aus Artikel 3 der Verordnung Nr. 67/67/EWG und Artikel 3 der Verordnung (EWG) Nr. 1983/83. Dies bedeutet, dass einseitige Handlungen, die als solche nicht als Vereinbarungen oder Verhaltensweisen im Sinn des Artikel 85 Absatz 1 EWG-Vertrag [a.F.] anzusehen sind, bei der Entscheidung mit berücksichtigt werden dürfen, ob eine Freistellung gewährt werden kann. Ist der Zusammenhang zwischen der einseitigen Handlung und der Vereinbarung hinreichend eng und unmittelbar und hat die Handlung hinreichende wettbewerbliche Auswirkungen, kann es für eine Beurteilung der Vereinbarung nach Artikel 85 Absatz 3 EWG-Vertrag [a.F.] unerheblich sein, ob die Handlung unmittelbare Folge aus der Vereinbarung ist oder nicht."[523]

Die Kommission führte weiter aus:

"... [E]ine einseitige Handlung [kann] von der Kommission selbst dann berücksichtigt werden, wenn sie nicht unmittelbar auf der Vereinbarung beruht. ... Selbst wenn die Auffassung von Ford Deutschland zuträfe, ..."[524]

Weiterhin:

"Im Gegensatz zu den Behauptungen von Ford Deutschland besteht eine enge und unmittelbare Beziehung zwischen der Weigerung, rechtsgesteuerte Fahrzeuge an deutsche Händler zu liefern, und dem Haupthändler-Vertrag. [...] Durch das Rundschreiben wurden also die Beziehungen zwischen Ford-Deutschland und ihren Händlern, die durch den Haupthändler-Vertrag Vertragsparteien wurden, selbst geändert. Der Händlervertrag von Ford Deutschland und die durch ihn geschaffenen Beziehungen waren daher Rahmen und Umfeld des Ford-Rundschreibens sowie der Beendigung der Lieferungen. Das Rundschreiben schränkt die Wirkung des Vertrages wesentlich ein ..."[525]

Abschließend stellte die Kommission fest, dass ihre Entscheidung in dieser Sache lediglich besage, dass

"... ein einseitiger Lieferstop, der dieselben praktischen Auswirkungen hat wie ein Exportverbot, zur Unabwendbarkeit des Artikels 85 Absatz 3 EWG-Vertrag [a.F.] führen kann ..."[526]

Die Kommission entschied folglich, dass Ford die festgestellte Zuwiderhandlung gegen Artikel 85 Absatz 1 EGV a.F. einzustellen habe, verhängte jedoch keine Geldbuße.[527]

---

523 Entscheidung der EG-Kommission vom 16.11.1983, a.a.O., Seite 37, Ziffer 36.
524 Entscheidung der EG-Kommission vom 16.11.1983, a.a.O.
525 Entscheidung der EG-Kommission vom 16.11.1983, a.a.O., Seite 38, Ziffer 42.
526 Entscheidung der EG-Kommission vom 16.11.1983, a.a.O., Seite 39, Ziffer 45.
527 Entscheidung der EG-Kommission vom 16.11.1983, a.a.O., Seite 39, Artikel 1 und 2 der Entscheidung.

(ii) Entscheidung des EuGH

In seinem Urteil vom 17. September 1985 bestätigte der EuGH die Entscheidung der EG-Kommission. [528]

Bevor der Gerichtshof zu der Frage kam, ob die EG-Kommission im Rahmen der Beurteilung, ob eine Freistellung gemäß Artikel 85 Absatz 3 EGV a.F. möglich ist, auch einseitige Maßnahmen berücksichtigen darf, stellte er im Hinblick auf die Abgrenzung zwischen einseitigen Maßnahmen und kooperativen Verhaltensweisen fest:

> "Zu diesem Punkt ist festzustellen, dass Vereinbarungen, die ein selektives Vertriebssystem darstellen und die wie im vorliegenden Fall die Erhaltung eines Fachhandels bezwecken, der in der Lage ist, spezifische Leistungen für hochtechnisierte Erzeugnisse zu erbringen, in der Regel geschlossen werden, um den Vertrieb dieser Erzeugnisse für eine bestimmte Anzahl von Jahren zu regeln. Da die technische Entwicklung für einen derartigen Zeitraum nicht immer vorhersehbar ist, müssen diese Vereinbarungen bestimmte Gesichtspunkte notwendigerweise späteren Entscheidungen des Herstellers überlassen.[529]

Der Gerichtshof fuhr fort:

> "Eine derartige Entscheidung des Herstellers stellt keine einseitige Handlung des Unternehmens dar, die sich ... dem Verbot des Artikels 85 Absatz 1 EWG-Vertrag [a.F.] entzieht. Sie fügt sich vielmehr in die vertraglichen Beziehungen ein, die das Unternehmen mit den Wiederverkäufern unterhält. Die Zulassung zum Händlernetz der Ford AG impliziert nämlich, dass die Vertragspartner der Politik von Ford hinsichtlich der auf dem deutschen Markt zu liefernden Modelle zustimmen."[530]

Dementsprechend folgerte der EuGH:

> "Das Argument, das die Klägerinnen daraus herleiten, dass die Herausnahme der RL-Fahrzeuge aus dem Warenprogramm der Ford AG eine einseitige Handlung sei, kann daher nicht durchgreifen."[531]

Der Gerichtshof kam zu dem Ergebnis, dass die Kommission die Lieferverweigerung bei der Frage der Freistellung nach Artikel 85 Absatz 3 EGV a.F. be-

528 Ford-Werke AG u.a. ./. Kommission der Europäischen Gemeinschaften u.a., Urt. vom 17. September 1985, verbundene Rs. C 25/84 und 26/84, Slg. 1985, 2736ff.

529 Ford-Werke AG u.a. ./. Kommission der Europäischen Gemeinschaften u.a., a.a.O., Seite 2742f., Ziffer 20.

530 Ford-Werke AG u.a. ./. Kommission der Europäischen Gemeinschaften u.a., a.a.O., Seite 2743, Ziffer 21.

531 Ford-Werke AG u.a. ./. Kommission der Europäischen Gemeinschaften u.a., a.a.O., Seite 2743, Ziffer 22.

rücksichtigen durfte[532] und wies die Klagen von Ford Deutschland und Ford Europe ab.[533]

(d) Analyse und Bedeutung der Entscheidungen

Der EuGH bestätigte in Ford II seine Rechtsprechung aus AEG[534]. Er betonte, dass die Händler dem Hersteller in einer laufenden Geschäftsbeziehung einen gewissen Gestaltungsspielraum zubilligen, damit dieser die zukünftigen Geschäftsbeziehungen den laufenden Erfordernissen anpassen kann. Damit wird nach Ansicht des EuGH eine Forderung, die ein Hersteller im Rahmen einer laufenden Geschäftsbeziehung an seine Händler heranträgt, Teil der laufenden Geschäftsbeziehung.

Interessant ist, dass der EuGH in Ford darauf abstellte, dass sich die *technische* Entwicklung in der Zukunft nicht im Detail planen lasse und dass dem Hersteller daher ein gewisser Handlungsspielraum innerhalb der laufenden Geschäftsbeziehung zu gewähren sei. Welche Verbindung der EuGH zwischen technischen Entwicklungen und der Frage, ob RL-Fahrzeuge an Händler in Deutschland geliefert werden, zieht, wird aus der Entscheidung jedoch nicht klar.

Erneut kam es nach Ansicht des EuGH nicht darauf an, ob die Händler diese Forderung billigten oder ob sie erkannten, dass die Forderung rechtswidrig ist. Die Argumentation des EuGH in Ford II liegt damit auf einer Linie mit seiner Argumentation in der AEG-Entscheidung.[535]

(5) John Deere[536]

(a) Sachlage

Deere and Company, (im folgenden “Deere”), ein amerikanisches Unternehmen und bedeutender Hersteller von landwirtschaftlichen Maschinen, vertrieb ihre Produkte in einigen Mitgliedstaaten der Gemeinschaft über Niederlassungen und Tochtergesellschaften, in anderen Mitgliedsstaaten über unabhängige nationale

532 Ford-Werke AG u.a. ./. Kommission der Europäischen Gemeinschaften u.a., Seite 2744, Ziffer 25.
533 Ford-Werke AG u.a. ./. Kommission der Europäischen Gemeinschaften u.a., Seite 2749.
534 Siehe oben Kapitel III.B.1.b)(3)(c).
535 Zur weiteren Kritik an der Entscheidung des EuGH in Ford siehe unten Kapitel III.B.1.c)(2)(d).
536 Entscheidung der Kommission vom 14. Dezember 1984, ABl. (EG) 1985, Nr. L 35, Seite 58ff.

Händler. Die Niederlassungen, die Tochtergesellschaften und die unabhängigen nationalen Händler arbeiteten ihrerseits mit unabhängigen örtlichen Einzelhändlern zusammen.[537]

Verursacht durch Wechselkursschwankungen und eine unabhängige Preispolitik in den einzelnen Mitgliedsstaaten kam es zu einem regen Parallelhandel mit Deere-Produkten zwischen den Mitgliedstaaten. Deere versuchte, diesen Parallelhandel auf mehreren Wegen zu unterbinden. Zum einen legte Deere den Verträgen zwischen den Deere-Tochtergesellschaften bzw. den unabhängigen nationalen Händlern und den örtlichen Einzelhändlern allgemeine Verkaufsbedingungen zugrunde. Diese allgemeinen Verkaufsbedingungen sahen teilweise ausdrücklich Exportverbote vor.[538] Zum anderen behandelte Deere alle Verträge so, als bestünden solche Exportverbote. Deere erklärte den Händlern, dass innerhalb des Deere-Vertriebssystems Parallelhandel unerwünscht sei, und weigerte sich, solche Produkte zu liefern, von denen Deere wusste, dass sie für den Export bestimmt waren. Darüber hinaus kündigte Deere den Händlern, die exportierten.[539] Einige Deere-Händler hielten sich an das von Deere verhängte Exportverbot: So beschwerte sich die National Farmers Union aus dem Vereinigten Königreich, dass der belgische nationale Händler von Deere eines ihrer Mitglieder nicht beliefert habe, obwohl dieses Mitglied angeboten hatte, die Ware in Belgien abzuholen und auch in belgischer Währung zu zahlen. Der belgische nationale Deere-Händler begründete diese Lieferverweigerung mit dem von Deere verhängten Exportverbot.[540]

(b) Entscheidung der Kommission

In ihrer Entscheidung vom 14. Dezember 1984 vertrat die Kommission die Ansicht, dass eine nach Artikel 85 Absatz 1 EGV a.F. unzulässige Vereinbarung zur Verhinderung von Parallelimporten vorlag, untersagte das Vorgehen und verhängte eine Geldbuße gegen Deere.

Die Kommission führte aus:

> "Die Vereinbarungen und die für ihre Durchführung erforderlichen aufeinander abgestimmten Verhaltensweisen zielten u.a. darauf ab, den Handel mit Deere-Erzeugnissen durch einen anderen Vertragspartner als Deere außerhalb des Mitgliedstaats, in dem dieser Vertragspartner seinen Sitz hat, zu verhindern. Dies wurde von Deere sowohl im ge-

---

537 Entscheidung der Kommission vom 14. Dezember 1984, a.a.O., Seite 58, Ziffer 1ff.

538 Entscheidung der Kommission vom 14. Dezember 1984, a.a.O., Seite 59ff., Ziffern 10, 16.

539 Entscheidung der Kommission vom 14. Dezember 1984, a.a.O., Seite 61, Ziffer 20.

540 Entscheidung der Kommission vom 14. Dezember 1984, a.a.O., Seite 59, Ziffer 8.

schäftsinternen Schriftwechsel als auch im Schriftwechsel mit ihren nationalen und örtlichen Vertriebshändlern eindeutig erklärt. Es wurde von den nationalen Vertriebshändlern und den örtlichen Händlern zwar nicht immer befolgt, aber dennoch dahingehend verstanden und akzeptiert. Dieses rechtswidrige Ziel wird in manchen Fällen vertraglich und in anderen Fällen durch eine besondere Vereinbarung mit Hilfe von Vergeltungsmaßnahmen oder entsprechenden Drohungen durchgesetzt, falls die Vereinbarung nicht eingehalten wird."[541]

Anschließend legte die Kommission dar, dass diese Vereinbarungen auch den Handel zwischen den Mitgliedsstaaten im Sinne von Artikel 85 Absatz 1 EGV a.F. beeinträchtigten, und stellte dann fest, dass eine Freistellung nach Artikel 85 Absatz 3 EGV a.F. nicht möglich war.[542] Folglich untersagte sie diese Vereinbarungen.[543]

Darüber hinaus verhängte die Kommission eine Geldbuße gegen Deere in Höhe von 2.000.000 ECU. Gegen die beteiligten Händler verhängte die Kommission hingegen keine Geldbußen. Die Kommission führte aus:

"Händler, die Verträge mit einem Exportverbot akzeptieren, machen sich ebenfalls eines Verstoßes schuldig; melden sie die Vereinbarungen nicht an, drohen ihnen Geldbußen. Im vorliegenden Fall aber sind die vertraglichen Exportverbote in vorgedruckten Standardverträgen enthalten. Die Verbote waren nicht auf Betreiben der Händler in die Verträge gekommen und waren ihnen weitgehend nicht bekannt. ..."[544]

(c) Analyse und Bedeutung der Entscheidung

Die Entscheidung der EG-Kommission in Deere liegt auf einer Linie mit ihrer bisherigen Entscheidungspraxis und der des EuGH: Erneut hat die EG-Kommission festgestellt, dass Maßnahmen des Herstellers Teil der laufenden Geschäftsbeziehung sind, auch wenn diese Maßnahmen einseitig vom Hersteller festgesetzt werden. Dabei hat die Kommission wiederum maßgeblich darauf abgestellt, dass die Deere-Händler Kenntnis von dem von Deere verhängten Exportverbot hatten.[545]

Vor diesem Hintergrund erscheint die Begründung, weshalb die EG-Kommission keine Geldbuße gegen die Deere-Händler verhängt, inkonsequent.

541 Entscheidung der Kommission vom 14. Dezember 1984, a.a.O., Seite 62, Ziffer 25.
542 Entscheidung der Kommission vom 14. Dezember 1984, a.a.O., Seite 62f., Ziffer 29f.
543 Entscheidung der Kommission vom 14. Dezember 1984, a.a.O., Seite 64, Artikel 1 der Entscheidung
544 Entscheidung der Kommission vom 14. Dezember 1984, a.a.O., Seite 64, Ziffer 42.
545 Entscheidung der Kommission vom 14. Dezember 1984, a.a.O., Seite 61, Ziffer 20; Seite 62, Ziffer 25.

Bei diesem Punkt stellte sie nämlich auch darauf ab, dass die Händler häufig gerade keine Kenntnis von den Exportverbot-Klauseln in den vorgedruckten Standardverträgen hatten.

(6) Sandoz[546]

(a) Sachlage

Eine italienische Firma des Sandoz-Konzerns, Sandoz Prodotti Farmaceutici SpA (nachfolgend "Sandoz PF"), stellte in Italien die meisten der Arzneimittelspezialitäten und rezeptfreien Arzneimittel des Sandoz-Konzerns her und vertrieb diese. Zum Vertrieb nutzte Sandoz PF ein Netz von Groß- und Einzelhändlern (insbesondere Apotheken).[547]

Ein Händler, der Produkte von Sandoz PF beziehen wollte, musste vor der ersten Lieferung seine finanzielle Lage und seine Vertriebsstruktur darlegen. Anschließend überprüfte und beurteilte Sandoz PF diesen Händler. Aufgrund dieser Überprüfung und Beurteilung legte Sandoz PF die Verkaufsbedingungen fest, gemäß denen sie an den betroffenen Händler lieferte. In der Regel waren sich die Händler über den Inhalt der ihnen gegenüber angewandten Verkaufsbedingungen von Sandoz PF bewusst.[548]

Auf den Rechnungen, die Sandoz PF ihren Kunden schickte, befand sich neben einigen üblichen Verkaufsbedingungen auch der Aufdruck "Ausfuhr verboten".[549] Bei diesem Aufdruck handelte es sich nach Aussage von Sandoz PF um ein reines Versehen.[550] Sandoz PF brachte vor, dass diese Bestimmung aus der Zeit vor der Gründung der Gemeinschaft stammte.[551] Sandoz PF hatte diese Klausel nach eigener Aussage nie durchgesetzt oder dies auch nur versucht.[552] Sofort nach der Beanstandung dieser Klausel durch die EG-Kommission hat Sandoz PF diese Klausel nicht weiter verwendet.[553]

---

546 Entscheidung der Kommission vom 13. Juli 1987, ABl. (EG) 1987, Nr. L. 222, Seite 28.
547 Entscheidung der Kommission vom 13. Juli 1987, a.a.O., Seite 29f., Ziffer 10.
548 Entscheidung der Kommission vom 13. Juli 1987, a.a.O., Seite 30, Ziffer 11f.
549 Entscheidung der Kommission vom 13. Juli 1987, a.a.O., Seite 31, Ziffer 20.
550 Entscheidung der Kommission vom 13. Juli 1987, a.a.O., Ziffer 22f.
551 Entscheidung der Kommission vom 13. Juli 1987, a.a.O., Seite 31, Ziffer 20.
552 Entscheidung der Kommission vom 13. Juli 1987, a.a.O., Seite 33, Ziffer 35.
553 Entscheidung der Kommission vom 13. Juli 1987, a.a.O., Seite 31, Ziffer 21.

(b) Entscheidung der Kommission

In ihrer Entscheidung vom 13. Juli 1987 kam die Kommission zu dem Ergebnis, dass Sandoz PF ihren Händlern ein Exportverbot auferlegt hatte und so gegen Artikel 85 Absatz 1 EGV a.F. verstoßen hat. Die Kommission führte aus:

> "Obwohl zwischen Sandoz PF und seinen Kunden kein allgemeiner schriftlicher Vertrag besteht, muss davon ausgegangen werden, dass die Vereinbarung nach Artikel 85 [a.F.] in der fortwährenden Geschäftsbeziehung besteht, die geschaffen und konkretisiert wird durch sämtliche oben beschriebene Geschäftsgepflogenheiten, die Sandoz PF normalerweise in seinen Beziehungen mit seinen Kunden anwendet und die von diesen zumindest stillschweigend angenommen werden.
>
> Daher kann die Rechnung nicht als Ausdruck einer einseitigen Handlung betrachtet werden, sondern ist Teil einer solchen Vereinbarung, die durch die Rechnung bewiesen wird."[554]

Die Kommission führt weiter aus:

> "Die Tatsache, dass die Rechnungen fortwährend und systematisch verwendet werden, führt zu der Schlussfolgerung, dass die Kunden von Sandoz implizit damit einverstanden waren und sie akzeptierten."[555]

Weiterhin:

> "Somit bildet der Aufdruck "Ausfuhr verboten" auf den von Sandoz PF verwendeten Rechnungen im Hinblick auf Artikel 85 [a.F.] eine Vertragsklausel, die Teil der Vereinbarung ist, auf die Sandoz PF und seine Kunden ihre Transaktionen gründen. Das wird durch die Tatsache bestätigt, dass sich auf der Vorderseite der Rechnungen einige andere für den Kunden wichtige Geschäftsbedingungen befinden. Zwar behauptet Sandoz PF, dass diese Klauseln nichtig sind, oder lediglich dazu dienen, den italienischen gesetzlichen Bestimmungen zu genügen, was jedoch auf ihre Rechtsnatur als Verkaufsbedingungen keine Auswirkung hat."[556]

Die EG-Kommission kam zu dem Ergebnis, dass seitens Sandoz PF ein Verstoß gegen Artikel 85 Absatz 1 EGV a.F. vorlag, der nicht nach Artikel 85 Absatz 3 EGV a.F. freistellungsfähig war.[557] Die EG-Kommission untersagte die Fortführung der beanstandeten Praxis.

---

554 Entscheidung der Kommission vom 13. Juli 1987, a.a.O., Seite 32, Ziffer 25f.
555 Entscheidung der Kommission vom 13. Juli 1987, a.a.O., Ziffer 26.
556 Entscheidung der Kommission vom 13. Juli 1987, a.a.O., Ziffer 27.
557 Entscheidung der Kommission vom 13. Juli 1987, a.a.O., Seite 32, Ziffer 31.

Die EG-Kommission verhängte eine Geldbuße von 800.000 ECU gegen Sandoz PF.[558] Gegen die Kunden von Sandoz PF ging die EG-Kommission nicht vor. Die EG-Kommission legte dar, dass das Ausfuhrverbot im Interesse von Sandoz PF verhängt wurde, und dass Sandoz PF für die Schaffung und Anwendung des Exportverbots verantwortlich war. Die Kommission folgerte daraus, dass die Kunden von Sandoz PF nicht für den Verstoß gegen Artikel 85 EGV a.F. verantwortlich gemacht werden konnten.[559]

(c) Entscheidung des EuGH

Sandoz PF rief den EuGH an und beantragte, die Entscheidung der EG-Kommission aufzuheben. In seinem Urteil vom 11. Januar 1990 bestätigte der Gerichtshof die Entscheidung der Kommission und setzte lediglich das gegen Sandoz PF verhängte Bußgeld auf 500.000 ECU herab.[560]

(d) Analyse und Bedeutung der Entscheidung

Die Entscheidungen bestätigen die ständige Entscheidungspraxis der EG-Kommission und die Rechtsprechung des EuGH.

Die EG-Kommission hat aus der wiederholten Verwendung der Exportverbot-Klausel geschlossen, dass sich die Händler zumindest konkludent mit dem Exportverbot einverstanden erklärt haben. Im Unterschied zu den vorhergehenden Entscheidungen wurde hier jedoch nicht vorgebracht, dass der Hersteller zusätzlichen Druck auf die Händler ausgeübt hat. Auch hat die EG-Kommission nicht vorgebracht, dass die Händler sich an das von Sandoz PF ausgesprochene Exportverbot gehalten hätten. Allein der Umstand, dass Sandoz PF wiederholt ein Exportverbot auf Rechnungen geschrieben hat, reichte aus, um eine koordinierte Verhaltensweise zu begründen.

---

558 Entscheidung der Kommission vom 13. Juli 1987, a.a.O., Seite 34, Artikel 1 bis 3 der Entscheidung.

559 Entscheidung der Kommission vom 13. Juli 1987, a.a.O., Seite 33, Ziffer 33.

560 Sandoz prodotti farmaceutici SpA ./. Kommission der Europäischen Gemeinschaften, Urt. v. 11. Januar 1990, Rs. C 277/87, Slg. 1990 I, Seite 45, 48 (abgekürzte Veröffentlichung).

(7) Gosme/Martell - DMP[561]

(a) Sachlage

Martell et Cie (im folgenden “Martell”), eine Gesellschaft französischen Rechts und einer der größten Cognac-Produzenten der Welt, vertrieb seine Produkte in einigen Mitgliedsstaaten der EU über Alleinvertriebshändler.[562]

In Frankreich und Monaco vertrieb Martell seine Produkte über die Firma Distribution Martell Piper SA (im folgenden “DMP”) aufgrund eines Alleinvertriebsvertrages.[563] DMP war eine fünfzigprozentige Tochterfirma von Martell und trat selbständig am Markt auf. Insbesondere verhandelte DMP seine Verträge ohne Einflussnahme durch Martell aus. Zudem vertrieb DMP nicht nur Martell-Produkte.

Aufgrund erheblicher Preisunterschiede in den Mitgliedsstaaten für Martell-Produkte kam es zu einem umfangreichen Parallelhandel von Martell-Produkten. Die meisten Exporte erfolgten von Frankreich nach Italien. Martell reagierte auf diesen Parallelhandel auf mehrfache Weise. Zum einen bemühte sich Martell, die Quellen der parallelimportierten Produkte zu ermitteln.[564] Zum anderen wies Martell DMP an, die Preise für Martell-Produkte in Frankreich zu erhöhen, um so die Alleinvertriebsrechte der Alleinvertriebshändler in anderen Mitgliedsstaaten vor Parallelimporten zu schützen.[565] Auch DMP versuchte, Parallelimporte zu verhindern. Die von DMP ausgestellten Rechnungen enthielten von 1979 bis 1987 eine Exportverbot-Klausel für die gelieferten Waren.[566] Zudem wurde bei DMP darüber nachgedacht, bei Martell anzuregen, die Flaschen zu kodieren.[567]

Die Firma Vincent Gosme SA (im folgenden “Gosme”) war ein Großhändler, der regelmäßig Waren von DMP bezog. Gosme war Mitglied einer Verkaufszentrale, die mit DMP für ihre Mitglieder bestimmte Verkaufsbedingungen ausgehandelt hatte. Diese Verkaufsbedingungen sahen ein umfangreiches Rabattsystem vor. DMP gewährte Rabatte für die bloße Zugehörigkeit zur Verkaufszentrale, Lagerrabatte, Mengenrabatte, Abholrabatte, allgemeine Werberabatte und Rabatte für eine besonders hervorhebende Werbung für Martell-Produkte im Geschäft. Zudem beteiligte DMP sich an den Kosten, die Mitgliedern der Verkaufszentrale durch die Erstellung von Verkaufskatalogen entstanden. Darüber hinaus

---

561 Entscheidung der Kommission vom 15.5.1991, ABl. (EG) 1991 Nr. L 185, 23.
562 Entscheidung der Kommission vom 15.5.1991, a.a.O., Seite 25.
563 Entscheidung der Kommission vom 15.5.1991, a.a.O., Seite 23ff.
564 Entscheidung der Kommission vom 15.5.1991, a.a.O., Seite 25f.
565 Entscheidung der Kommission vom 15.5.1991, a.a.O., Seite 27.
566 Entscheidung der Kommission vom 15.5.1991, a.a.O., Seite 28, Ziffer 28.
567 Entscheidung der Kommission vom 15.5.1991, a.a.O., Ziffer 27.

gewährte DMP den Mitgliedern der Verkaufszentrale verschiedene Prämien. Die von der Verkaufszentrale mit DMP ausgehandelten Bedingungen lagen allen Bestellungen zugrunde, die die der Verkaufszentrale angeschlossenen Großhändler bei DMP tätigten.[568]

Gosme führte Martell-Cognac gelegentlich nach Italien aus. Nach einer Bestellung von Gosme bei DMP verlangte DMP von Gosme Auskunft über die Bestimmung der Waren. Gosme teilte DMP daraufhin mit, dass die Lieferung für einen EWG-Mitgliedsstaat bestimmt sei. DMP unterrichte Martell anschließend davon und erklärte, dass für die weiteren Lieferungen an Gosme die von der Verkaufszentrale ausgehandelten Bedingungen, insbesondere viele der Rabatte, nicht gewährt werden könnten. Bei den folgenden Lieferungen setzte DMP diese Ankündigung um und verweigerte den automatischen Mitgliedsrabatt sowie den Lager- und den Mengenrabatt.[569]

Gosme beglich die Rechnungen von DMP, die die Rabatte nicht berücksichtigten, nur unter Protest. Die erste Rechnung zahlte Gosme in voller Höhe jedoch unter Vorbehalt aller Rechte; dabei verlangte Gosme von DMP die Gewährung der ausstehenden Rabatte. Die weiteren Rechnungen beglich Gosme durch Eigenwechsel, zog jedoch jeweils den Betrag für die nicht gewährten Rabatte ab. In diesen Fällen stellte Gosme DMP eine Gutschriftanzeige in Höhe des Rabattbetrages aus.[570] Martell wies DMP in einigen Fällen an, diese Gutschriftanzeigen zurückzuweisen.[571]

Aufgrund dieser Vorfälle klagte Gosme vor einem französischen Gericht gegen DMP auf Gewährung der Rabatte. Während des Verfahrens monierte die EG-Kommission das Verhalten von DMP. Daraufhin gewährte DMP Gosme wieder alle Rabatte. Über die in der Vergangenheit nicht gewährten Rabatte schlossen die Parteien einen Vergleich, aufgrund dessen Gosme die Klage zurückzog. DMP verzichtete ihrerseits auf eine Widerklage und zahlte einen Teil der nichtgewährten Rabatte an Gosme. Wegen des Vergleichs kam es nicht mehr zu einer gerichtlichen Klärung, ob das Verhalten von DMP rechtmäßig war. Gosme reichte allerdings Beschwerde bei der EG-Kommission ein.[572]

(b) Entscheidung der Kommission

Die EG-Kommission kam in ihrer Entscheidung vom 15. Mai 1991 zu dem Ergebnis, dass eine Vereinbarung zwischen Martell und DMP zur Aufdeckung und

---

568 Entscheidung der Kommission vom 15.5.1991, a.a.O., Seite 25.
569 Entscheidung der Kommission vom 15.5.1991, a.a.O., Seite 26.
570 Entscheidung der Kommission vom 15.5.1991, a.a.O., Seite 27, Ziffer 21.
571 Entscheidung der Kommission vom 15.5.1991, a.a.O., Seite 27, Ziffer 25.
572 Entscheidung der Kommission vom 15.5.1991, a.a.O., Seite 27.

Verhinderung von Parallelimporten vorlag, an der auch Gosme beteiligt gewesen sei. Die EG-Kommission verhängte Geldbußen gegen Martell und DMP, nicht jedoch gegen Gosme.

Zuerst stellte die Kommission fest, dass Martell und DMP zwei selbständige Unternehmen im Sinne des Artikel 85 Absatz 1 EGV a.F. waren, weil Martell - obwohl sie 50 Prozent der Anteile von DMP hielt - keine ausreichende Kontrolle über DMP hatte. [573]

Anschließend legte die Kommission dar, dass Martell und DMP eine Vereinbarung zur Marktabschottung getroffen hätten. Diese bestand in erster Linie in der Verweigerung von Rabatten für Exportware und der Erhöhung der Preise in Frankreich.[574]

Nach Meinung der EG-Kommission beteiligte sich auch Gosme an dieser Vereinbarung. Die Kommission sah die Beteiligung von Gosme darin, dass Gosme die von DMP ausgestellten Rechnungen bezahlt habe, obwohl DMP die Rabatte nicht berücksichtigt hatte. Die Kommission führte aus:

> "Gosme hat die Rechnungen entweder in voller Höhe bei gleichzeitiger Übersendung einer Rechnung für die verweigerten Rabatte oder durch Eigenwechsel bei gleichzeitiger Ausstellung einer Gutschriftanzeige zugunsten DMP bezahlt. Damit hat Gosme - selbst unter Geltendmachung des Vorbehalts aller Rechte - an der Vereinbarung im Sinne von Artikel 85 Absatz 1 [a.F.] mitgewirkt, auch wenn diese Mitwirkung seinen Interessen zuwiderlaufen scheint."[575]

Zuvor hatte die Kommission schon dargelegt, dass

> "... Gosme [...] die Zahlung der Beträge, die für die nichtgewährten Rabatte geschuldet sind, nicht verweigert [hat], sondern eingeräumt [hat], dass der Rabattanspruch strittig war".[576]

Da die von DMP verweigerten Rabatte - abgesehen von dem Rabatt für die besondere Hervorhebung im Geschäft - keine Gegenleistung für eine Dienstleistung waren, die im Falle des Exports entfiel, stellte die Einigung über die Nichtgewährung nach Ansicht der EG-Kommission einen Widerspruch zu Artikel 85 Absatz 1 EGV a.F. dar.[577]

---

573 Entscheidung der Kommission vom 15.5.1991, a.a.O., Seite 28, Ziffer 30.
574 Entscheidung der Kommission vom 15.5.1991, a.a.O., Seite 28, Ziffer 31.
575 Entscheidung der Kommission vom 15.5.1991, a.a.O., Seite 28, Ziffer 33.
576 Entscheidung der Kommission vom 15.5.1991, a.a.O., Seite 27, Ziffer 21.
577 Entscheidung der Kommission vom 15.5.1991, a.a.O., Seite 28, Ziffer 34.

Darüber hinaus betonte die EG-Kommission mit Hinweis auf die Entscheidung in *Sandoz*[578], dass auch das in den Rechnungen von DMP enthaltene Ausfuhrverbot eine gegen Artikel 85 Absatz 1 EGV a.F. verstoßende Vereinbarung sei, unabhängig davon, ob das Ausfuhrverbot konkret durchgesetzt wurde.[579] Die EG-Kommission stellte zudem fest, dass die Vereinbarungen Auswirkungen auf den Handel zwischen den Mitgliedsstaaten hatten und weder unter die Alleinvertriebsfreistellungsverordnung[580] fielen, noch nach Artikel 85 Absatz 3 EGV a.F. individuell freistellungsfähig waren.

Obwohl die EG-Kommission in der Entscheidungsbegründung zu dem Ergebnis kam, dass sich auch Gosme an der Vereinbarung beteiligt hatte, stellte sie in dem Tenor ihrer Entscheidung lediglich fest, dass Martell und DMP gegen Artikel 85 Absatz 1 EGV a.F. verstoßen hatten; Gosme wurde im Tenor der Entscheidung nicht erwähnt.[581]

Die Kommission verhängte eine Geldbuße von 300.000 ECU gegen Martell und von 50.000 ECU gegen DMP. Gegen Gosme verhängte die Kommission keine Geldbuße. Sie begründete dies damit, dass die Rabattverweigerung auf Initiative von DMP erfolgte und zudem den Interessen von Gosme zuwiderlief.[582]

(c) Analyse und Bedeutung der Entscheidung

Die EG-Kommission kam zu dem Ergebnis, dass Martell und DMP gemeinsam gegen Art. 85 Absatz 1 EGV a.F. verstoßen hatten. Diese Feststellung lässt sich anhand der Umstände des Falles gut begründen.

Von Interesse für die Abgrenzung zwischen einseitigen Maßnahmen und kooperativen Verhaltensweisen ist die Entscheidung vor allem deshalb, weil die EG-Kommission auch Gosme als Partei der Verhaltensabstimmung angesehen hat. Diese Feststellung lässt sich jedoch nur schwer nachvollziehen: Dass der Vertragsbeziehung zwischen DMP und Gosme die Verkaufsbedingungen zugrunde lagen, die ein Exportverbot enthielten, ist aus der Entscheidung der EG-Kommission nicht ersichtlich. Die EG-Kommission hat ihre Entscheidung im Zusammenhang mit Gosme nicht auf die Exportverbot-Klausel gestützt. Es muss daher davon ausgegangen werden, dass das Exportverbot nicht in den Verträgen mit Gosme enthalten war, sondern nachträglich von DMP ausgesprochen wurde.

---

578 Siehe oben Kapitel III.B.1.b)(6), S. 167 f.
579 Entscheidung der Kommission vom 15.5.1991, a.a.O., Seite 29, Ziffer 35.
580 VO (EWG) Nr. 1983/83, ABl. (EG) 1983, Nr. L 173, 1.
581 Entscheidung der Kommission vom 15.5.1991, Seite 30, Artikel 1 der Entscheidung.
582 Entscheidung der Kommission vom 15.5.1991, Seite 30, Ziffer 42ff. und Artikel 1 und 2 der Entscheidung.

Gosme hat DMP auf Nachfrage mitgeteilt, dass er Waren exportierte, ein Exportverbot nicht akzeptiere und sich folglich an ein solches auch nicht halte. Als DMP Gosme anschließend einige Rabatte verweigerte, protestierte Gosme sofort dagegen. Einmal zahlte Gosme zwar den vollen Preis, forderte die nichtgewährten Rabatte jedoch sofort bei DMP ein. Bei den weiteren Lieferungen zog Gosme die Rabatte selbst von den Rechnungsbeträgen ab, obwohl DMP diese Rabatte auf den Rechnungen nicht auswies. Zudem klagte Gosme vor einem Gericht gegen DMP mit dem Ziel, dass DMP Gosme die Rabatte auch für exportierte Waren gewährte. Nach Abschluss des Vergleichs zwischen Gosme und DMP reichte Gosme Beschwerde bei der EG-Kommission ein wegen des Verhaltens von DMP. Wie die EG-Kommission aus diesem Geschehen eine Verhaltensabstimmung zwischen DMP und Gosme herausliest, ist nicht ohne weiteres verständlich.[583]

Alles in allem scheint die EG-Kommission mit ihrer Entscheidung in Martell/DMP - Gosme über das Ziel hinausgeschossen zu sein. Die Entscheidung ist aber im Ergebnis akzeptabel, weil die Kommission nicht gegen Gosme vorgegangen ist, sondern nur gegen Martell und DMP.

Zusammenfassen lässt sich die Begründung der Entscheidung vielleicht wie folgt: In einer laufenden Geschäftsbeziehung kommt es ausschließlich darauf an, wie der Hersteller/Lieferant die Geschäftsbeziehung zu gestalten beabsichtigt. Sobald er diese Absicht dem Händler mitteilt, liegt eine kooperative Verhaltensweise vor. Es kommt nicht darauf an, wie der Händler reagiert und ob er die Geschäftsbeziehung tatsächlich entsprechend der Absicht des Herstellers gestaltet.

(8) Adalat[584]

(a) Sachlage

Die Bayer AG (Deutschland) (im folgenden "Bayer AG") ist ein weltweit führendes Chemieunternehmen, das unter anderem auf dem Arzneimittelsektor erfolgreich ist.[585] Die Bayer AG hat weltweit diverse Tochterfirmen. Adalat ist ein Arzneimittel gegen Bluthochdruck, das von den Unternehmen des Bayer-Konzern hergestellt und vertrieben wird.[586] Adalat hat in seinen Anwendungsbereichen einen hohen Marktanteil ("Marktführer mit starker Identität"[587]) und ist

583 Siehe dazu unten Kapitel III.B.1.c), S. 190 ff.
584 Entscheidung der Kommission vom 10.1.1996, ABl. (EG) 1996 Nr. L 201, 1.
585 Entscheidung der Kommission vom 10.1.1996, a.a.O., Seite 12, Ziffer 37.
586 Entscheidung der Kommission vom 10.1.1996, a.a.O., Seite 4ff., Ziffer 1ff.
587 Entscheidung der Kommission vom 10.1.1996, a.a.O., Seite 8, Ziffer 19.

weltweit eines der wichtigsten pharmazeutischen Erzeugnisse.[588] Adalat war ein Hauptprodukt des Bayer-Konzerns.[589]

Adalat wurde in Spanien von der Quimica Farmaceutica Bayer SA (im folgenden "Bayer Spanien")[590] und in Frankreich von der Bayer Pharma SA (Frankreich) (im folgenden "Bayer Frankreich") hergestellt, verpackt und in den Verkehr gebracht.[591] Die gleichen Funktionen nahm in Großbritannien die Bayer Plc (UK) (im folgenden "Bayer UK") ein. Bayer UK, Bayer Spanien und Bayer Frankreich waren Tochterfirmen der Bayer AG.

Der Vertrieb von Arzneimitteln in Europa erfolgt größtenteils von den Arzneimittelherstellern über Großhändler an Einzelhändler (Apotheken und Drugstores).[592] Der Arzneimittelhandel ist in den einzelnen Mitgliedsländern staatlichen Vorschriften unterworfen.

In Frankreich unterliegen Hersteller von Arzneimittelprodukten keiner gesetzlichen Verpflichtung, Arzneimittelgroßhändler zu beliefern oder den nationalen Markt zu versorgen.[593]

Arzneimittelgroßhändler benötigen in Frankreich eine behördliche Genehmigung. Jedem Großhändler/Verteiler wird Exklusivität in seinem Sektor eingeräumt.[594] Im Gegenzug ist der Großhändler/Verteiler jedoch verpflichtet, einen ausreichenden Arzneimittelbestand zu führen. Diese Anforderungen sind wie folgt präzisiert:

> "Jeder Arzneimittelgroßhandel (...) sowie seine Filialen hat einen ständigen Bestand an Arnzeimittelspezialitäten zu führen, der es ermöglicht, die Lieferung für den monatlichen Verbrauch der Offizin-Apotheken des Sektors zu gewährleisten, den sie bedienen und der zu ihrer normalen Kundschaft gehört.
>
> Dieser Arzneimittelbestand muss eine 'repräsentative Auswahl' von Arnzeimittelspezialitäten darstellen, die zumindest zwei Drittel der Zahl der Formulierungen der tatsächlich vertriebenen Arnzeimittelspezialitäten umfasst und dem Durchschnittswert des Monatsumsatzes des Vorjahres zu entsprechen hat.
>
> Jeder Arzneimittelgroßhandel wie seine Filialen müssen in der Lage sein, die Lieferung jeder Arzneimittelspezialität an jede Offizin-Apotheke, die zu ihrer gewöhnlichen Kundschaft gehört und in ihrem Verteilungssektor liegt, sowie innerhalb von 24 Stunden

---

588 Entscheidung der Kommission vom 10.1.1996, a.a.O., Seite 7, Ziffer 13.
589 Entscheidung der Kommission vom 10.1.1996, a.a.O., Seite 7, Ziffer 13ff., Seite 8, Ziffer 20ff.
590 Entscheidung der Kommission vom 10.1.1996, a.a.O., Seite 5, Ziffer 6.
591 Entscheidung der Kommission vom 10.1.1996, a.a.O., Seite 5, Ziffer 5.
592 Entscheidung der Kommission vom 10.1.1996, a.a.O., Seite 13, Ziffer 38.
593 Entscheidung der Kommission vom 10.1.1996, a.a.O., Seite 14, Ziffer 41f.
594 Entscheidung der Kommission vom 10.1.1996, a.a.O., Seite 14, Ziffer 41.

nach Eingang der Bestellung die Lieferung jeder Arzneimittelspezialität zu gewährleisten, die Teil ihres 'ständig geführten Bestands' ist."[595]

Sofern der Großhändler dieser gesetzlichen Lager- und Lieferverpflichtung nachkommt, ist er nicht daran gehindert, überschüssige Arzneimittel innerhalb des Gemeinsamen Marktes zu vertreiben.

In Spanien ist die Rechtslage ähnlich. Auch hier müssen die Großhändler ständig über einen ausreichenden Bestand an Arzneimittel verfügen, um die Region zu versorgen, in der sie ihre Tätigkeit ausüben. Hersteller sind ebenfalls nicht verpflichtet, Großhändler zu beliefern oder den nationalen Markt zu versorgen.[596]

Die Bayer-Tochtergesellschaften standen in fortlaufenden Geschäftsverbindungen zu den jeweiligen Großhändlern in den Mitgliedsstaaten. Diese Geschäftsverbindungen bestanden zum Teil schon seit Jahrzehnten. Bestellungen der Großhändler wurden in der Regel innerhalb weniger Tage vollständig von den jeweiligen Bayer-Gesellschaften ausgeliefert. Auch Adalat wurde regelmäßig bestellt und im bestellten Umfang geliefert.[597] Dabei gaben die Händler in der Regel an, wenn eine Bestellung für den Export bestimmt war.[598]

Aufgrund hoher Preisunterschiede zwischen den Produkten der Adalat-Reihe in den einzelnen Mitgliedsstaaten der Gemeinschaft kam es verstärkt zu Parallelimporten, von denen insbesondere Großbritannien betroffen war.[599] Aufgrund dieser Situation wurden innerhalb des Bayer-Konzerns Überlegungen angestellt, wie man das Problem der Parallelimporte in den Griff bekommen könnte. Dazu wurden umfassende Statistiken über den Strom der Parallelimporte und insbesondere die Ursprungsländer dieser Importe aufgestellt. Zusätzlich bemühte sich die Bayer AG zusammen mit ihren Tochtergesellschaften, die exportierenden Firmen zu ermitteln.[600] Darüber hinaus erfasste der Bayer-Konzern Daten über den jeweiligen nationalen Adalat-Bedarf.[601]

Sobald ein exportierender Großhändler ermittelt worden war, stoppte oder verzögerte die jeweilige Bayer-Tochterfirma die Lieferungen an diesen. Geliefert wurden nur noch die Mengen, die nach Ansicht von Bayer zur Versorgung des

---

595 Entscheidung der Kommission vom 10.1.1996, a.a.O., Seite 13f., Ziffer 40.
596 Entscheidung der Kommission vom 10.1.1996, a.a.O., Seite 14f., Ziffer 44ff.
597 Entscheidung der Kommission vom 10.1.1996, a.a.O., Seite 15f., Ziffer 47ff.
598 Entscheidung der Kommission vom 10.1.1996, a.a.O., Seite 25, Ziffer 89.
599 Entscheidung der Kommission vom 10.1.1996, a.a.O., Seite 11, Ziffer 35, Seite 16, Ziffer 53.
600 Entscheidung der Kommission vom 10.1.1996, a.a.O., Seite 23ff., Ziffer 78ff.
601 Entscheidung der Kommission vom 10.1.1996, a.a.O., Seite 19ff., Ziffer 65ff.

jeweiligen Vertriebsgebietes bzw. Inlandsmarktes erforderlich waren. Als Grund für die kontingentierten Lieferungen gab Bayer Lieferprobleme an.[602]

Die betroffenen Großhändler erfassten relativ schnell die Motive von Bayer, nämlich die Unterbindung von Parallelimporten. Einige beschwerten sich bei der jeweiligen Bayer-Tochter und pochten auf Lieferung.[603] Dem Argument der Lieferschwierigkeiten traten sie teilweise dadurch entgegen, dass sie langfristige Bedarfsplanungen an Bayer übermittelten, damit Bayer sich darauf einstellen könne.[604] Obwohl das Lieferverlangen der Großhändler immer eindringlicher wurde, erhöhte Bayer die Liefermengen in der Regel nicht.[605]

Daraufhin versuchten die betroffenen Großhändler, die Verwendung ihrer Bestellungen, die für die Ausfuhr gedacht waren, Bayer gegenüber zu verschleiern. Die Bestellungen wurden nicht mehr als für den Export bestimmt gekennzeichnet. Zudem erhöhten die Großhändler die offiziell für den jeweiligen nationalen Markt bestimmten Bestellungen, um so einen höheren nationalen Bedarf vorzutäuschen.[606] Teilweise traten die Großhändler auch an andere Groß- und Einzelhändler heran mit der Bitte, ihre Bestellungen bei Bayer in einem unauffälligen Rahmen zu erhöhen und die Mehrlieferungen an sie weiterzuleiten.[607] Diese Versuche, größere Liefermengen zu erzielen, waren jedoch nur wenig erfolgreich, weil Bayer den Markt sehr genau beobachtete.[608] Die betroffenen Großhändler erlitten teilweise empfindliche Umsatzeinbußen.[609]

Ihren ausländischen Kunden gegenüber gaben die Großhändler unterschiedliche Erklärungen für die Lieferschwierigkeiten ab. Die Erklärungen deuteten jedoch in der Regel auf die Schwierigkeiten mit Bayer hin. So schrieb ein Großhändler an einen Kunden:

> "Ich ... bitte zu entschuldigen, dass ich nicht in der Lage bin, die Bestellungen von ADALAT RETARD für Ihr Unternehmen auszuführen. Der Grund dafür ist, dass der Hersteller dieses Arzneimittels (Bayer) uns die bestellten Mengen nicht liefert, weil sie jeglichen Export dieses Erzeugnisses verhindern wollen und deshalb nur die Menge liefern, die wir ihrer Schätzung nach für den Inlandsmarkt benötigen."[610]

---

602 Entscheidung der Kommission vom 10.1.1996, a.a.O., Seite 23f., Ziffer 78ff.
603 Entscheidung der Kommission vom 10.1.1996, a.a.O., Seite 42f. , Ziffer 142, 146.
604 Entscheidung der Kommission vom 10.1.1996, a.a.O., Seite 26, Ziffer 90, Seite 33, Ziffer 112.
605 Entscheidung der Kommission vom 10.1.1996, a.a.O., Seite 27, Ziffer 94f.
606 Entscheidung der Kommission vom 10.1.1996, a.a.O., Seite 27, Ziffer 96.
607 Entscheidung der Kommission vom 10.1.1996, a.a.O., Seite 36ff., Ziffer 122ff.
608 Entscheidung der Kommission vom 10.1.1996, a.a.O., Seite 37, Ziffer 124.
609 Entscheidung der Kommission vom 10.1.1996, a.a.O., Seite 30, Ziffer 104ff.
610 Entscheidung der Kommission vom 10.1.1996, a.a.O., Seite 36, Ziffer 119.

Teilweise wiesen die Großhändler Bestellungen ausländischer Kunden ab, weil sie wussten, dass sie die bestellten Mengen vor dem Hintergrund der Lieferpolitik von Bayer kaum liefern konnten.[611]

Ein Großhändler, dessen Kontingent selbst für den nationalen Markt nicht ausreichte, drohte Bayer mit einer Klage wegen der Lieferreduzierung durch Bayer. Bayer lieferte anschließend wieder für den Inlandsmarkt ausreichende Mengen von Adalat.[612] Der Großhändler konzentrierte sich fortan nach eigener Angabe auf seinen Inlandsmarkt.[613]

(b) Entscheidung der Kommission

Die Kommission kam zu dem Ergebnis, dass das dargestellte Verhalten des Bayer-Konzerns und der betroffenen Großhändler einen Verstoß gegen Artikel 85 Absatz 1 EGV a.F. darstellte, untersagte dieses Verhalten und verhängte Geldbußen.

Die EG-Kommission betrachtete die Bayer AG und ihre Tochterfirmen als ein einheitliches Unternehmen im Sinne des Artikel 81 EGV.[614] Daher musste sie untersuchen, ob eine Vereinbarung oder Abstimmung zwischen den Unternehmen des Bayer-Konzerns und den Großhändlern vorlag. Die EG-Kommission stellte fest, dass der Bayer-Konzern seinen Großhändlern ein Ausfuhrverbot auferlegt und die Großhändler dieses Ausfuhrverbot akzeptiert hatten.[615]

Zur Begründung verwies die EG-Kommission auf den "Präzedenzfall Sandoz"[616] und legte dar, dass es nach der in diesem Fall aufgestellten Regel ausreichend sei, die Existenz eines Exportverbots festzustellen und anschließend nachzuweisen, dass dieses Exportverbot Teil einer fortlaufenden Geschäftsverbindung zwischen dem Hersteller und seinen Kunden sei.[617]

Im Hinblick auf die Existenz eines Exportverbots legte die EG-Kommission dar, dass die Bayer AG zusammen mit ihren Tochterfirmen Parallelimporte verhindern wollte. Dies erfolgte insbesondere durch die Ermittlung des nationalen Bedarfs der Großhändler, der Feststellung der Exporteure und die anschließende Reduzierung der Lieferungen an diese Exporteure. Nach Ansicht der Kommission drohten die Bayer-Tochterfirmen ihren Großhändlern ständig mit der Reduzierung der Lieferungen im Falle von Exporten und machten diese Drohungen

611 Entscheidung der Kommission vom 10.1.1996, a.a.O., Ziffern 40, 126, 133.
612 Entscheidung der Kommission vom 10.1.1996, a.a.O., Seite 36, Ziffer 121.
613 Entscheidung der Kommission vom 10.1.1996, a.a.O., Seite 40, Ziffer 131.
614 Siehe dazu oben Kapitel I.G.2.
615 Entscheidung der Kommission vom 10.1.1996, a.a.O., Seite 45, Ziffer 156.
616 Siehe oben Kapitel III.B.1.b)(6), S. 167 f.
617 Entscheidung der Kommission vom 10.1.1996, a.a.O., Seite 48, Ziffer 171.

auch wiederholt wahr.[618] Dadurch habe der Bayer-Konzern - so die EG-Kommission - ein Exportverbot ausgesprochen.[619]

Dass dieses Exportverbot Teil der fortlaufenden Geschäftsverbindung war, ergab sich nach Auffassung der Kommission aus den bestellten Mengen, dem systematischen und einheitlichen Exportverbot und der konkludenten Einwilligung der Großhändler in das Exportverbot.[620]

Die Annahme einer konkludenten Einwilligung der Großhändler in das Exportverbot stützte die Kommission vor allem auf die Kenntnis der Großhändler von dem Exportverbot[621] und der Tatsache, dass sie nichts gegen dieses Exportverbot unternahmen. Die Kommission führte aus:

> "Die Kenntnis des Exportverbots seitens der Großhändler war in der Rechtssache Sandoz entscheidend. ... Allein die Tatsache, dass sie angesichts dieses Exportverbots nicht reagiert haben, hat zu dem Schluss geführt, dass sie dieses akzeptierten und dass die für die Existenz einer Vereinbarung erforderlichen Elemente vorhanden waren."[622]

Die Kommission erklärte weiterhin:

> "Im vorliegenden Fall umfasst das Ausfuhrverbot als Teil der fortlaufenden Geschäftsbeziehungen zwischen Bayer Frankreich und Bayer Spanien und deren jeweiligen Großhändlern ein zusätzliches Element zu den Faktoren, die in der Rechtssache Sandoz als relevant festgehalten wurden: Das Verhalten der Großhändler beweist, dass sie nicht nur verstanden haben, dass ein Exportverbot für die gelieferten Waren galt, sondern darüber hinaus, dass sie ihr Verhalten an dieses Verbot anpassen."[623]

Dass die Großhändler ihr Verhalten an das Exportverbot anpassten, schloss die Kommission daraus, dass die Großhändler ihre Bestellungen so gestalteten, dass die jeweilige Bayer-Tochterfirma glauben sollte, die Bestellung wäre für den Inlandsmarkt bestimmt. Damit - so die EG-Kommission - machten die Großhändler "zumindest zum Schein gegenüber Bayer (...) deutlich, dass sie die Bedingung des Exportverbots, das ihr Lieferant im Rahmen ihrer üblichen Handelsbeziehungen festgesetzt hat, akzeptieren."[624]

Die Großhändler gaben keine Bestellungen mehr auf, die deutlich über der ihnen von Bayer zugeteilten "Quote" lagen, um bei Bayer nicht unglaubwürdig zu erscheinen. Vielmehr versuchten die Großhändler, Bayer davon zu überzeu-

618 Entscheidung der Kommission vom 10.1.1996, a.a.O., Seite 48, Ziffer 170.
619 Entscheidung der Kommission vom 10.1.1996, a.a.O., Seite 45ff., Ziffer 156ff.
620 Entscheidung der Kommission vom 10.1.1996, a.a.O., Seite 49, Ziffer 173ff.
621 Entscheidung der Kommission vom 10.1.1996, a.a.O., Seite 49, Ziffer 176ff.
622 Entscheidung der Kommission vom 10.1.1996, a.a.O., Seite 50, Ziffer 180.
623 Entscheidung der Kommission vom 10.1.1996, a.a.O.
624 Entscheidung der Kommission vom 10.1.1996, a.a.O., Seite 50, Ziffer 181.

gen, dass die ihnen für den Inlandsmarkt zugewiesenen Mengen nicht ausreichten, um den Inlandsmarkt zu versorgen. Dies taten die Großhändler, um eine höhere Quote zu erreichen und einen Teil der Lieferungen zu exportieren.[625] Auch daraus schloss die EG-Kommission, dass die Großhändler sich an das Exportverbot anpassten und dieses somit akzeptierten.[626]

Die EG-Kommission kam weiter zu dem Ergebnis, dass diese Vereinbarung des Exportverbots zwischen den Bayer-Tochterfirmen und ihren jeweiligen Großhändlern den Wettbewerb einschränkte und den Handel zwischen den Mitgliedsstaaten spürbar beeinträchtigte. Damit sah die Kommission die Voraussetzungen des Artikel 85 Absatz 1 EGV a.F. als gegeben an.[627] Eine Freistellung nach Artikel 85 Absatz 3 EGV a.F. war weder beantragt, noch lagen deren Voraussetzungen vor.[628] Daher untersagte die EG-Kommission die untersuchten Geschäftspraktiken.

Zudem verhängte die Kommission eine Geldbuße von 3.000.000 ECU gegen die Bayer AG,[629] die für das Verhalten ihrer Tochterfirmen verantwortlich war.[630] Gegen die Großhändler, die nach Ansicht der EG-Kommission an den verbotenen Vereinbarungen beteiligt waren, verhängte die EG-Kommission keine Geldbußen. Die Möglichkeit einer Geldbuße gegen die Großhändler wurde in der Entscheidung der EG-Kommission nicht erwähnt.

Die EG-Kommission stellte in Artikel 1 ihrer Entscheidung fest, dass das den Großhändlern auferlegte Exportverbot einen Verstoß gegen Artikel 81 Absatz 1 EGV "seitens der Bayer AG" darstellte.[631] Ein Verstoß der beteiligten Großhändler wurde im Tenor der Entscheidung nicht festgestellt, obwohl diese notwendige Beteiligte der kooperativen Verhaltensweise waren.

Die Bayer AG hat gegen die Entscheidung Rechtsmittel zum EuGH eingelegt.[632]

---

625 Entscheidung der Kommission vom 10.1.1996, a.a.O., Seite 50, Ziffer 183.

626 Entscheidung der Kommission vom 10.1.1996, a.a.O., Seite 50, Ziffer 184.

627 Entscheidung der Kommission vom 10.1.1996, a.a.O., Seite 51ff., Ziffer 189ff.

628 Entscheidung der Kommission vom 10.1.1996, a.a.O., Seite 55, Ziffer 212.

629 Entscheidung der Kommission vom 10.1.1996, a.a.O., Seite 58, Artikel 2 und 3 der Entscheidung.

630 Entscheidung der Kommission vom 10.1.1996, a.a.O., Seite 56, 58, Ziffer 223ff., 239.

631 Entscheidung der Kommission vom 10.1.1996, a.a.O., Seite 58.

632 Vgl. Charbonnier, Vertikale Absprachen im europäischen und internationalen Kartellrecht, DZWir 1996, 265, 269. Charbonnier ist Chefsyndicus der Bayer AG und nimmt in diesem Artikel Stellung zu der Adalat-Entscheiung der EG-Kommission.

(c) Einstweiliger Rechtsschutz – Entscheidung des EuG

Bayer hat beim EuG einstweiligen Rechtsschutz beantragt. In seiner Entscheidung kam das EuG zu dem Ergebnis, dass Bayers Vorbringen, dass eine einseitige Maßnahme vorlag, nicht offensichtlich haltlos war.[633] Das EuG kündigte an, dass in der Hauptsacheentscheidung im Detail zu prüfen sei, unter welchen Umständen eine Lieferverweigerung eine kooperative Verhaltensweise darstellt.[634]

(d) Analyse und Bedeutung der Entscheidung

Die Entscheidung der EG-Kommission in *Adalat* liegt auf einer Linie mit den bisherigen Entscheidungen der Kommission und des EuGH. Auch hier folgt die Vereinbarung im Sinne des Artikel 85 Ansatz 1 EGV a.F. daraus, dass der Hersteller ein Exportverbot ausspricht und die Händler Kenntnis von diesem Exportverbot haben und es akzeptieren.

Die EG-Kommission hat sich detailliert dazu geäußert, worin die Akzeptanz des Exportverbots durch die Großhändler zu sehen war. Interessant an der Argumentation der EG-Kommission ist, dass die Kommission gerade das Verhalten der Händler, das zur Umgehung des Exportverbots dienen sollte, als Akzeptanz des ausgesprochenen Exportverbots deutete.[635]

Die Entscheidung bestätigt die bisherige Praxis auch dahingehend, dass nur ein Verstoß des Herstellers gegen Artikel 85 Absatz 1 EGV a.F. festgestellt wird. Ein Verstoß durch die Händler wird hingegen im Tenor der Entscheidung nicht festgestellt. Die EG-Kommission verhängte dementsprechend eine Geldbuße nur gegen Bayer, nicht auch gegen die beteiligten Händler.

Die Entscheidung des EuG im einstweiligen Rechtsschutz-Verfahren gibt ebenfalls interessante Aufschlüsse über die Abgrenzung zwischen einseitigen Maßnahmen und kooperativen Verhaltensweisen. Das EuG stellte insbesondere darauf ab, dass nicht eindeutig sei, ob das Verhalten von Bayer ein konkludentes Exportverbot darstellte, das die Händler als solches verstanden und akzeptierten.[636] Das EuG hob die Entscheidung der EG-Kommission teilweise vorläufig

---

633 Bayer AG ./. Kommission der Europäischen Gemeinschaften, Urt. v. 3.6.1996, Rs T-41/96R, Slg 1996, II 381, Ziffer 42.

634 Bayer AG ./. Kommission der Europäischen Gemeinschaften, a.a.O., Ziffer 41.

635 Ähnliche Bedenken äußert auch das EuG in seiner Entscheidung im Verfahren des vorläufigen Rechtsschutzes (siehe Bayer AG ./. Kommission der Europäischen Gemeinschaften, a.a.O., Ziffer 49). Zur weiteren Kritik an der Entscheidung siehe unten Kapitel III.B.1.c)(2), S. 190 ff.

636 Bayer AG ./. Kommission der Europäischen Gemeinschaften, a.a.O., Ziffer 47f.

auf. Auf die Entscheidung des EuG in der Hauptsache wird mit Spannung zu warten sein.

(9) Volkswagen[637]

(a) Sachlage

Die Volkswagen AG (im folgenden "VW"), einer der weltweit führenden Fahrzeughersteller, vertreibt seine Fahrzeuge im Ausland teilweise über Tochterfirmen.[638]

Die Firma Autogerma SpA (nachfolgend "Autogerma"), eine italienische VW-Tochtergesellschaft, war für den Import von VW-Fahrzeugen nach Italien zuständig.[639] Innerhalb Italiens verkaufte Autogerma die VW-Fahrzeuge an die VW-Vertragshändler des VW-Vertriebssystems. Dieses Vertriebssystem sah vor, dass die VW-Vertragshändler zwar überall innerhalb des Gemeinsamen Marktes verkaufen durften, jedoch ein eingegrenztes Verantwortungsgebiet hatten, innerhalb dessen sie ihre Verkäufe intensivieren sollten. Außerhalb dieses Gebietes durften sie keine aktiven Verkäufe tätigen. Auch durften die Vertragshändler nur an Endkunden und dem VW-Vertriebssystem zugehörige Händler verkaufen.

Wegen bestehender Preisunterschiede für VW-Fahrzeuge in den Mitgliedsstaaten kam es verstärkt zu Parallelimporten. Kursverluste der italienischen Währung führten dazu, dass insbesondere Fahrzeuge aus Italien in die übrigen Mitgliedsstaaten und vor allem nach Deutschland re-exportiert wurden.[640] Diese Re-Exporte waren teils Verkäufe an ausländische Endkunden bzw. in deren Auftrag handelnde Vermittler und an ausländische VW-Vertragshändler, teils Verkäufe an ausländische Wiederverkäufer, die nicht Mitglied des VW-Vertriebssystems waren.

Vor dem Hintergrund stark angestiegener Parallelimporte entwickelte VW eine Strategie, um diese Parallelimporte einzudämmen.[641] Die Strategie umfasste mehrere Maßnahmen. Zum einen erhob VW eine Gebühr von 150 DM für die Ausstellung der Herstellerbescheinigung. Diese Herstellerbescheinigung ist notwendig für die Zulassung des Fahrzeugs im Ausland. Dadurch erhöhten sich die

---

637 Entscheidung der Kommission vom 28.1.1998, ABl. (EG) 1998 Nr. L 124, 61.

638 Auf die Darstellung der gleichlaufenden Geschäftspraktiken der Firma Audi, einer Gesellschaft, an der VW 98,99 Prozent hielt, wird im folgenden verzichtet. Die Praktiken von Audi waren ebenfalls Gegenstand der Entscheidung. VW als Muttergesellschaft von Audi war auch für das Verhalten von Audi verantwortlich.

639 Entscheidung der Kommission vom 28.1.1998, a.a.O., Seite 62, Ziffer 5.

640 Entscheidung der Kommission vom 28.1.1998, a.a.O., Seite 63ff., Ziffer 11ff.

641 Entscheidung der Kommission vom 28.1.1998, a.a.O., Seite 65ff., Ziffer 18ff.

Kosten von Parallelimporten, was von VW bezweckt wurde.[642] Das gleiche Ziel wurde mit einer Preiserhöhung auf dem italienischen Markt durch Autogerma SpA verfolgt.[643] Zum anderen wiesen Repräsentanten von Autogerma bei verschiedenen Gelegenheiten und auch durch Rundschreiben die VW-Vertragshändler allgemein aber eindringlich darauf hin, dass es wünschenswert wäre, wenn die Händler die Fahrzeuge innerhalb Italiens und idealerweise innerhalb ihres Verkaufsgebietes verkaufen würden.[644] Dabei verwendete VW bzw. Autogerma eine unklare Terminologie im Hinblick auf die Exporte, die unterlassen werden sollten. Dadurch entstand bei den Händlern eine Verunsicherung darüber, was erlaubt war und was nicht.[645]

Darüber hinaus forderte Autogerma die VW-Händler auf, bei der Auslieferungsrückmeldung Autogerma das jeweilige Zulassungskennzeichen zu melden.[646] Zudem intensivierte Autogerma die Überwachung der einzelnen Händler und berichtete VW regelmäßig über das Exportverhalten der Händler.[647]

VW seinerseits ermittelte die Fahrgestellnummern von den Fahrzeugen, die nach Deutschland re-exportiert wurden, und übermittelte diese Nummern an Autogerma. Anschließend stellte Autogerma anhand der Fahrgestellnummern die exportierenden Händler in Italien fest.[648] Autogerma trat an diese Händler heran und machte sie auf die Schädlichkeit von Exporten aufmerksam. Auch drohte Autogerma einigen Vertragshändlern für den Fall weiterer Exporte mit Kündigung.[649] In einigen Fällen setzte Autogerma diese Drohung um und kündigte Vertragshändlerverträge von exportierenden Händlern.[650] Darüber hinaus forderte Autogerma die Vertragshändler auf, "verdächtigen" ausländischen Kunden beim Verkauf eines Fahrzeugs eine strafbewehrte Verpflichtung abzuverlangen, dass das Fahrzeug innerhalb einer bestimmten Zeit nicht weiterverkauft werde.[651]

VW änderte zudem das Margensystem, in dessen Rahmen den Händlern bestimmte Boni nur gewährt wurden, wenn diese nachweisen konnten, dass die verkauften Fahrzeuge in ihrem jeweiligen Vertragsgebiet zugelassen wurden.[652] Die-

642 Entscheidung der Kommission vom 28.1.1998, a.a.O., Seite 67, Ziffer 27.
643 Entscheidung der Kommission vom 28.1.1998, a.a.O., Seite 66, Ziffer 22.
644 Entscheidung der Kommission vom 28.1.1998, a.a.O., Seite 66, Ziffer 22; Seite 70, Ziffer 53ff.
645 Entscheidung der Kommission vom 28.1.1998, a.a.O., Seite 71, Ziffer 60.
646 Entscheidung der Kommission vom 28.1.1998, a.a.O., Seite 68, Ziffer 40.
647 Entscheidung der Kommission vom 28.1.1998, a.a.O., Seite 69, Ziffer 41.
648 Entscheidung der Kommission vom 28.1.1998, a.a.O., Seite 67, Ziffer 28.
649 Entscheidung der Kommission vom 28.1.1998, a.a.O., Seite 93, Ziffer 220.
650 Entscheidung der Kommission vom 28.1.1998, a.a.O., Seite 66, Ziffer 22f.
651 Entscheidung der Kommission vom 28.1.1998, a.a.O., Seite 66, Ziffer 22; Seite 74, Ziffer 98.
652 Entscheidung der Kommission vom 28.1.1998, a.a.O., Seite 66, Ziffer 22.

ses neue Margensystem ("Splitmargensystem") wurde in Form einer Zusatzvereinbarung in die italienischen Händlerverträge aufgenommen.[653]

Aufgrund all dieser Maßnahmen verpflichteten sich einige Händler gegenüber Autogerma ausdrücklich, von Verkäufen außerhalb des Vertragsgebietes abzusehen. Andere Händler trafen entsprechende Maßnahmen, um solche Verkäufe zu verhindern.[654] Viele Händler weigerten sich gegenüber Kunden aus Deutschland und Österreich, VW-Fahrzeuge an sie zu verkaufen.[655]

(b) Entscheidung der Kommission

In ihrer Entscheidung vom 28. Januar 1998 stellte die EG-Kommission fest, dass VW gegen Artikel 85 EGV a.F. verstoßen habe, und verhängte eine empfindliche Geldbuße.

Im Hinblick auf das Vorliegen einer nach Artikel 85 Absatz 1 EGV a.F. notwendigen Vereinbarung oder Verhaltensabstimmung stellte die EG-Kommission fest, dass VW bzw. Autogerma ihren Händlern konkludent ein Exportverbot auferlegt hatten, welches von den Händlern akzeptiert wurde. Das Exportverbot ergab sich nach Ansicht der Kommission aus den oben dargestellten Maßnahmen, durch die die Exporte unterbunden werden sollten. Insbesondere die Ermahnungen der Händler, nicht zu exportieren, und die sich teilweise anschließenden Strafmaßnahmen bei Verstößen sah die EG-Kommission als klares Indiz für ein Exportverbot an.[656]

Die Akzeptanz des Exportverbots durch die Händler - sofern dies nicht sogar ausdrücklich geschehen ist - sah die EG-Kommission vor allem in folgenden Umständen:

- Vertragshändler wiesen ihre Unterhändler an, VW-Fahrzeuge nicht ins Ausland zu verkaufen;
- Vertragshändler kündigten solchen Mitarbeitern, die VW-Fahrzeuge ins Ausland verkauft hatten;
- Vertragshändler baten Autogerma um Genehmigung, bevor sie VW-Fahrzeuge ins Ausland verkauften;
- Vertragshändler lehnten Verkäufe an Kunden mit Wohnsitz im Ausland ab oder legten ihnen zumindest nahe, vom Kauf abzusehen, weil mit Lieferzeiten von über einem Jahr zu rechnen sei;

653 Entscheidung der Kommission vom 28.1.1998, a.a.O., Seite 72, Ziffer 70, 75.
654 Entscheidung der Kommission vom 28.1.1998, a.a.O., Seite 75, Ziffer 103.
655 Entscheidung der Kommission vom 28.1.1998, a.a.O., Seite 75, Ziffer 104ff.
656 Entscheidung der Kommission vom 28.1.1998, a.a.O., Seite 76f., Ziffer 111ff.

- Vertragshändler verlangten den Kunden die von Autogerma geforderte Verpflichtungserklärung ab;
- Vertragshändler akzeptierten das neue Bonus- und Margensystem, nach dem bestimmte Boni nicht für Auslandsverkäufe gewährt werden.[657]

Die Kommission schlussfolgerte:

> "Die von Volkswagen [...] und Autogerma ergriffenen Maßnahmen zur Verhinderung bzw. Behinderung von Parallelexporten sind keine einseitigen Handlungen, die sich dem Verbot des Artikel 85 Absatz 1 [a.F.] entziehen, sondern fügen sich in die vertraglichen Beziehungen ein, die die Hersteller über Autogerma mit den Händlern ihres selektiven Händlernetzes haben, weil sie im gegenseitigen Einverständnis zur praktischen Ausgestaltung des Händlervertrages vorgenommen wurden. Der EuGH hat bereits in der Rechtssache 107/82, AEG/Kommission [...], festgestellt, dass es die Aufnahme eines Händlers in das selektive Vertriebsnetz mit sich bringt, dass dieser die vom Hersteller verfolgte Politik ausdrücklich oder stillschweigend akzeptiert."[658]

Die Kommission führte weiter aus:

> "Es ist unbeachtlich, ob die Vertragshändler das Exportverbot bzw. die Exportbeschränkung aufgrund des vom Hersteller ausgeübten Drucks befolgen. Die Kommission hat in ihrer Entscheidung 82/367/EWG (Hasselblad) [...] ausgeführt, dass es für eine abgestimmte Verhaltensweise ausreicht, '[...] wenn ein Unternehmen wissentlich und autonom sein Verhalten den Wünschen eines anderen Unternehmens anpaßt; auf die Beweggründe oder das Bewusstsein der Rechtswidrigkeit kommt es hierfür nicht an'."[659]

Nachdem die EG-Kommission eine Vereinbarung im Sinne von Artikel 85 Absatz 1 EGV a.F. angenommen hatte, stellte sie fest, dass auch alle anderen Erfordernisse des Artikel 85 Absatz 1 EGV a.F. erfüllt waren.[660]

Anschließend untersuchte die EG-Kommission, ob das VW-Vertriebssystem gemäß Artikel 85 Absatz 3 EGV a.F. freigestellt werden konnte. Die EG-Kommission stellte fest, dass das VW-Vertriebssystem wegen des generellen Exportverbots nicht unter die Kfz-Gruppenfreistellungsverordnung fiel.[661] Auch eine Einzelfreistellung nach Artikel 85 Absatz 3 EGV a.F. kam nach Ansicht der Kommission nicht in Betracht, weil die Vereinbarung weder bei der Kommission

---

657 Entscheidung der Kommission vom 28.1.1998, a.a.O., Seite 79, Ziffer 127.

658 Entscheidung der Kommission vom 28.1.1998, a.a.O., Seite 79, Ziffer 128.

659 Entscheidung der Kommission vom 28.1.1998, a.a.O., Seite 80, Ziffer 129.

660 Entscheidung der Kommission vom 28.1.1998, a.a.O., Seite 84, Ziffer 151ff.; Seite 80ff., Ziffer 130ff.

661 Entscheidung der Kommission vom 28.1.1998, a.a.O., Seite 84ff., Ziffer 154ff.

angemeldet worden war, noch die Voraussetzungen einer Freistellung gemäß Artikel 85 Absatz 3 EGV a.F. vorlagen.[662]

Die EG-Kommission richtete ihre Entscheidung an VW als verantwortliche Muttergesellschaft.[663] Die Kommission stellte einen Verstoß gegen Artikel 85 Absatz 1 EGV a.F. durch VW und Autogerma fest[664] und untersagte die Fortführung der beanstandeten Geschäftspraktiken.[665] Darüber hinaus verhängte die EG-Kommission gegen VW eine Geldbuße in Höhe von 102 Mio. ECU.[666]

Gegen die VW-Händler ging die Kommission nicht vor. Die EG-Kommission führte aus:

> "Die italienischen Vertragshändler als Beteiligte der Vereinbarung [...] sind Opfer der durch ihre Vertragspartner eingeführten restriktiven Politik, der sie auf Druck zugestimmt haben. Die Händler haben nicht aktiv mitgewirkt."[667]

(c) Entscheidung des EuG

In seinem Urteil vom 6. Juni 2000 hat das EuG die Entscheidung der EG-Kommission im wesentlichen bestätigt.[668] Das EuG hob die Entscheidung der EG-Kommission nur insoweit auf, als mit ihr festgestellt wurde, dass das Splitmargensystem und die Kündigung einiger Händlerverträge als Sanktion Maßnahmen darstellten, die ergriffen wurden, um Reexporte von VW-Fahrzeugen durch Endverbraucher und VW-Vertragshändler aus anderen Mitgliedstaaten zu behindern und dass die Zuwiderhandlung in der Zeit vom 1. Oktober bis zum Erlass der Entscheidung nicht vollständig beendet war. Das EuG reduzierte die Geldbuße gegen VW auf EUR 90.000.000.

---

662 Entscheidung der Kommission vom 28.1.1998, a.a.O., Seite 89f., Ziffer 188f.

663 Entscheidung der Kommission vom 28.1.1998, a.a.O., Seite 92, Ziffer 205.

664 Entscheidung der Kommission vom 28.1.1998, a.a.O., Seite 94, Artikel 1 der Entscheidung.

665 Entscheidung der Kommission vom 28.1.1998, a.a.O., Seite 94, Artikel 2 der Entscheidung.

666 Entscheidung der Kommission vom 28.1.1998, a.a.O., Seite 94, Artikel 3 der Entscheidung; VW beabsichtigte, Rechtsmittel gegen die Geldbuße einzulegen; vgl. Creutzig, Zum Fortbestand des selektiven und exklusiven Vertriebssystems nach der Kartellentscheidung der Kommission, EuZW 1998, 293, 294.

667 Entscheidung der Kommission vom 28.1.1998, a.a.O., Seite 92, Ziffer 208.

668 Volkswagen AG ./. Kommission der Europäischen Gemeinschaften, Rs. T-62/98, Entscheidung vom 6. Juni 2000, veröffentlicht im Internet unter http://www.jura.uni-sb.de/urheberrecht/entscheidungen/.

(d) Analyse und Bedeutung der Entscheidung

Die Entscheidung der EG-Kommission stimmt in der Argumentation überein mit ihren vorhergehenden Entscheidungen und den Urteilen des EuGH zur Abgrenzung zwischen einseitigen Maßnahmen und kooperativen Verhaltensweisen. Hinsichtlich dieser Abgrenzung bringt weder die Entscheidung der EG-Kommission noch des EuG wenig neues. Beachtlich ist jedoch die Höhe des verhängten Bußgeldes.

c) Analyse der wichtigsten Entscheidungen der EG-Kommission und des EuGH zur Abgrenzung zwischen einseitigen Maßnahmen und kooperativen Verhaltensweisen im Bereich der vertikalen Wettbewerbsbeschränkungen

(1) Grundsätzliche Feststellungen

Die Ziele, die mit dem Kartellrecht verfolgt werden, sind von wesentlicher Bedeutung für seine Auslegung und Anwendung durch den EuGH und die EG-Kommission.[669] Das Verständnis und die Durchsetzung der europarechtlichen Kartellrechtsvorschriften durch die EG-Kommission und den EuGH ist geprägt von dem Gebot des Artikel 3 EGV a.F., einen gemeinsamen Markt zu schaffen und die Integration zwischen den Mitgliedsstaaten zu fördern. Zwar spielen neben dem Ziel der Förderung des Gemeinsamen Marktes als weitere Ziele der EG-Wettbewerbsregeln der Verbraucherschutz und die Verteilung von Ressourcen eine bedeutende Rolle.[670] Es entpuppt sich jedoch schnell, dass Parallelimporte die "heilige Kuh" im Bereich der europäischen Regelungen gegen verbotenen Wettbewerb sind. Dies ist konsequent, wenn man die Förderung des Gemeinsamen Marktes als oberstes Ziel des EG-Kartellrechts sieht. Insbesondere die EG-Kommission geht daher mit großem Engagement gegen Unternehmen vor, die Parallelimporte verhindern und so eine Abschottung der nationalen Märkte bewirken. Dabei sieht die EG-Kommission die Behinderung von Parallelimporten regelmäßig als schweren Verstoß gegen die Wettbewerbsordnung an, den sie mit empfindlichen Geldbußen ahndet.[671]

---

669 So fragt auch Generalanwalt Lenz in seinen Ausführungen in Viho nach dem Sinn und Zweck des Artikel 81, um festzustellen, ob ein bestimmtes Verhalten unter diese Norm fallen soll; vgl. Viho Europe BV ./. Kommission der Europäischen Gemeinschaften, a.a.O., Seite 5475, Ziffer 60.

670 Siehe dazu oben Kapitel I.E.2.

671 Siehe zum Bespiel oben Kapitel III.B.1.b)(9), S. 182 f.

Wirtschaftliche Erwägungen spielten im Kartellrecht in der EU in der Vergangenheit keine so gewichtige Rolle wie in den USA.[672] Erst seit Kurzem finden wirtschaftliche Erwägungen zunehmend mehr Beachtung im europäischen Kartellrecht. Maßnahmen, die Parallelimporte behindern, lassen sich jedoch in der Regel nicht durch wirtschaftliche Argumente rechtfertigen.[673] Dies liegt daran, dass - wie bereits festgestellt - die EG-Kommission und der EuGH im Rahmen des Kartellrechts das Integrationsziel als oberstes Gebot verfolgen.[674] Die Förderung dieses Integrationszieles macht sich auch bei der Abgrenzung zwischen einseitigen Maßnahmen und kooperativen Verhaltensweisen bemerkbar.[675]

(2) Die Abgrenzung zwischen einseitigen Maßnahmen und kooperativen Verhaltensweisen nach der Entscheidungspraxis des EuGH und der EG-Kommission

(a) Bedeutung der Abgrenzung in der Theorie

Die Abgrenzung zwischen einseitigen Maßnahmen und kooperativen Verhaltensweisen ist vom dogmatischen Ansatz grundlegend für die Beurteilung der Zulässigkeit von kartellrechtlich relevanten Maßnahmen. Dies ergibt sich aus der Systematik von Artikel 81 und 82 EGV. Einseitige Maßnahmen können nur unter Artikel 82 EGV beanstandet werden, kooperative Verhaltensweisen fallen unter Artikel 81 EGV.

Falls festgestellt wird, dass eine bestimmte Verhaltensweise kooperativ im Sinne des Artikel 81 EGV ist, bedeutet dies - anders als im Bereich der *per se*-Verbote unter Section 1 Sherman Act – jedoch nicht, dass diese Verhaltensweise automatisch kartellrechtswidrig ist. Maßnahmen, die unter Artikel 81 Absatz 1 EGV fallen, können gemäß Artikel 81 Absatz 3 EGV freigestellt werden, wenn dessen Voraussetzungen vorliegen. Daher spielt die Frage, ob eine einseitige Maßnahme oder eine kooperative Verhaltensweise vorliegt, in der Theorie zwar eine wichtige, aber nicht zwangsläufig eine vorentscheidende Rolle.

---

672 Wirtschaftliche Erwägungen wurden zwar im Rahmen des Artikel 81 Abs. 3 EGV berücksichtigt. Solch eine entscheidende Rolle wie in den USA spielten die ökonomischen Auswirkungen von Wettbewerbsbeschränkungen jedoch bisher nicht; siehe dazu oben Kapitel II.B.3.a).

673 So auch Overton, Substantive Distinctions between United States Antitrust Law and the Competition Policy of the European Community: A Comparative Analysis of Divergent Policies, 13 Houston Journal of International Law 315, 323f. (1991).

674 So auch Amato, Antitrust and the Bounds of Power, Seite 47f.

675 Siehe dazu nachfolgend Kapitel III.B.1.c)(2), S. 188 ff.

(b) *Bedeutung der Abgrenzung in der Praxis*

Obwohl die Unterscheidung zwischen einseitigen Maßnahmen und kooperativen Verhaltensweisen von großer Bedeutung sein sollte, haben sich weder der EuGH noch die EG-Kommission bisher im Detail mit dieser Problematik auseinandergesetzt. Anhand der bisherigen Entscheidungen der EG-Kommission und des EuGH lässt sich erkennen, dass die Abgrenzung für die Kartellrechtspraxis keine wesentliche Rolle gespielt hat. Im Zweifel hatten EuGH und EG-Kommission bisher wenig Schwierigkeiten, eine kooperative Verhaltensweise festzustellen.[676]

(c) *Entscheidungspraxis von EuGH und EG-Kommission*

(i) *Eindeutige Fälle*

Wenn man die Entscheidungen der EG-Kommission und des EuGH analysiert, fällt es schwer, eine dogmatisch klare Linie zwischen einseitigen Maßnahmen und kooperativen Verhaltensweisen zu ziehen. Zwei Fallkonstellationen, in denen eine Einordnung relativ leicht fällt, lassen sich ausmachen:

Eine kooperative Verhaltensweise liegt vor, wenn die Parteien eindeutige und ausdrückliche vertragliche Regelungen treffen, insbesondere wenn sich die Parteien vertraglich auf ein bestimmtes Verhalten einigen. Dabei kommt es nicht darauf an, ob die vertragliche Regelung zivilrechtlich wirksam ist oder ob sich die an ihr beteiligten Parteien lediglich faktisch an sie halten.[677]

Eine einseitige Maßnahme liegt hingegen vor, wenn ein Hersteller autonom entscheidet, einen bestimmten Händler nicht zu beliefern und über diese bloße Nichtbelieferung keinerlei weitere Maßnahmen gegenüber diesem Händler oder Dritten ergreift.

(ii) *Zweifelsfälle*

Irgendwo zwischen diesen beiden Fällen liegt die Linie, bei deren Überschreiten nach Ansicht des EuGH und der EG-Kommission eine einseitige Maßnahme zu einer kooperativen Verhaltensweise umschlägt. Dabei zeichnet sich in der Entscheidungspraxis der EG-Kommission und des EuGH recht deutlich ab, wo diese Linie zu ziehen ist.

---

676 Dies mag sich in Zukunft ändern; siehe dazu die Hinweise des EuG in der Entscheidung über den Antrag der Bayer AG auf einstweiligen Rechtsschutz oben Kapitel III.B.1.b)(8), S. 181.

677 Siehe dazu oben Kapitel I.B.2.a).

Der EuGH und die EG-Kommission haben keine Bedenken, Maßnahmen des Herstellers im Rahmen von Vertriebssystemen als Vereinbarung oder Kooperation im Sinne von Artikel 81 Absatz 1 EGV zwischen dem Hersteller und den Händlern seines Vertriebssystems einzustufen.[678] Beide stellen in ihren Entscheidungen maßgeblich auf die Kenntnis der Händler von der Vertriebspolitik und den Zielen des Herstellers ab. Sofern sich die Händler in Kenntnis dieser Umstände der Vertriebspolitik des Herstellers beugen, liegt eine kooperative Verhaltensweise im Sinne von Artikel 81 Absatz 1 EGV vor. Die Kommission und der EuGH gehen aber noch deutlich weiter:

- Selbst wenn die Händler gegen die Vertriebspolitik des Herstellers protestieren, sieht insbesondere die EG-Kommission trotzdem häufig eine kooperative Verhaltensweise als gegeben an; dies unabhängig davon, ob die Händler sich den Bedingungen des Herstellers unter Protest fügen[679] oder ob sie gegen diese Bedingungen protestieren und versuchen, sie zu umgehen.[680]
- Auch wenn die Händler gegen die Bedingungen protestieren, diese ignorieren und ihr Handeln nicht weiter von den Bedingungen des Herstellers beeinflussen lassen, können sie nicht sicher sein, dass sie nicht als Teil einer rechtswidrigen kooperativen Verhaltensweise eingestuft werden.[681]
- Bei laufenden Geschäftsbeziehungen zwischen einem Hersteller und seinen Händlern innerhalb eines bestehenden Vertriebssystems gehen der EuGH und die EG-Kommission davon aus, dass praktisch alle Maßnahmen, die der Hersteller trifft, Teil der bestehenden Vertragsbeziehungen sind.

Es gibt zwar theoretisch Fälle, in denen die Abgrenzung von einseitigen Maßnahmen und kooperativen Verhaltensweisen zweifelhaft ist. Betrachtet man jedoch die Entscheidungspraxis der EG-Kommission und des EuGH, stellt man fest, dass zumindest bei laufenden Geschäftsbeziehungen zwischen Hersteller und Händler kaum Handlungen denkbar sind, die nach dieser Entscheidungspraxis einseitige Maßnahmen darstellen.

(d) Analyse der Entscheidungspraxis des EuGH und der EG-Kommission

Weder der EuGH noch die EG-Kommission haben bisher grundlegend erörtert, warum alle Maßnahmen des Herstellers im Rahmen von laufenden Geschäftsbeziehungen kooperative Maßnahmen darstellen.

---

678 Ebel betont ebenfalls die Gefahr einer ausufernden Entscheidungspraxis, die von einer weitreichenden Definition des Begriffs "abgestimmte Verhaltensweise" ausgeht; vgl. Ebel, Kartellrecht, GWB und EG-Vertrag, Artikel 85 Rdnr. 318.

679 Siehe oben Kapitel III.B.1.b)(4), S. 159 ff.

680 Siehe oben Kapitel III.B.1.b)(8), S. 174 ff.

681 Siehe oben Kapitel III.B.1.b)(7), S. 170 ff.

(i) Dogmatischer Ansatz

Es entsteht der Eindruck, dass die Entscheidungen des EuGH und der EG-Kommission vor dem Hintergrund zu sehen sind, dass Maßnahmen, die sich negativ auf den Parallelhandel zwischen den Mitgliedsstaaten auswirken, unterbunden werden sollen. Eine befriedigende dogmatische Begründung, weshalb Maßnahmen des Herstellers regelmäßig Teil der laufenden Lieferbeziehung sein sollen, bietet weder der EuGH noch die EG-Kommission.

(a) Vertragliche Regelungen

Fälle, in denen eine vertragliche Regelung zwischen den Beteiligten besteht, stellen kooperative Verhaltensweisen dar. Dies gilt unabhängig davon, ob die vertraglichen Regelungen wirksam sind, oder sich die Parteien an die Regelungen halten.[682] Enthalten zum Beispiel allgemeine Geschäftsbedingungen bestimmte Klauseln, sind diese Grundlage der Vereinbarung zwischen Hersteller und Händler und fallen daher unter Artikel 81 Absatz 1 EGV.[683] Dieser Standpunkt der EG-Kommission und des EuGH läßt sich aus dogmatischer Sicht gut begründen.

(b) Begleitende Maßnahmen

Die Annahme der EG-Kommission und des EuGH, dass Maßnahmen, die ein Hersteller begleitend zu Lieferverträgen durchführt, kooperativen Charakter haben, lässt sich in der pauschalen Anwendung durch den EuGH und die EG-Kommission nicht immer nachvollziehen.[684]

Nach Ansicht der EG-Kommission und des EuGH liegt eine kooperative Verhaltensweise unabhängig davon vor, ob sich Hersteller und Händler auf bestimmte Maßnahmen einigen oder ob der Hersteller diese Maßnahmen einseitig festsetzt. Allein die Tatsache, dass eine Vereinbarung zwischen Hersteller und Händler über die Lieferung von Waren vorliegt, birgt die Gefahr in sich, dass jede weitere Maßnahme im Rahmen dieser Vereinbarung als kooperative Verhaltensweise zwischen Hersteller und Händler angesehen wird.[685]

---

682 Siehe dazu oben Kapitel I.B.2.a).

683 Siehe dazu oben Kapitel III.B.1.b)(6), S. 167f.

684 Kritisch auch Gleiss/Hirsch, Kommentar zum EG-Kartellrecht, Art. 85(1) Rdnr. 91 (ohne nähere Begründung).

685 Diese Feststellung treffen auch Gleiss/Hirsch, Kommentar zum EG-Kartellrecht, Art. 85(1) Rdnr. 1024.

Dieser Ansatz des EuGH und der EG-Kommission ist zutreffend in den Fällen, in denen die Händler sich an die Vertriebspolitik des Herstellers autonom anpassen. Auf wessen Betreiben hin eine Vereinbarung im Sinne des Artikel 81 Absatz 1 EGV zustande kommt, ist unerheblich. Ohne Belang ist auch, ob die Parteien ähnliche Interessen verfolgen.

(i) Anpassen an die Herstellerwünsche: Gosme – Martell/DMP und Adalat

Die entscheidende Frage ist, ob die Händler die Vertriebspolitik des Herstellers beachten.[686] Die EG-Kommission schießt bei der Frage, ob die Händler tatsächlich die Vertriebspolitik des Herstellers beachten, gelegentlich über das Ziel hinaus. Der Fall, in dem dies am deutlichsten wird, ist die Entscheidung der EG-Kommission in Gosme-Martell/DMP.[687]

Wie die Kommission aus dem Geschehen in Gosme – Martell/DMP eine Verhaltensabstimmung zwischen DMP und Gosme herauslesen konnte, ist nicht verständlich. Eine ausdrückliche Einigung zwischen DMP und Gosme lag nicht vor. Auch eine konkludente Einigung war an sich nicht ersichtlich.

Nach der Entscheidungspraxis der EG-Kommission und des EuGH reicht es aus, dass sich die Händler darüber bewusst sind, was der Hersteller verlangt, und sich die Händler diesem Herstellerverlangen beugen. Dass Gosme Kenntnis davon hatte, was DMP bezweckte, kann aufgrund der Umstände des Falles unterstellt werden. Allerdings hat sich Gosme zu keinem Zeitpunkt dem Verlangen von DMP gebeugt. Vielmehr hat Gosme sofort gegenüber DMP protestiert und anschließend das Ansinnen von DMP ignoriert. Darüber hinaus hat Gosme den Rechtsweg beschritten, um sich gegen die Behandlung von DMP zur Wehr zu setzen. Nach Ansicht der EG-Kommission reicht all dies jedoch nicht aus, um ei-

---

686 Dies ist ein Gedanke, den auch der US-Supreme Court in *Albrecht* äusserte (siehe oben Kapitel II.B.2.j)(2)).

687 Siehe oben Kapitel III.B.1.b)(7). Die betroffenen Unternehmen in Gosme-Martell/DMP haben keine Rechtsmittel gegen die Entscheidung der EG-Kommission eingelegt. Dies ist aus Sicht der Unternehmen verständlich. Daß Martell und DMP ihr Verhalten abgestimmt haben und dieses kooperative Verhalten zur Behinderung von Parallelimporten dienen sollte, ergibt sich klar aus dem Sachverhalt. Ein Rechtsmittel dieser beiden Unternehmen hätte daher schon aus diesem Grund wenig Aussicht auf Erfolg gehabt. Gosme hingegen hatte keinen Grund, Rechtsmittel einzulegen, da die Entscheidung letztlich in Gosmes Interesse war. Daß die Kommission zu dem Ergebnis kam, daß Gosme trotz seines Verhaltens an der illegalen Absprache beteiligt war, hatte für Gosme keine negativen Folgen, weil die EG-Kommission keine Geldbuße gegen Gosme verhängte. Ob der EuGH der Ansicht der Kommission, daß sich Gosme trotz allen Protestes an der Absprache von Martell und DMP beteiligt hat, gefolgt wäre, bleibt daher offen.

ne kooperative Verhaltensweise zwischen DMP und Gosme zu verneinen. Gosme habe sich nicht kategorisch gegen die Nichtgewährung der Rabatte durch DMP gewährt, sondern lediglich eingeräumt, dass die Gewährung der Rabatte strittig sei.[688] Darin sei die Mitwirkung an einer Vereinbarung im Sinne des Artikel 85 Absatz 1 EGV a.F. zu sehen.

Wenn man diese Argumentation der EG-Kommission betrachtet, stellt sich die Frage, wie sich Gosme hätte verhalten müssen, um nicht an einer Vereinbarung im Sinne des Artikel 85 Absatz 1 EGV a.F. beteiligt zu sein. Eine sichere Aussage lässt sich dazu kaum treffen.

Ein weiterer Aspekt, der bisher nicht hinterfragt wurde, ist, ob sich die Händler tatsächlich an die Herstellerwünsche "anpassen", wenn dieses Anpassen durch den Hersteller erzwungen wird. Wenn ein Händler die Möglichkeit hat, Waren zu exportieren, dies aber wegen eines vom Hersteller verhängten Exportverbots nicht tut, liegt ein Anpassen und damit eine kooperative Verhaltensweise vor; dabei kommt es nach zutreffender Ansicht der EG-Kommission nicht darauf an, ob sich der Händler widerwillig dem Druck des Herstellers beugt oder nicht.

Was aber, wenn der Händler nicht exportiert, weil er gar nicht die Möglichkeit dazu hat? Zu denken ist an jenen Fall: Ein Hersteller beliefert einen Händler gar nicht. Dieser Händler kann daher keine Waren des betreffenden Herstellers exportieren. Trotzdem liegt zwischen diesem Händler und dem Hersteller keine kooperative Verhaltensweise vor (solange nicht weitere Umstände hinzukommen). Was nun in folgender Konstellation: Ein Händler ist gesetzlich verpflichtet, eine bestimmte Menge eines Produktes zu lagern. Der Hersteller dieses Produkts liefert dem Händler genau die Menge, die dieser lagern muss; darüber hinaus liefert der Hersteller dem Händler keine Waren.[689] Auch hier ist der Händler – diesmal nicht tatsächlich, sondern aufgrund gesetzlicher Verpflichtung – gar nicht in der Lage, die fraglichen Waren zu exportieren. Der Händler passt sich nicht dem Hersteller an, sondern kommt seiner gesetzlichen Verpflichtung nach. In diesem Verhalten ohne Diskussion ein Anpassen des Händlers an die Herstellerwünsche anzunehmen, erscheint zumindest fragwürdig.

(ii) Ford im Lichte von Viho

Auch die Argumentation des EuGH in *Ford*[690] ist nicht ohne Zweifel. Dort führte der EuGH aus, dass die Geschäftsbeziehungen zwischen Ford und den Ford-

---

688 Entscheidung der Kommission vom 15. Mai 1991, ABl. (EG) 1991, Nr. L. 185, Seite 23, 27, Ziffer 21.

689 Dies entspricht der Sachlage in *Adalat*; siehe oben Kapitel III.B.1.b)(8).

690 Siehe oben Kapitel III.B.1.b)(4).

Händlern auf Dauer angelegt seien und deshalb von vornherein einen gewissen Gestaltungsspielraum für die Zukunft offen ließen, den Ford ausfüllen dürfe. Diese Argumentation ist generell betrachtet plausibel, verliert aber an Überzeugungskraft, wenn man ein weiteres Urteil des EuGH betrachtet. Der EuGH machte in *Viho*[691] Ausführungen, die auch für die Abgrenzung zwischen einseitigen Maßnahmen und kooperativen Verhaltensweisen wesentlich sein sollten und die Aufschlüsse über die Urteilsbegründung in *Ford* geben. Der EuGH führte aus:

"Zwar ist nicht auszuschließen, dass die von der Firma Parker verfolgte Vertriebspolitik, mit der sie es ihren Tochtergesellschaften untersagt, Parker-Erzeugnisse an Kunden in anderen Mitgliedstaaten als dem der Tochtergesellschaften zu liefern, zur Aufrechterhaltung und Abschottung der verschiedenen nationalen Märkte beitragen und dadurch einem der grundlegenden Ziele bei der Verwirklichung des Gemeinsamen Marktes entgegenwirken kann; dies ändert jedoch nichts daran, dass [...] eine solche Politik einer wirtschaftlichen Einheit wie des Parker-Konzerns, in deren Rahmen die Tochtergesellschaften über keinerlei Autonomie zur Bestimmung ihres Marktverhaltens verfügen, nicht in den Anwendungsbereich von Art. 85 I EWGV [a.F.] fällt."[692]

Und weiter:

"Es ist nicht zulässig, unter dem Vorwand, bestimmte Verhaltensweisen [...] könnten der Anwendung der Wettbewerbsregeln entgehen, Art. 85 [a.F.] zu verfälschen, um eine etwaige Lücke in der im Vertrag vorgesehenen Kontrolle zu schließen."[693]

In *Viho* hielt der EuGH es also für legitim, dass Parker seinen Tochtergesellschaften untersagte, in bestimmte Mitgliedsstaaten zu liefern, obwohl dies geeignet war, den Handel zwischen den Mitgliedsstaaten zu behindern. In Ford war die Ausgangslage ähnlich: Der Ford-Konzern beschloss, RL-Fahrzeuge nicht mehr über Ford Deutschland auszuliefern, sondern nur noch über eine andere

---

691 In Viho Europe BV ./. Kommission der Europäische Gemeinschaft ging es um die Frage, ob das Verhalten zwischen der Muttergesellschaft des Parker-Konzerns und ihren hundertprozentigen Tochtergsellschaften unter Artikel 81 Abs. 1 EGV fallen kann. Die Frage, ob zwischen dem Parker-Konzern und seinen unabhängigen Vertriebshändlern eine Verhaltensabstimmung bzw. Vereinbarung vorlag, hatten die EG-Kommission und das EuG zuvor schon positiv beantwortet; vgl. Parker - Entscheidung der Kommission vom 15.7.1992, ABl. (EG) 1992, Nr. L 233, 27; Herlitz AG ./. Kommission der Europäischen Gemeinschaften, Rs. T-66/92, Slg. 1994 II, 531.

692 Viho Europe BV ./. Kommission der Europäischen Gemeinschaften, Urt. vom 24. Oktober 1996, Rs. C-73/95 P, 1996 I, 5457, Ziffer 52.

693 Viho Europe BV ./. Kommission der Europäischen Gemeinschaften, a.a.O., Ziffer 54.

Ford-Gesellschaft. Dies teilte Ford Deutschland den Ford-Händlern mit. Warum das Verhalten von Ford nach Ansicht des EuGH als kooperative Verhaltensweise mit den Ford-Händlern anzusehen war, das Verhalten von Parker hingegen eine einseitige Maßnahme darstellte, wird aus den Entscheidungen nicht klar. Der EuGH erwähnte in der Viho-Entscheidung seine Entscheidung in Ford nicht. Der wesentliche Unterschied zwischen den Ausgangslagen in *Ford* und in *Viho* ist, dass *Ford* ein selektives Vertriebssystem betrieb, während es in *Viho* lediglich darum ging, ob die Muttergesellschaft des Parker-Konzerns mit den eigenen Tochtergesellschaften kooperative Verhaltensweisen eingegangen ist.[694]

(iii) Viho: Grundsätzliche Aussagen des EuGH

Die Entscheidung in *Viho* ist nicht nur wegen der Ähnlichkeit zur Ausgangslage in *Ford* interessant. *Viho* ist auch deshalb von Interesse, weil der EuGH proklamiert, dass Artikel 81 EGV nicht auf einseitige Maßnahmen anwendbar ist, auch wenn der EGV unerwünschte Lücken aufweisen sollte.[695] In dieser Stellungnahme bestätigt der EuGH die grundsätzliche Systematik von Artikel 81 und 82 EGV und stellt klar, dass einseitige Maßnahmen nur durch Artikel 82 EGV erfasst werden können.

Vor dem Hintergrund dieser klaren Aussage des EuGH zum Verhältnis zwischen Artikel 81 und 82 EGV erscheint die weite Auslegung der Begriffe "Vereinbarung" bzw. "abgestimmte Verhaltensweise" in Artikel 81 EGV durch den EuGH und die EG-Kommission teilweise undifferenziert. Es erweckt den Eindruck, dass insbesondere die EG-Kommission jedes unerwünschte Verhalten eines Herstellers als Teil der laufenden Geschäftsbeziehung zu den Händlern betrachtet, sofern sie das Verhalten des Herstellers unterbinden will. Dies wird besonders deutlich, wenn man bedenkt, dass die EG-Kommission zwar regelmäßig zu dem Ergebnis kommt, dass die beteiligten Händler an einer Vereinbarung im Sinne des Artikel 81 EGV mitgewirkt haben, sie jedoch regelmäßig keine Geldbußen gegen die Händler verhängt oder sonstige für die Händler negative Maßnahmen ergreift. Verurteilt wird demnach immer nur der, von dem die Maßnahmen ausgehen: der Hersteller.

---

694 Siehe dazu oben Fußnote 691.

695 Die Parallele der Argumentation des EuGH in *Viho* zu der des Supreme Court in *Copperweld* (siehe oben Kapitel I.G.1.) ist klar erkennbar. Darauf wies auch Generalanwalt Lenz in seinen Schlussanträgen in *Viho* in; vgl. Viho Europe BV ./. Kommission der Europäischen Gemeinschaften, a.a.O., S. 5479, Ziffer 73.

(ii) Fallgruppenbildung

Aufgrund der dogmatisch wenig befriedigenden Situation bei der Abgrenzung zwischen einseitigen Maßnahmen und kooperativen Verhaltensweisen im Bereich der vertikalen Wettbewerbsbeschränkungen stellt sich die Frage, ob durch Bildung von typischen Fallgruppen eine klare Abgrenzung herausgearbeitet werden kann. Letztlich führt aber auch dieser Versuch zu keiner befriedigenden Lösung.

Die Fälle, in denen eine klare Aussage darüber getroffen werden kann, ob eine einseitige oder eine kooperative Verhaltensweise vorliegt, wurden bereits dargelegt.[696] Jeder Umstand, der begleitend zu einer einseitigen Maßnahme hinzutritt, kann die Maßnahme in eine kooperative Verhaltensweise umschlagen lassen. Jede Kommunikation, jede Ausübung von Druck kann schädlich sein. Sogar das bloße Bestehen einer laufenden Geschäftsbeziehung hat in der Regel kartellrechtlich negative Folgen und bewirkt, dass Maßnahmen des Herstellers kooperativen Charakter annehmen. Vor diesem Hintergrund und der Vielschichtigkeit der möglichen Verhaltensweisen ist eine Fallgruppenbildung daher sinnvoll nicht möglich.

(3) Schlussfolgerung

Die durchgeführte Anlayse der Entscheidungen der EG-Kommission und des EuGH zeigt, dass auch im Bereich des EG-Kartellrechts bisher keine überzeugende Abgrenzung zwischen einseitigen Maßnahmen und kooperativen Verhaltensweisen im Bereich der vertikalen Wettbewerbsbeschränkungen gefunden wurde. Vielmehr ist die Entscheidungspraxis ergebnisorientiert, ohne sich im Einzelfall damit auseinander zusetzen, ob dogmatische Grenzen überschritten werden und welche wirtschaftlichen Folgen die Entscheidungen verursachen.

696 Siehe oben Kapitel III.B.1.c)(2), S. 189.

Kapitel IV: Vergleich der Abgrenzungskriterien im US- und EU-Recht

A. Zweckmäßigkeit des Vergleichs

1. Grundvoraussetzungen

Damit ein Rechtsvergleich sinnvoll ist, sollte eine ausreichend breite Basis von Gemeinsamkeiten bestehen, die als Ausgangspunkt für den Vergleich herangezogen werden kann.[697]

Wenn man die beiden Kartellrechtssysteme in den USA und der EU generell gegenüber stellt, ist ein Vergleich der Rechtslage in der Europäischen Union und in den USA zu der Frage der Abgrenzung von einseitigen Maßnahmen und kooperativen Verhaltensweisen in vertikalen Wettbewerbsverhältnissen in beiden Rechtssystemen sinnvoll.[698] Beide Systeme weisen in wesentlichen Punkten Gemeinsamkeiten und Ähnlichkeiten auf[699]: Beide Systeme verfolgen mehr oder weniger die Ideologie der freien Marktwirtschaft und sind in ihrer Kultur vergleichbar. Beide Systeme verfügen über Kartellrechtsvorschriften, die im Aufbau und den Anwendungsvoraussetzungen sehr ähnlich sind. Beide Systeme verlangen als unerlässliche Voraussetzung ihrer wesentlichen Kartellrechtsvorschriften – Artikel 81 EGV einerseits und Section 1 Sherman Act andererseits - eine kooperative Verhaltensweise von mindestens zwei wirtschaftlich unabhängigen Unternehmen. Beiden Normen stehen mit Artikel 82 EGV bzw. Section 2 Sherman Act jeweils Vorschriften zur Seite, die auf einseitiges Verhalten abzielen.

Neben diesen Gemeinsamkeiten gibt es jedoch auch einen wesentlichen Unterschied zwischen beiden Rechtskreisen. Während in den USA bereits ein vollkommen integrierter Markt besteht, ist die Europäische Union ein Konglomerat aus zur Zeit 15 Mitgliedsstaaten, die noch nicht völlig zu einem grenzenlosen

---

697 Ähnlich auch Ebert, Rechtsvergleichung, Seite 143ff; Grossfeld, Kernfragen der Rechtsvergleichung, Seite 112ff.; etwas weiter Bartels, Methode und Gegenstand intersystemarer Rechtsvergleichung, Seite 127ff.

698 Dass Vergleiche mit anderen Rechtssystemen sinnvoll sein können, hat auch die EG-Kommission in ihrem Grünbuch zu vertikalen Wettbewerbsbeschränkungen anerkannt, vgl. [1997] 4 C.M.L.R. 519, 528.

699 Siehe auch Overton, Substantive Distinctions Between United States Antitrust Law and the Competition Policy of the European Community: A Comparative Analysis of Divergent Policies, 13 Houston Journal of International Law 315, 317ff. (1991).

Gemeinsamen Markt zusammengewachsen sind.[700] Zwar hat die EG-Kommission in ihrem Grünbuch zu vertikalen Wettbewerbsbeschränkungen festgestellt, dass diese Rechtsangleichung zwischen den einzelnen Mitgliedsstaaten inzwischen weit fortgeschritten ist.[701] Trotz der Bereinigung all dieser Integrationshindernisse besteht jedoch immer die Gefahr, dass private Unternehmen - insbesondere europaweit operierende Konzerne - die nationalen Märkte abschotten, falls dies ihren Wirtschaftsinteressen dient. Ein gut geeignetes Mittel zur Abschottung der nationalen Märkte sind entsprechend gestaltete Vertriebssysteme. Daher ist in der EU gerade auch im Bereich der vertikalen Wettbewerbsbeschränkungen zu berücksichtigten, dass vertikale Wettbewerbsbeschränkungen dem Integrationsprozess zuwiderlaufen können.[702] Dies ist von großer Bedeutung, weil ein Verhalten, das ökonomisch betrachtet sinnvoll ist, trotz allem als kartellrechtswidrig eingestuft werden kann, falls es den Handel zwischen den Mitgliedsstaaten beeinträchtigt.[703] Dieser Unterschied allein macht einen Vergleich der Abgrenzung von einseitigen Maßnahmen und kooperativen Verhaltensweisen in der EU und den USA jedoch nicht sinnlos.

2. *Einfluss der Unterschiede zwischen beiden Systemen auf einen Vergleich*

Zweifel am Sinn eines Rechtsvergleichs der Rechtslage zu der Abgrenzung zwischen einseitigen Maßnahmen und kooperativen Verhaltensweisen im US-Recht und im EU-Recht können jedoch aufkommen, wenn man die zuvor durchgeführte Untersuchung dieser Abgrenzung in den USA und der EU betrachtet. Weder in der EU noch in den USA haben die Gerichte bisher eine klare und überzeugende Abgrenzung zwischen einseitigen Maßnahmen und kooperativen Verhaltensweisen gefunden. Die konfuse und in sich widersprüchliche Rechtslage in den USA zur Abgrenzung zwischen einseitigen Maßnahmen und kooperativen Verhaltens-

700 Dieser Unterschied wird auch von der EG-Kommission in ihrem Grünbuch zu vertikalen Wettbewerbsbeschränkungen betont, vgl. [1997] 4 C.M.L.R. 519, 528; so auch von Mastromanolis, Insights From U.S. Antitrust Law on Exclusive and Restricted Territorial Distribution: The Creation of a New Legal Standard for European Union Competition Law, 15 University of Pennsylvania Journal of International Business Law 559f. (Winter 1995).

701 Grünbuch der EG-Kommission zu vertikalen Wettbewerbsbeschränkungen, vgl. [1997] 4 C.M.L.R. 519, 535f.

702 Die Kommission hat daher in ihrem Grünbuch zu vertikalen Wettbewerbsbeschränkungen festgestellt, daß sie auch in Zukunft intensiv beobachten wird, ob das Integrationsziel von Unternehmen beachtet wird oder ob diese versuchen, Parallelimporte zu be- oder verhindern; Grünbuch der Kommission, a.a.O.

703 Siehe dazu oben Kapitel III.B.1.c)(1).

weisen scheint nur begrenzt als Basis für einen instruktiven Rechtsvergleich dienen zu können. Andererseits besteht in den USA - im Gegensatz zu Europa - eine breite Diskussion zu dieser Abgrenzungsproblematik. In der EU hingegen herrscht eine sehr ergebnisorientierte Entscheidungspraxis vor, bei der die Abgrenzungsproblematik nicht weiter erörtert wird. Die Diskussion in den USA mit ihren verschiedensten Lösungsansätzen bietet daher einen sehr fruchtbaren Boden, um die in der EU herrschende Rechtsprechung zu hinterfragen und neue Lösungsansätze zu entwickeln. Umgekehrt bietet die Rechtslage in der EU, die ohne größere Diskussion die meisten Verhaltensweisen innerhalb von Vertriebssystemen als kooperativ einstuft, auch bedenkenswerte Ansätze für die Rechtslage in den USA.

Eine auf dogmatischen Überlegungen basierende Gegenüberstellung der Rechtslage in beiden Systemen ist im Hinblick auf die unbefriedigende dogmatische Durchdringung diesseits und jenseits des Atlantik nicht möglich. Allerdings dient ein Rechtsvergleich dazu, aus beiden Rechtskreisen die überzeugenden Argumente und Lösungsansätze heranzuziehen, um anhand beider Systeme zu versuchen, einen überzeugenden eigenen Lösungsvorschlag herauszuarbeiten.[704]

B. Parallelen und Unterschiede in der Entwicklung der Abgrenzung zwischen einseitigen Maßnahmen und kooperativen Verhaltensweisen in beiden Rechtskreisen

I. Entwicklung der Rechtsprechung

Die Entwicklung der Rechtsprechung zur Abgrenzung von einseitigen Maßnahmen und kooperativen Verhaltensweisen verlief in beiden Rechtskreisen unterschiedlich.

a) USA

In den USA trat das Problem der Abgrenzung zwischen einseitigen Maßnahmen und kooperativen Verhaltensweisen bereits Anfang des 20. Jahrhunderts auf und ist seitdem ein ständiger, vieldiskutierter Streitpunkt. Wie oben dargestellt wurde, scheiden sich an dieser Abgrenzung nicht nur in der Literatur die Geister. Auch

704 Auch dies ist ein legitimer Zweck eines Rechtsvergleichs; vgl. zum Beispiel Schnitzer, Vergleichende Rechtslehre, Seite 43ff.

die Gerichte hatten und haben Schwierigkeiten, ein klares und vor allem logisch stringentes Konzept zur Lösung dieses Problems zu entwickeln.

b) Europäische Union

In der Europäischen Union ist die Frage der Abgrenzung zwischen einseitigen Maßnahmen und kooperativen Verhaltensweisen in vertikalen Wettbewerbsverhältnissen eine relativ neue Erscheinung. Die ersten Entscheidungen von EG-Kommission und EuGH, die sich explizit mit dieser Frage auseinandersetzen, stammen – soweit ersichtlich - aus den 80er Jahren.[705] Obwohl es eine vergleichbare Problematik in den USA gab, lässt sich weder an der Wortwahl noch an der Argumentation der EG-Kommission und des EuGH feststellen, dass sie sich von US-amerikanischen Ansätzen zur Lösung des Problems haben beeinflussen lassen.[706]

2. Bedeutung der Abgrenzung

Die Abgrenzung zwischen einseitigen Maßnahmen und kooperativen Verhaltensweisen hat in den USA und in der EU eine unterschiedliche Bedeutung für die Rechtswissenschaft und die Praxis.

a) USA

In den USA ist die Abgrenzung zwischen einseitigen Maßnahmen und kooperativen Verhaltensweisen von wesentlicher Bedeutung; sie ist im Bereich der *per se*-Verbote vorentscheidend für die Zulässigkeit der untersuchten Maßnahmen.[707] Entsprechend viele Urteile gibt es in den USA, die sich fast ausschließlich mit

---

705 Siehe oben Kapitel I.A.1.

706 Die EG-Kommission hat allerdings in ihrem Grünbuch zu vertikalen Wettbewerbsbeschränkungen mit Hinweis auf die Lehre der Chicago School festgestellt, daß ein grundlegender Ansatz der Chicago-Lehre, nämlich das Bestehen eines ungestörten Wettbewerbs im Vertriebsbereich, in der EU nicht gegeben sei, sondern daß in der EU im Vertriebssektor beachtliche Marktzugangshindernisse bestünden; vgl. Grünbuch der Kommission zu vertikalen Wettbewerbsbeschränkungen, vgl. [1997] 4 C.M.L.R. 519, Seiten 522, 552 (Fußnote 17).

707 Siehe dazu oben Kapitel II.B.3.a). Die Unterscheidung ist auch in anderen Bereichen vorentscheidend für die Zulässigkeit von bestimmten Verhaltensweisen, z.B. bei der Abgrenzung zwischen zulässigem Parallelverhalten von Wettbewerbern und verbotenen abgestimmten Verhaltensweisen zwischen diesen.

dieser Abgrenzung befassen. Die Literatur, die sich mit dieser Problematik befasst, ist so umfangreich, dass man sie nur mit Mühe vollständig sichten kann.

b) Europäische Union

Obwohl die Abgrenzung zwischen einseitigen Maßnahmen und kooperativen Verhaltensweisen von der Gesetzessystematik im EG-Kartellrecht von ähnlicher Bedeutung sein sollte wie in den USA, spiegelt sich dies in der Entscheidungspraxis des EuGH und der EG-Kommission zumindest nicht ausdrücklich wider.[708] EuGH und EG-Kommission gehen ohne größere Analyse der wirtschaftlichen Hintergründe schnell über diese Abgrenzung hinweg und sehen in dem untersuchten Verhalten regelmäßig kooperative Verhaltensweisen. Die Literatur in Europa hat bisher ebenfalls keine abschließende Systematik zwischen einseitigen Maßnahmen und kooperativen Verhaltensweisen herausgearbeitet.

Insgesamt fällt auf, dass der EuGH und die Kommission weit weniger versuchen, die Annahme einer kooperativen Verhaltensweise in den einzelnen Situationen zu begründen als dies in den USA der Fall ist. Dies ist erstaunlich, weil der EuGH in *Viho* betont hat, dass Artikel 81 EGV nur auf kooperative Verhaltensweisen anwendbar ist, auch wenn Lücken in der Systematik des EG-Kartellrechts bestehen.[709]

3. Fallkonstellationen, in denen die Abgrenzung diskutiert wird

Ein Unterschied im Zusammenhang mit der Abgrenzung von einseitigen Maßnahmen und kooperativen Verhaltensweisen sind die jeweiligen Fallkonstellationen, in denen dieses Problem erörtert wurde.

a) USA

In den USA ist die Frage der Abgrenzung vor allem im Zusammenhang mit 'unverbindlichen Preisempfehlungen' des Herstellers und der anschließenden Kündigung solcher Händler, die diese Preisempfehlungen nicht beachtet haben, aufgekommen.

---

708 Siehe dazu oben Kapitel III.B.1.c)(2)(b), S. 189.
709 Siehe zu Viho oben Kapitel III.B.1.c)(2)(d), S. 190 ff.

b) *Europäische Union*

In der EU spielte diese Abgrenzung vor allem in Zusammenhang mit selektiven Vertriebssystemen und der Behinderung von Parallelimporten eine Rolle. Dass auch die Frage von Preisbindungen in der EU von großer Bedeutung ist, zeigt sich insbesondere auch an der Gruppenfreistellungsverordnung über vertikale Wettbewerbsbeschränkungen. Aus dem Anwendungsbereich dieser Gruppenfreistellungsverordnung fallen Vereinbarungen und Maßnahmen, die die Einhaltung von Minimumpreisen bewirken sollen, heraus.[710]

4. *Bedeutung der Ziele des Kartellrechts auf die Abgrenzung*

Sowohl in den USA[711] als auch in der Europäischen Union[712] spielen die Ziele, die mit Kartellrecht verfolgt werden, eine erhebliche Rolle für die Auslegung des Kartellrechts. In beiden Rechtssystemen handeln die Gerichte und Organe stark ergebnisorientiert.

C. Lösungsvorschlag

Da weder der US Supreme Court noch der EuGH bzw. die EG-Kommission bisher eine überzeugende Abgrenzung zwischen einseitigen Maßnahmen und kooperativen Verhaltensweisen in vertikalen Wettbewerbsverhältnissen gefunden haben,[713] stellt sich die Frage, ob es eine stringente Lösung dieser Abgrenzungsproblematik gibt. An folgende Lösungsansätze ist zu denken:

1. *Etablierung von Empfehlungs- und Druckverboten*

Eine Möglichkeit des Umgangs mit der Abgrenzung zwischen einseitigen Maßnahmen und kooperativen Verhaltensweisen ist, auf die Unterscheidung zwischen einseitigen Maßnahmen und kooperativen Verhaltensweisen in bestimmten Bereichen zu verzichten.

---

710 Siehe Artikel 3 lit. a der Verordnung.
711 Siehe oben Kapitel II.B.3.a).
712 Siehe oben Kapitel III.B.1.c)(1).
713 Siehe oben Kapitel II.B.3. und Kapitel III.B.c).

Derzeit erfordert die Anwendung sowohl von Section 1 Sherman Act als auch von Artikel 81 Absatz 1 EGV, dass eine kooperative Verhaltensweise vorliegt. Ein neues System könnte so aussehen, dass neben dem Verbot von vertikalen Wettbewerbsbeschränkungen bei Artikel 81 EGV und Section 1 Sherman Act zusätzlich Empfehlungs- und Druckverbote in die Gesetzessystematik der jeweiligen Kartellrechtsnormen aufgenommen werden.[714] Festzulegen wäre dann nur noch, in welchem Bereich das Aussprechen von Empfehlungen und die Ausübung von Druck durch den Hersteller untersagt werden soll.[715] Ein solches System käme der Regelung im deutschen Gesetz gegen Wettbewerbsbeschränkungen (GWB) recht nahe.[716]

Dieser Ansatz bedeutet, dass auch einseitiges Handeln kartellrechtswidrig sein kann. Bei Empfehlungs- und Druckverboten kommt es gerade nicht darauf an, wie die Händler auf die Empfehlung bzw. den Druck des Herstellers reagieren. Allein die Tatsache, dass der Hersteller Empfehlungen ausspricht bzw. Druck ausübt, bringt dieses Verhalten des Herstellers in Konflikt mit den Kartellgesetzen.

Diese Lösung wäre allerdings ohne Gesetzesänderungen in der EU und den USA nicht möglich. Ob dieser Lösungsansatz jedoch insbesondere in den USA mehrheitsfähig ist, bleibt abzuwarten.

In der EU wird diese Lösungsmöglichkeit in naher Zukunft zumindest im Ergebnis teilweise in geltendes Recht umgesetzt. Die neue Gruppenfreistellungsverordnung über vertikale Wettbewerbsbeschränkungen stellt alle vertikalen Wettbewerbsbeschränkungen von der Anwendung des Artikel 81 Absatz 1 EGV frei, sofern bestimmte Voraussetzungen vorliegen. In den Anwendungsbereich der Gruppenfreistellungsverordnung fallen solche Vereinbarungen nicht, bei de-

714 Teilweise wird im Bereich von Empfehlungsverboten auf mögliche Konflikte mit Artikel 5 GG hingewiesen; vgl. Bartsch, Die kartellrechtlichen Empfehlungsverbote, 107ff.

715 Ähnlich auch Robinson; er schlägt ebenfalls vor, vertikale Wettbewerbsbeschränkungen aus dem Anwendungsbereich von Section 1 Sherman Act herauszunehmen und nur dann einzuschreiten, wenn eine vertikale Verhaltensweise zur Verschleierung einer horizontalen Wettbewerbsbeschränkung dient; vgl. Robinson, Explaining Vertical Agreements: The Colgate Puzzle and Antitrust Method, 80 Virginia Law Review 577, 600 (1994).

716 Bartsch ist allerdings zum GWB der Ansicht, dass regelmäßig eine Unterscheidung zwischen einer versuchten Absprache und einer einseitigen Empfehlung zu treffen sei. Dies deshalb, weil im GWB zwar eine Absprache oder auch eine Empfehlung im Bereich der Empfehlungsverbote mit Geldbuße belegt seien, nicht aber eine versuchte Absprache; vgl. Bartsch, Die kartellrechtlichen Empfehlungsverbote, 78.

nen die beteiligten Unternehmen über Marktmacht verfügen.[717] In diesen Fällen hält die EG-Kommission eine pauschale Freistellung für zu gefährlich und behält sich eine Detailprüfung im Rahmen des Artikel 81 Absatz 3 EGV vor. Bei Vereinbarungen zwischen Unternehmen ohne Marktmacht ist mit Marktstörungen regelmäßig nicht zu rechnen. Diese sind daher grundsätzlich freigestellt.

Nicht freigestellt sind bestimmte Verhaltensweisen, die unabhängig von der Marktmacht der beteiligten Unternehmen als schädlich angesehen werden. Die Gruppenfreistellungsverordnung bringt in Artikel 3 lit. a[718] zum Ausdruck, dass es dem Hersteller grundsätzlich freisteht, unverbindliche Preisempfehlungen auszusprechen. Die Freistellungsverordnung ist jedoch nicht anwendbar, wenn der Hersteller Druck auf die Händler ausübt oder ihnen bestimmte Vorteile anbietet, damit diese seine Preisempfehlungen beachten; ob die Händler sich dem Druck beugen, ist irrelevant.

Die Gruppenfreistellungsverordnung führt demnach dazu, dass viele vertikale Vereinbarungen *per se* nach Artikel 81 Absatz 3 EGV freigestellt sind. Gleichzeitig sind bestimmte einseitige Maßnahmen des Herstellers – nämlich die Ausübung von Druck und das Anbieten von Anreizen -, die im Zusammenhang mit Vereinbarungen zwischen dem Hersteller und dem Händler ausgeübt werden, verboten.

2. *Aufgabe der per se-Verbote*

Eine weitere Möglichkeit des Umgangs mit der Abgrenzung zwischen einseitigen Maßnahmen und kooperativen Verhaltensweisen ist die Beibehaltung der derzeitigen Gesetzessystematik, die zwischen einseitigen Maßnahmen und kooperativen Verhaltensweisen unterscheidet. Allerdings könnten die tatsächlichen und faktischen *per se*-Verbote aufgegeben werden.

---

717 Gemäß Artikel 3 Absatz 1 der Verordnung ist die kritische Grenze der Marktmacht bei 30% der Anteile auf dem relevanten Markt überschritten. Der Gedanke, dass die Marktmacht der Beteiligten einen Einfluss auf die Zulässigkeit einer vertikalen Wettbewerbsbeschränkung haben kann, wurde auch in den USA erörtert; vgl. State of New York v. Anheuser-Busch, Inc, 811 F.Supp. 848 (1993); Calvani, The per se Rule and the Rule of Reason, C998 ALI-ABA 147, 156 (1995); Pitofsky, The Sylvania Case: Antitrust Analysis of Non-Price Vertical Restrictions, 78 Columbia Law Review 1, 35 (1978).

718 Der Wortlaut ist oben unter Kapitel III.A.1.d) wiedergegeben.

a) USA

Diese Möglichkeit ist insbesondere in den USA zu bedenken. Wenn in den USA die *per se*-Verbote aufgegeben werden, können alle vertikalen Wettbewerbsbeschränkungen unter der *rule of reason* untersucht werden. Ein Gericht wäre demnach nicht gezwungen, eine einseitige Maßnahme festzustellen, wenn es sich um Preisabsprachen handelt, die das Gericht jedoch aufgrund wirtschaftlicher Erwägungen nicht untersagen will.

Die Aufgabe der *per se*-Verbote wäre in den USA möglich durch eine Änderung der ständigen Rechtsprechung des US-Supreme Court; eine Gesetzesänderung wäre nicht erforderlich. Ob allerdings in naher Zukunft damit zu rechnen ist, ist eine andere Frage. Der US-Senat und das US-Repräsentantenhaus haben sich nach den Entscheidungen des US-Supreme Court in *Monsanto*[719] und *Sharp*[720] mit der Frage der Zulässigkeit von vertraglichen Preisbindungen befasst. Beide Häuser haben eigene Gesetzesvorlagen ausgearbeitet.[721] Beide Vorlagen bestätigten sowohl die *Colgate*-Doktrin als auch das *per se*-Verbot der vertraglichen Preisbindungen als auch die *rule of reason* für andere vertikale Wettbewerbsbeschränkungen.[722] Die Gesetzesvorlagen wollten demnach die gemäß *Colgate, Dr.*

---

719 Siehe oben Kapitel II.B.2.1).

720 Siehe Business Electronics Corp. v. Sharp Electronics Corp., 485 U.S. 717, 726 (1988).

721 H.R. 1470 und S. 429, 102d Cong., 1st. Sess (1991) sowie H.R. Rep. No. 145, 102d Cong., 1st Sess. 7757 (1991). Siehe dazu Brockmeyer, Vertical Price Restraints, SC66 ALI-ABA 49, 68 ff. m.w.N. (1998); Wegman Burns, Vertical Restraints, Efficiency, and the Real World, 62 Fordham Law Review 597, 631 (1993). Gesetzesvorlagen bzw. –änderungen wurden auch schon vorher vom US-Congress diskutiert, vgl. Wegman Burns, a.a.O., Fußnote 147.

722 Hintergrund der Gesetzesvorlagen war die Befürchtung, dass der Supreme Court nach seinen Entscheidungen in *Monsanto* und *Sharp* das *per se*-Verbot von vertikalen Preisabsprachen aufheben könnte. Dementsprechend legten beide Gesetzesvorlagen fest, unter welchen Umständen von einer solchen Preisabsprache ausgegangen werden muss. Nach der Gesetzesvorlage des Senats war das bloße Vorliegen von Beschwerden bei einem Hersteller über die günstigen Preise eines Händlers durch einen anderen Händler nur ausreichend, um eine vertikale Preisabsprache zu begründen, wenn der Hersteller daraufhin den preisbrechenden Händler nicht mehr belieferte und die Beschwerde des anderen Händlers eine Hauptursache für die Kündigung war. Eine Hauptursache in diesem Sinn war insbesondere gegeben, wenn der Hersteller ausdrücklich oder stillschweigend dem Händlerverlangen zur Kündigung des anderen Händlers nachkam oder der Hersteller neben der Kündigung ausdrücklich oder stillschweigend Maßnahmen ergriff, um den Preiswettbewerb zwischen seinen Händlern einzuschränken. Fälle, in denen der Händler, der sich bei dem Hersteller beschwerte, nicht über eine gewisse Marktmacht verfügte, sollten in der Regel jedoch nicht als vertikale Preisabsprachen behandelt werden.

Miles und *Sylvania* bestehende Rechtslage festschreiben.[723] Die Gesetzesvorlagen sind zwar nicht verabschiedet worden, spiegeln aber eine wesentliche politische Anschauung des US-Congress wider. Sollte der Supreme Court seine Rechtsprechung ändern, ist es wahrscheinlich, dass der US-Congress diese Änderung der Rechtsprechung per Gesetz revidieren würde.[724] Insofern ist zweifelhaft, ob der Supreme Court seine bisherige Rechtsprechung aufgeben wird.

b) Europäische Union

Im EG-Kartellrecht gibt es keine richterrechtlichen *per se*-Verbote. Allerdings kennt Artikel 81 Absatz 1 EGV keine *rule of reason*, sondern erfasst pauschal alle wettbewerbsbehindernden Vereinbarungen.[725] Zwar können Vereinbarungen, die unter Artikel 81 Absatz 1 EGV fallen, gemäß Artikel 81 Absatz 3 EGV freigestellt werden, wenn dessen Voraussetzungen vorliegen ("Verbot mit Erlaubnisvorbehalt"[726]). Artikel 81 Absatz 3 EGV erfordert jedoch zum einen, dass ein entsprechender Antrag auf Freistellung gestellt wurde; zum anderen kommt eine Freistellung nach Artikel 81 Absatz 3 EGV nur in Betracht, wenn bestimmte Voraussetzungen gegeben sind und zusätzlich bestimmte Umstände nicht vorliegen; so darf eine Vereinbarung, die nach Absatz 3 des Artikels 81 EGV freigestellt werden soll, den beteiligten Unternehmen nicht die Möglichkeit eröffnen, für einen wesentlichen Teil der betroffenen Waren den Wettbewerb auszuschalten. Die Umstände, die nicht vorliegen dürfen, damit eine Freistellung nach Artikel 81 Absatz 3 EGV möglich ist, sind jedoch alles Umstände, die einer wertenden Betrachtung unterliegen; im Bereich der Freistellungsmöglichkeit nach Absatz 3 gibt es daher keine *per se*-Verbote.[727]

723 Brockmeyer, a.a.O., Seite 71.

724 Brockmeyer, a.a.O.

725 Zu der daran geäußerten Kritik siehe oben Fußnote 82.

726 Langen/Bunte, Kommentar zum deutschen und europäischen Kartellrecht, 8. Auflage, Artikel 85 Rdnr. 128.

727 Paton legt allerdings dar, dass in einigen Bereichen praktisch nie Freistellungen zu erhalten sind; dies betrifft insbesondere die Festsetzung von Weiterverkaufspreisen; vgl. Paton, Review of the European Court of Justice: Price Restraints, Patent Rights, and Extraterritorial Jurisdiction, 2 Transnational Lawyer 185, 195 (Fußnote 22) (1989) m.w.N.; die EG-Kommission hat ein Weißbuch zur Restrukturierung des EG-Kartellrechts vorgelegt. Insofern ist zu erwarten, dass insbesondere das Freistellungsverfahren des Artikel 81 Absatz 3 EGV geändert wird; siehe dazu oben Fußnote 82 und Griffiths, A Glorification of de minimis – The Regulation on Vertical Restraints, [2000] E.C.L.R. 241.

3. *Neue Abgrenzung zwischen einseitigen Maßnahmen und kooperativen Verhaltensweisen unter Beibehaltung der derzeitigen Rechtslage*

Wenn die derzeitige Gesetzessystematik unter Einschluss der *per se*-Verbote aufrechterhalten wird, muss eine überzeugende Abgrenzung zwischen einseitigen Maßnahmen und kooperativen Verhaltensweisen gefunden werden. Als Anknüpfungskriterien für eine sinnvolle Abgrenzung zwischen einseitigen Maßnahmen und kooperativen Verhaltensweisen kommen vor allem folgende Gesichtspunkte in Frage:

a) Objektiv gemeinsames Interesse der Beteiligten

Als Kriterium für die Abgrenzung zwischen einseitigen Maßnahmen und kooperativen Verhaltensweisen kommt das Vorliegen eines gemeinsamen Interesses von Hersteller und Händler in Betracht. Das Vorliegen eines solchen gemeinsamen Interesses, das durch die Verhaltensweise gefördert werden soll, wäre zwar für sich gesehen nicht ausreichend, um eine kooperative Verhaltensweise zu begründen. Man könnte aber zumindest einen Rechtssatz aufstellen, nach dem das Vorliegen eines solchen gemeinsamen Interesses notwendige, aber nicht hinreichende Bedingung einer kooperative Verhaltensweise ist.[728]

Das Kriterium des "gemeinsamen Interesses" ist für die Abgrenzung von einseitigen Maßnahmen und kooperativen Verhaltensweisen im Bereich der vertikalen Wettbewerbsbeschränkungen jedoch wenig ergiebig. Im Bereich von horizontalen Wettbewerbsbeschränkungen ist das Fehlen eines gemeinsamen Interesses zwar - wie oben dargelegt[729] - ein starkes Indiz dafür, dass keine kooperative Verhaltensweise zwischen den Beteiligten gegeben ist. Diesen Schluss auch im Bereich der vertikalen Wettbewerbsbeschränkungen zu ziehen, ist jedoch nicht gerechtfertigt.[730] Anders als bei horizontalen Absprachen, die die Beteiligten in der Regel nur dann eingehen, wenn sie alle davon profitieren, ist das Vorliegen von Interessengegensätzen im Bereich der vertikalen Absprachen nicht ungewöhnlich. Ein Blick auf die wirtschaftlichen Auswirkungen von vertikalen Wettbewerbsbeschränkungen zeigt sogar, dass gerade die Vereinbarungen, bei denen

---

728 So wohl Charbonnier, der im Bereich des EU-Rechts davon ausgeht, daß bei Vorliegen eines Interessengegensatzes zwischen Hersteller und Händler keine Verhaltensabstimmung gegeben sein kann; vgl. Charbonnier, Vertikale Absprachen im europäischen und internationalen Kartellrecht, DZWir 1996, 265, 268.

729 Siehe oben Kapitel II.B.3.b)(3)(a), S. 127 ff.

730 So auch Hawk, The American (Anti-trust) Revolution: Lessons für the EEC?, [1988] E.C.L.R. 53, 75 a.E. f.

ein Interessengegensatz zwischen Hersteller und Händler besteht, kartellrechtlich bedenklich sind:

Wenn man dem dogmatischen Ansatz der Chicago School uneingeschränkt folgt und auch alle möglichen Marktstörungen außer Acht lässt, wird man vertikale Wettbewerbsbeschränkungen in der Regel als positiv einstufen, weil sie den *interbrand*-Wettbewerb fördern.[731] Von der Förderung des *interbrand*-Wettbewerbs profitiert nicht nur der Hersteller, sondern auch der Händler, da er mehr Produkte des Herstellers verkauft. Insofern sollte man annehmen, dass Hersteller und Händler an der Vereinbarung und Durchsetzung von vielen vertikalen Wettbewerbsbeschränkungen ein gemeinsames Interesse haben. In diesen Fällen, in denen man zumindest in der Theorie ein gemeinsames Interesse von Hersteller und Händler feststellen kann, wird man regelmäßig trotz Vorliegens einer kooperativen Verhaltensweise zu dem Ergebnis kommen, dass das Verhalten nach der derzeitigen Rechtsprechung des US-Supreme Court unter einer *rule of reason*-Untersuchung gerechtfertigt ist.[732]

Gerade die Fälle, in denen vertikale Wettbewerbsbeschränkungen den *intrabrand*-Wettbewerb stören, den *interbrand*-Wettbewerb aber nicht fördern und daher aus einem kartellrechtlichen Blickwinkel kritisch sein sollten, besteht ein Interessengegensatz zwischen Hersteller und Händler. In diesen Fällen profitieren die Händler nicht von einem gesteigerten *interbrand*-Wettbewerb. Zudem ist zu beachten, dass selbst dann, wenn die vertikalen Wettbewerbsbeschränkungen den *interbrand*-Wettbewerb fördern, sie häufig den *intrabrand*-Wettbewerb einschränken oder gar völlig aufheben. Solch eine Einschränkung des *intrabrand*-Wettbewerbs mag im Interesse solcher Händler liegen, die nicht wirtschaftlich arbeiten und *intrabrand*-Wettbewerb fürchten müssen. Diese Händler werden vor *intrabrand*-Konkurrenz geschützt und profitieren gleichzeitig durch eine u.U. gesteigerte *interbrand*-Wettbewerbsfähigkeit. Ob allerdings vertikale Wettbewerbsbeschränkungen, die zwar den *interbrand*-Wettbewerb fördern, den *intrabrand*-Wettbewerb jedoch eliminieren, auch im Interesse solcher Händler sind, die aggressiv am Markt handeln und besonders von erhöhtem *intrabrand*-Wettbewerb profitieren, ist eine ganz andere Frage. Insofern wird man häufig feststellen, dass die Interessen von Herstellern und ihren Händlern - unabhängig davon, dass beiden daran gelegen ist, möglichst viele Einheiten zu verkaufen - gegensätzlich sind.[733]

---

731 Siehe dazu oben Kapitel I.F.2.a).

732 Siehe oben *Sylvania* Kapitel II.B.2.k).

733 So auch Steiner, Intrabrand Competition - Stepchild of Antitrust, 36 Antitrust Bulletin 155, 198ff. (1991).

Somit stellt sich die Frage, weshalb Händler sich auf Bedingungen einlassen, die ihren eigenen Interessen zuwiderlaufen. Die Antwort liegt auf der Hand: Zum einen, weil der Hersteller nur zu diesen Bedingungen liefert und der Händler wählen muss zwischen einer Lieferung zu den Bedingungen des Herstellers oder gar keiner Lieferung.[734] Zum anderen, weil die Händler trotz der für sie nachteiligen Bedingungen in der Regel noch profitabel verkaufen können. Das heißt jedoch nicht, dass die Beschränkungen, die ihnen vom Hersteller auferlegt werden und die sie akzeptieren, in ihrem Interesse sind. Vielmehr könnten die Händler ohne die ihnen auferlegten Beschränkungen teilweise höhere Profite erwirtschaften.

Auch dies zeigt, dass Interessengegensätze in vertikalen Wettbewerbsverhältnissen nicht ungewöhnlich sind.[735] Trotzdem wird bei einer *ausdrücklichen* vertraglichen Regelung kaum jemand annehmen, dass keine kooperative Verhaltensweise im Sinne von Section 1 Sherman Act vorliegt, nur weil die Vertragsbedingungen einseitig zugunsten des Herstellers gestaltet sind und somit Hersteller und Händler kein gemeinsames Interesse verfolgen.[736] Wenn aber bei einem ausdrücklichen Vertrag ein gemeinsames Interesse nicht Voraussetzung für die Begründung einer kooperativen Verhaltensweise ist, dann sollte ein gemeinsames Interesse von Hersteller und Händler bei nicht-ausdrücklichen Verhaltensweisen ebenso wenig als Voraussetzung für eine kooperative Verhaltensweise verlangt werden. Für solch eine Ungleichbehandlung besteht kein Grund.[737] Folglich sagt das Vorliegen oder Fehlen eines gemeinsamen Interesses zwischen

734 So auch Steiner, The Nature of Vertical Restraints, 30 Antitrust Bulletin 143, 162 (1985).

735 So auch Comanor, The Two Economics of Vertical Restraints, 21 Southwestern University Law Review 1265, 1274 (1992).

736 Zwar deutet Wegman Burns an, dass auch ein ausdrücklicher Vertrag nicht immer ein *agreement* im Sinne von Section 1 Sherman Act sein muss (vgl. Wegman Burns, Rethinking the "Agreement" Element in Vertical Antitrust Restraints, 51 Ohio State Law Journal 1, 16f. (1990); ähnlich auch Robinson, Explaining Vertical Agreements: The Colgate Puzzle and Antitrust Method, 80 Virginia Law Review 577 (1994)). Dieser Gedanke ist zwar hilfreich auf dem Weg zur Antwort auf die Frage, was ein *agreement* unter Section 1 Sherman Act ausmacht. Letztlich sollte die Definition von *agreement* aber nicht als Regulativ für eine übermäßige Anwendung von Section 1 Sherman Act benutzt werden. Ob ein Vorgehen unter den Kartellrechtsnormen erforderlich ist, sollte vielmehr auf der Ebene der Rechtfertigung der kooperativen Verhaltensweise unter der *rule of reason* stattfinden.

737 So wohl auch Turner, The Definition of Agreement Under the Sherman Act: Conscious Parallelism and Refusals to Deal, 75 Harvard Law Review 655, 688 (1962). Turner stellt fest, dass es keinen Unterschied machen kann, ob ein Händler dazu genötigt wird, eine bestimmte Verhaltensweise "autonom" zu befolgen oder ob er dazu genötigt wird, sich zu einer bestimmten Verhaltensweise zu verpflichten.

Hersteller und Händler nichts aus über die Frage, ob eine einseitige Maßnahme oder eine abgestimmte Verhaltensweise vorliegt.

b) Wirkung der Verhaltensweise auf Außenstehende

Ein anderer Ansatzpunkt für die Abgrenzung zwischen einseitigen Maßnahmen und kooperativen Verhaltensweisen könnte die von dem Verhalten der Beteiligten entwickelte Außenwirkung sein.

Entscheidend für den Einfluss auf den Markt ist die Außenwirkung, die ein bestimmtes Verhalten hat. Einen Verbraucher, der bestimmte Waren oder Dienstleistungen bei allen Händlern nur zu den selben Bedingungen oder aber diese Waren oder Dienstleistungen nur von einem ganz bestimmten Händler erhalten kann, wird es in der Regel kaum interessieren, *warum* dies so ist. Für ihn ist es entscheidend, *dass* dies so ist. Ob die Ursache eine wie auch immer geartete Absprache oder Verständigung ist oder die 'autonome' Äußerung von 'Wünschen' durch den Hersteller und deren 'autonome' Befolgung durch den Händler, spielt für den Verbraucher keine Rolle. So hat auch der US-Supreme Court festgestellt, dass die rechtliche Konstruktion einer Maßnahme für die Auswirkungen auf den Markt häufig unerheblich ist. Insbesondere hat der Supreme Court anerkannt, dass einseitige Maßnahmen durchaus die gleiche Wirkung haben können wie kooperative Verhaltensweisen.[738] Bestes Beispiel sind die Wirkungen von Maßnahmen eines vertikal integrierten Unternehmens: Ob ein Unternehmen Tochterfirmen oder unselbständige Unternehmensteile mit dem Vertrieb seiner Produkte beauftragt und dabei eine bestimmte Vertriebspolitik verfolgt oder ob es unabhängige Händler zum Vertrieb einsetzt und diesen eine bestimmte Vertriebspolitik vorschreibt, ist für die Auswirkungen auf den Markt unerheblich.

Zudem werden, wenn man ausschließlich auf die Außenwirkung von einem bestimmten Verhalten abstellt, solche Fälle nicht erfasst, in denen sich Händler nur zum Schein auf ein bestimmtes Verhalten einlassen, um weiterhin Lieferungen vom Hersteller zu erhalten. Man könnte zwar sagen, dass in diesem Fall kein kartellrechtlich relevantes Verhalten vorliege, weil die Händler sich in Wirklichkeit gar nicht an die Herstellerempfehlungen halten. Diese Sichtweise berücksichtigt aber nicht, dass auch das Eingehen nur zum Schein den Hersteller in seiner Vertriebspolitik bestärken und andere Händler zur Einhaltung der Herstellerempfehlungen anhalten kann. Ein Hersteller, dessen Vertriebspolitik und -bedingungen auf breite Ablehnung bei den Händlern stoßen, wird seine Ver-

---

738 Copperweld Corp. v. Independence Tube Corp., 467 U.S. 752 (1984); siehe dazu auch die Zitate oben Kapitel II.B.3.b); auch der EuGH ist sich dieser Tatsache bewusst, wie er in *Viho* dargelegt hat (siehe oben Kapitel III.B.1.c)(2)(d), S. 191 ff.).

triebspraktiken überdenken, wenn er keine kooperierenden Händler findet. Andererseits werden Händler weit weniger gewillt sein, sich den Bedingungen eines Herstellers zu widersetzen, wenn sie sehen, dass alle anderen Händler sich fügen. Insofern fördert auch ein pro-forma-Eingehen eines Händlers auf die Bedingungen des Herstellers die Verwirklichung seiner Vertriebspolitik.

Obwohl ein Vergleich von Fragestellungen aus dem Bereich der vertikalen Vereinbarungen mit Problemen aus dem Bereich der horizontalen Wettbewerbsbeschränkungen nur mit Vorsicht erfolgen sollte[739] und auch nicht immer gerechtfertigt ist, wird die Ansicht, dass es nicht darauf ankommt, ob sich die Händler tatsächlich - wie von ihnen vorgegeben - an die Bedingungen des Herstellers halten, durch einen Blick auf die horizontalen Absprachen bestätigt. Auch im Bereich der horizontalen Absprachen ist es unschädlich, wenn sich die an der Absprache Beteiligten nicht an diese halten. So zum Beispiel, wenn ein Kartellmitglied gegen die Vereinbarungen des Kartells verstößt. Trotz dieses Verstoßes bleibt das Kartellmitglied am Kartell beteiligt. Zwar kann man sich fragen, ob in solch einem Fall noch von einer entsprechenden Außenwirkung gesprochen werden kann. Wegman Burns bejaht dies mit dem Hinweis, dass auch ein Dieb, der beabsichtigt, nach dem gemeinsamen Beutezug die ganze Beute - oder zumindest einen größeren Anteil als ihm zusteht - für sich zu behalten, trotzdem an dem gemeinsamen Diebstahl beteiligt ist.[740] Ob ein derartiger Rückgriff auf strafrechtliche Theorien gerechtfertigt ist, kann dahinstehen.[741] Er ist jedenfalls nicht notwendig. Der Grund für die Annahme, dass auch ein Kartellmitglied, das gegen die Kartellvereinbarungen verstößt oder diese nur zum Schein eingegangen ist, nach wie vor ein Mitglied des Kartells ist, ist der gleiche wie im Fall von vertikalen Absprachen, an die sich die Händler nicht halten: Auch die Beteiligung an einer horizontalen kooperativen Verhaltensweise, die nur zum Schein erfolgt, fördert die Bildung und Beibehaltung der kooperativen Verhaltensweise als sol-

739 So auch Baker, Vertical Pricing, Territorial, and Customer Restraints: The Search for Clarity (or at least Sanity), 876 PLI/Corp 9, 12 (1995).

740 Wegman Burns, Rethinking the "Agreement" Element in vertical Antitrust Restraints, 51 Ohio State Law Journal 1, note 43 (1990).

741 Dieser Vergleich ist nicht zwingend. Voraussetzung ist nämlich in beiden Fällen, daß sich der Dieb bzw. das Kartellmitglied tatsächlich an dem Vorhaben beteiligt. Zweifellos liegt ein gemeinsamer Plan vor, wenn der Dieb den Diebstahl zwar begehen will, die Beute anschließend aber nicht teilen will. Ebenso liegt ein gemeinsamer Plan vor, wenn sich ein Kartellmitglied zwar im großen und ganzen an den Kartellabsprachen und deren Durchführung beteiligt, aber das Kartell in Teilbereichen hintergeht. Ob dies aber auch gilt, wenn das "Kartellmitglied" nie wirklich vorhatte, sich den Plänen des Kartells anzuschließen, läßt sich anhand des Vergleichs mit den strafrechtlichen Mittäterschaftstheorien nicht beantworten.

cher.[742] Das Eingehen von Absprachen nur zum Schein reicht also sowohl bei horizontalen als auch bei vertikalen Absprachen aus, um eine kooperative Verhaltensweise im Sinne von Section 1 Sherman Act zu begründen.

Aus all dem folgt, dass auch das zweite mögliche Abgrenzungskriterium, die Frage der direkten Außenwirkung von Handlungen durch die tatsächliche Durchführung der Absprachen durch die Beteiligten - obwohl hier wichtige Aspekte angesprochen werden - , allein nicht ausreicht, um als Basis für die Abgrenzung zwischen einseitigen Maßnahmen und kooperativen Verhaltensweisen zu dienen. Das Kriterium ist einerseits zu breit, weil es auch einseitiges Verhalten erfassen kann, und andererseits zu eng, weil Vereinbarungen, die nur zum Schein eingegangen werden, außen vor bleiben.

c) *Wirtschaftlich sinnvolles Handeln*

Ein weiteres mögliches Abgrenzungskriterium ist die Prüfung, ob die Beteiligten eine wirtschaftlich für sie sinnvolle Erklärung für ihr Verhalten haben.

Section 1 Sherman Act und Artikel 81 Absatz1 EGV verlangen eine Verhaltensabstimmung von zwei autonomen Unternehmen. Dies bedeutet, dass die Händler die Herstellerwünsche befolgen. Wie ausgeführt kann nicht jedes Befolgen der Herstellerwünsche durch die Händler genügen, um eine kooperative Verhaltensweise im Sinne von Section 1 Sherman Act zu begründen. Schließlich kann es sein, dass die Händler sowieso das getan hätten, was der Hersteller ihnen empfohlen hat. In solch einem Fall müssten die Händler dann entgegen ihren eigenen Plänen etwas anderes tun als sie ursprünglich geplant hatten, um einen Kartellrechtsverstoß zu vermeiden - und dies nur, weil der Hersteller zufällig genau das von ihnen gefordert hat, was sie sowieso tun wollten. Dies kann letztlich nicht Sinn und Zweck des Kartellrechts sein.[743]

Um eine kooperative Verhaltensweise festzustellen, reicht es demnach nicht aus, dass die Händler so handeln, wie der Hersteller es ihnen rät oder es von ihnen verlangt. Zusätzlich muss eine Kausalbeziehung zwischen Herstellerverhalten und Händlerverhalten vorliegen[744]; das heißt, der Händler befolgt die Vertriebspolitik des Hersteller nur, weil ihm im Falle der Nichtbeachtung der

---

742 So auch Robinson, Explaining Vertical Agreements: The Colgate Puzzle and Antitrust Method, 80 Virginia Law Review 577, 594 ff. (1994), der auf die Entscheidung des Supreme Court in *Callanan v. United States*, 364 U.S. 587, 593f. (1961) hinweist.

743 So ist auch anerkannt, daß Parallelverhalten zwischen Wettbewerbern keinen Kartellrechtsverstoß darstellt.

744 So auch Gleiss/Hirsch, Kommentar zum EG-Kartellrecht, Art. 85(1) Rdnr. 103 (wohl zu horizontalen Wettbewerbsverhältnissen).

Abbruch der Geschäftsbeziehung durch den Hersteller droht. Solch eine Auslegung würde auch keine künstliche Überdehnung von *contract*, *combination* oder *conspiracy* bzw. *Vereinbarung* oder *abgestimmter Verhaltensweise* bedeuten.[745]

Dieser Ansatz bringt zugegebenermaßen gewisse Nachweisprobleme mit sich.[746] Allerdings kann hier auf ein Mittel zurückgegriffen werden, dass bei der kartellrechtlichen Beurteilung von bewusstem Parallelverhalten von Konkurrenten herangezogen wird: die Frage, ob der jeweilige Marktteilnehmer ökonomische Gründe für sein Verhalten hat.[747] Kann der Händler sein Verhalten auch ohne die drohende Kündigung durch den Hersteller für ihn ökonomisch sinnvoll begründen, liegt einseitiges Handeln vor, kann er dies nicht, liegt eine Verhaltensabstimmung vor.[748] Dies bedeutet im Hinblick auf viele Bedingungen, die der Hersteller seinen Händlern auferlegt, dass man regelmäßig eine kooperative Verhaltensweise feststellen wird, weil es kaum im Interesse eines Händlers ist, an bestimmte Kundengruppen oder außerhalb bestimmter Verkaufsgebiete nicht zu verkaufen.[749]

Dass die Händler sich vordergründig dem Druck des Herstellers beugen, sich aber insgeheim nicht an seine Richtlinien halten, sollte ebenfalls in die Kategorie der kooperativen Verhaltensweise fallen, weil das - wenn auch nur vorgespielte - Einverständnis die anderen Beteiligten in ihrem Vorgehen bestärkt.[750]

---

745 So auch Hay, Vertical Restraints after Monsanto, 70 Cornell Law Review 418, 435 (1985).

746 Von großer Bedeutung ist daher, wer die Beweislast trägt.

747 So zum Beispiel Turner, The Definition of Agreement Under the Sherman Act: Conscious Parallelism and Refusals to Deal, 75 Harvard Law Review 655, 658 ff. (1962).

748 Einen ähnlichen Ansatz scheint auch Hay für möglich zu halten; vgl. Hay, Vertical Restraints after Monsanto, 70 Cornell Law Review 418, 440 (1985); Hay selbst tritt jedoch dafür ein, vertikale Wettbewerbsbeschränkungen als *per se* legal anzusehen, vgl. Hay, a.a.O., Seite 436ff.

749 Wenn die Händler sich allerdings nicht deshalb nach den Empfehlungen des Herstellers richten, weil sie von seiner Drohung, nicht mehr beliefert zu werden, beeindruckt sind, sondern deshalb, weil sie wissen, daß auch alle anderen Händler sich nach den Empfehlungen richten, liegt keine direkte Kausalbeziehung zwischen Herstellerverlangen und Händlerverhalten vor. In diesem Fall kann allerdings eine horizontale Abstimmung zwischen den Händlern vorliegen. Dies ist aber letztlich ein Problem im Bereich der horizontalen Wettbewerbsbeschränkungen, das hier nicht weiter verfolgt werden kann. Interessante Gedanken dazu liefert Turner, The Definition of Agreement Under the Sherman Act: Conscious Parallelism and Refusals to Deal, 75 Harvard Law Review 655 (1962).

750 Siehe oben Kapitel IV.C.3.b).

Die hier vorgeschlagene Lösung lässt sich also dahingehend zusammenfassen, dass eine kooperative Verhaltensweise sowohl dann vorliegt, wenn die Händler sich zumindest vordergründig dazu bereit erklären, die Herstellerbedingungen zu befolgen, als auch dann, wenn sie sich zwar nicht ausdrücklich einverstanden erklären, die Herstellerbedingungen jedoch *aufgrund der drohenden Nichtbelieferung* befolgen. Dem steht auch nicht entgegen, dass somit gerade solche Fälle erfasst werden, in denen die Richtlinien des Herstellers den Interessen des Händlers zuwiderlaufen, weil ein gemeinsamer Plan kein gemeinsames Interesse voraussetzt.[751]

4. *Vergleich der Lösungsmöglichkeiten*

a) *Beibehaltung der Rechtslage*

Die Beibehaltung der derzeitigen Rechtslage unter Bemühung um eine klarere Abgrenzung zwischen einseitigen Maßnahmen und kooperativen Verhaltensweisen ist die wahrscheinlichste aller Lösungen. Sie ist aber auch die am schwersten zu handhabende Variante. Durch die oben dargelegten Abgrenzungskriterien[752] erlaubt sie jedoch ebenfalls eine interessengerechte Lösung.

b) *Aufgabe der per se-Verbote*

Die Aufgabe der *per se*-Vebote[753] ist die flexibelste Lösung. Diese Lösung bietet die Möglichkeit, alle kritischen Verhaltensweisen im Einzelfall zu untersuchen, ohne dass von vornherein die Gefahr der automatischen Kartellrechtswidrigkeit besteht.

Insbesondere Gerichte in den USA weigern sich in manchen Situationen, kooperative Verhaltensweisen festzustellen, weil im Bereich von *per se*-Verboten die Annahme einer kooperativen Verhaltensweise das Ergebnis der Untersuchung - die Illegalität - vorbestimmt. Wenn ein Gericht in solch einer Situation nicht gegen das Verhalten vorgehen will, weil es dieses für sinnvoll und legitim hält, bleibt ihm nichts anderes übrig, als autonomes Handeln der Beteiligten anzunehmen. Damit werden aber Aspekte in die Problematik der Abgrenzung zwischen einseitigen Maßnahmen und abgestimmten Verhaltensweisen hineingetragen, die

---

751 Siehe dazu bereits oben Kapitel IV.C.3.a). Dies wird von manchen Autoren übersehen; vgl. zum Beispiel Wegman Burns, Rethinking the "Agreement" Element in Vertical Antitrust Restraints, 51 Ohio State Law Journal 1, 13 ff. (1990).

752 Siehe oben Kapitel IV.C.3.c).

753 Siehe oben Kapitel IV.C.2.

dort nichts zu suchen haben. Letztlich ist dies eine zwangsläufige Folge der *per se*-Verbote.

Darüber hinaus folgt aus dieser Konstellation in der Regel eine Alles-oder-Nichts-Lösung. Wenn ein Gericht aus den dargestellten Gründen das Vorliegen einer kooperativen Verhaltensweise verneint, sind Section 1 Sherman Act bzw. Artikel 81 Absatz 1 EGV gar nicht einschlägig. Folge ist, dass keine Untersuchung der Maßnahmen stattfindet, auch keine *rule of reason*-Untersuchung.[754] In diesem Fall können allenfalls Artikel 82 EGV bzw. Section 2 Sherman Act oder Section 5 des Federal Trade Commission Act helfen.[755] Unter diesen Normen dürften die kritischen Maßnahmen jedoch nur selten rechtswidrig sein, da die Schutzrichtung eine andere ist als die von Artikel 81 EGV bzw. Section 1 Sherman Act. Dieses Ergebnis kann allerdings kaum bezweckt sein. Daher ist eine überzeugende Lösung der Abgrenzungsproblematik nur möglich, wenn man diese sachfremden Erwägungen ausschaltet, indem die *per se*-Verbote in ihrer jetzigen Form aufgegeben werden.[756] Erst wenn dies geschehen ist, kann eine sinnvolle

---

754 Ein plakatives Beispiel für die Folgen dieser Vorgehensweise ist *The Garment District, Inc. v. Belk Stores Sevices, Inc.* (799 F.2d. 905 (4th Cir. 1986). In diesem Fall mußte das Gericht des vierten Circuit entscheiden, ob die Beendigung einer Handelsbeziehung zu einem Händler durch einen Hersteller von Waren kartellrechtswidrig war, weil die Beendigung auf Druck eines anderen Händlers hin erfolgte.
Belk war eine Einzelhandelskette mit über 200 Geschäften und führte unter anderem Produkte eines bestimmten Herstellers. *The Garment District*, ein Einzelhandelsgeschäft, verkaufte ebenfalls Produkte dieses bestimmten Herstellers, jedoch zu einem Preis der deutlich unter der Preisempfehlung des Herstellers lag. Da *Belk* aufgrund dieser Konkurrenz Umsatzeinbußen erlitt, forderte *Belk* den Hersteller auf, die Geschäftsbeziehung zu *The Garment District* zu beenden; andernfalls werde man seinerseits die Geschäftsbeziehung zu dem Hersteller beenden. Im Hinblick auf den möglichen Verlust eines Händlers mit mehr als 200 Geschäften fügte sich der Hersteller dem Druck und kündigte die Geschäftsbeziehung zu *The Garment District*. Das Gericht entschied, daß der Hersteller autonom und einseitig handelte und daher kein Verstoß gegen Sec. 1 Sherman Act vorlag. Das Gericht begründete seine Ansicht mit dem Hinweis, daß es nicht darauf ankomme, aus welchen Gründen sich andere Händler beschwerten, sondern darauf, aus welchen Gründen der Hersteller den Vertrag als Reaktion auf die Beschwerden Dritter beende. Hier habe der Hersteller aus einer eigenen Entscheidung heraus einen Händler geopfert, um viele andere zu behalten. Der Hersteller habe sich hingegen nicht mit den verbleibenden Herstellern auf einen bestimmten Einzelhandelsverkaufspreis geeinigt. Daher liege kein Verstoß gegen Sec. 1 Sherman Act vor. Eine *rule of reason*-Untersuchung fand nicht statt.

755 Siehe dazu oben Kapitel II.A.1.

756 Die *per se*-Regeln sind in ihrer praktischen Anwendung bereits beträchtlich zurückgedrängt worden (siehe dazu oben Kapitel II.B.2. und Calvani, The per se Rule and the Rule of Reason, C998 ALI-ABA 147, 156 (1995)). Dadurch entschärft sich die Problematik zum Teil. Die Aufgabe der *per se*-Regeln wird von vielen Autoren gefordert. Siehe zum Beispiel White, Black and White Thinking in the Gray Areas of

und nachvollziehbare Abgrenzung zwischen einseitigen Maßnahmen und kooperativen Verhaltensweisen getroffen werden.[757]

c) *Loslösung von der Unterscheidung zwischen einseitigen Maßnahmen und kooperativen Verhaltensweisen*

Die klarste Lösung bietet die Variante, bei der neben das Verbot vertikaler kooperativer Verhaltensweisen zusätzlich einseitige Empfehlungs- und Druckverbote treten.

Wie bereits mehrfach dargestellt, sind die wirtschaftlichen Auswirkungen von einseitigen Maßnahmen und kooperativen Verhaltensweisen häufig die gleichen. Zudem ist die Abgrenzung zwischen einseitigen Maßnahmen und kooperativen Verhaltensweisen im Einzelfall so schwierig, dass eine Entscheidung darüber häufig willkürlich, zumindest aber ergebnisorientiert erscheint. Wenn man jedoch teleologisch argumentiert, dann ist es nicht erforderlich, auf eine Unterscheidung abzustellen, die für die verfolgten Ziele unerheblich ist. Es ist daher wünschenswert, wenn die Gesetzeslage in der EU und den USA dahingehend angepasst wird, dass im Bereich der vertikalen Wettbewerbsbeschränkungen zusätzlich zum Verbot von kooperativen Verhaltensweisen bestimmte Empfehlungs- und Druckverbote erlassen werden. Insbesondere die durch die EG-Kommission mit ihrem Weißbuch über die Modernisierung der Vorschriften zur Anwendung Artikel 85 und Artikel 86 EG-Vertrag in Gang gesetzte Diskussion bietet hinreichenden Raum für die hier vorgeschlagene Änderung des EG-Vertrags.

Antitrust: The Dismantling of Vertical Restraints Regulation, 60 George Washington Law Review 1, 10 (1991).

757 So fordert auch Hay eine umfassende Analyse der vertikalen Wettbewerbsbeschränkungen, vgl. Hay, Vertical Restraints after Monsanto, 70 Cornell Law Review 418, 419 (1985).

Kapitel V: Zusammenfassung/Ausblick

Die Frage der Abgrenzung zwischen einseitigen Maßnahmen und kooperativen Verhaltensweisen ist sowohl im US-Recht als auch im EU-Recht von entscheidender Bedeutung für die kartellrechtliche Beurteilung von Verhaltensweisen in vertikalen Strukturen. Bisher haben allerdings weder die Gerichte in den USA noch die Organe der Europäischen Union eine befriedigende Lösung für diese Abgrenzung gefunden. Dies liegt wesentlich daran, dass diese Abgrenzung sowohl in den USA als auch in der Europäischen Union stark ergebnisorientiert getroffen wird.

A. Rechtslage in den USA

In den USA stehen sich die beiden Grundsatzentscheidungen aus *Dr. Miles* und *Colgate* anscheinend unvereinbar gegenüber. Trotz aller Kritik aus den Reihen der Literatur und auch der unteren US-Bundesgerichte hält der US-Supreme Court an den in *Dr. Miles* und in *Colgate* aufgestellten Rechtssätzen fest. Verschärft wird diese schwer durchschaubare Situation zusätzlich durch die noch bestehenden *per se*-Verbote, insbesondere das *per se*-Verbot für Vereinbarungen über Weiterverkaufspreise. Dies führt dazu, dass die US-Gerichte und allen voran der Supreme Court zwar vordergründig auf formale Abgrenzungskriterien zurückgreifen und Umstände wie ein *common scheme* oder solche Indizien verlangen, die 'tendenziell ausschließen, dass die Beteiligten autonom gehandelt' haben. Diese Kriterien erweisen sich jedoch als bedeutungsarm. Bei näherer Betrachtung stellt man fest, dass viele Entscheidungen anhand einer teleologischen Abgrenzung zwischen einseitigen Maßnahmen und abgestimmten Verhaltensweisen gefällt werden.

Der status quo im Bereich der Abgrenzung zwischen einseitigen Maßnahmen und kooperativen Verhaltensweisen in vertikalen Strukturen in den USA lässt sich kurz wie folgt zusammenfassen: Ein Hersteller ist grundsätzlich frei in seiner Entscheidung, seine Geschäftspolitik seinen eigenen Interessen entsprechend zu definieren und diese Geschäftspolitik auch zu verlautbaren. Ein Hersteller kann daher frei erklären, dass er nur mit solchen Händlern Geschäftsbeziehungen aufrechterhält, die bestimmte, von ihm definierte Bedingungen einhalten und die insbesondere seine Waren nur zu bestimmten Bedingungen weiterverkaufen. Es steht dem Hersteller auch frei zu erklären, dass er seine Kontakte zu solchen Händlern abbricht, die sich nicht an seine Bedingungen halten. Dass sich die Händler an die geforderte Geschäftspolitik des Herstellers halten, ist unschädlich, sofern keine diesbezügliche Kommunikation zwischen Händlern und Hersteller stattfindet. Ebenfalls steht es dem Hersteller frei, im Anschluss daran - seiner vorherigen Ankündigung entsprechend - zu handeln und solche Händler nicht zu beliefern, die seine Bedingungen nicht beachten. Dies gilt selbst dann, wenn der Hersteller erst von anderen Händlern auf einen bestimmten Händler, der sich nicht an seine Bedingungen hält, aufmerksam gemacht wird. All dies wird vom US Supreme Court im Rahmen der *Colgate*-Doktrin in deren durch *Monsanto* praktizierten Auslegung als einseitige Handlung verstanden.

Sobald der Hersteller allerdings über die bloße Ankündigung einer bestimmten Geschäftspolitik und deren anschließende Umsetzung weitere Maßnahmen ergreift, läuft er Gefahr, den sicheren Hafen der *Colgate*-Doktrin zu verlassen; Folge ist, dass ein US-Gericht ein kartellrechtlich relevantes Verhalten annimmt. So stellt zum Beispiel jedes weitere Herantreten des Herstellers an die Händler, um diese zur Beachtung der Vertriebspolitik des Herstellers zu bewegen, oder gar die Ausübung von Druck zu diesem Zweck, eine kooperative Verhaltensweise dar, wenn sich auch nur einer der Händler beugt. Aber selbst wenn sich kein Händler dem Druck des Herstellers beugt und der Hersteller einen Dritten einschaltet, um weiteren Druck auf die Händler auszuüben, kann ein Gericht zu der Annahme kommen, dass zwischen dem Hersteller und diesem Dritten - dessen Kenntnis des Hintergrundes und Billigung des vom Hersteller verfolgten Zwecks vorausgesetzt - eine Absprache vorliegt.

Trotz dieser unklaren Rechtslage scheint es, dass in den Vereinigten Staaten die Entwicklung im Bereich der vertikalen Wettbewerbsbeschränkungen ihren vorläufigen Höhepunkt überschritten hat. Einige Präzedenzfälle, die zu wenig sinnvollen Ergebnissen geführt haben und die heftig umstritten waren, hat der US-Supreme Court inzwischen revidiert. Dies gilt vor allem für *Schwinn* und *Albrecht*. Die beiden Entscheidungen, die zu der im Einzelfall nur schwer zu verstehenden Rechtslage im Bereich der vertikalen Wettbewerbsbeschränkungen geführt haben, nämlich *Dr. Miles* und *Colgate*, werden aber auch in Zukunft Gültigkeit beanspruchen.

Damit, dass der Supreme Court *Dr. Miles* revidiert, ist nicht zu rechnen, da der US-Congress schon mehrfach angedeutet hat, dass er dies nicht dulden werde und gegebenenfalls solch eine Entscheidung legislativ korrigieren würde.[758] Folglich werden vertikale Preisabsprachen auch in Zukunft unter ein *per se*-Verbot fallen.

---

758 Siehe oben Kapitel IV.C.2.

Dass der Supreme Court von der *Colgate*-Doktrin abweicht, ist ebenfalls unwahrscheinlich. Zwar wird ein solches Abweichen in der US-Literatur in einem beachtenswerten Maß gefordert. Dies ist zu begrüßen, weil die wirtschaftlichen Auswirkungen einer Vereinbarung und einer einseitigen Ankündigung, die autonom befolgt wird, oft die gleichen sind. Auch von den Gerichten kam teilweise deutliche Kritik an der *Colgate*-Doktrin. Um es mit den plakativen Worten des District Court in *United States v. Schrader's Son, Inc.*[759] im Hinblick auf den unterschiedlichen Ausgang in *Colgate* und in *Dr. Miles* zu sagen: *"This is a distinction without a difference."* Trotz dieser Kritik hat der Supreme Court jedoch wiederholt betont, dass er an *Colgate* festhalten wird. Eines der deutlichsten Beispiele der letzten Jahre für dieses bewusste Festhalten an *Colgate* war die Entscheidung in *Copperweld.*[760]

Es ist demnach mit weiteren Grundsatzentscheidungen des US-Supreme Court im Bereich der vertikalen Wettbewerbsbeschränkungen in naher Zukunft nicht zu rechnen. *Colgate* und *Dr. Miles* werden ihre Gültigkeit behalten. In den meisten anderen Fällen hat der Supreme Court entweder die *per se*-Verbote durch eine *rule of reason*-Analyse ersetzt oder zumindest die Anwendung der *per se*-Verbote an das Vorliegen bestimmter Tatsachen geknüpft. In dem verbleibenden "Graubereich", in dem die *rule of reason* Zur Anwendung kommt, wird es sicherlich auch in Zukunft viele beachtenswerte Entscheidungen geben, die mal mehr und mal weniger anhand wirtschaftlicher Argumente entschieden werden. Mit zunehmender Auflockerung der *per se*-Verbote wird auch die Abgrenzung zwischen einseitigen Maßnahmen und kooperativen Verhaltensweisen an Bedeutung verlieren.

B. Rechtslage in der Europäischen Union

Die Rechtslage zur Abgrenzung zwischen einseitigen Maßnahmen und kooperativen Verhaltensweisen in vertikalen Wettbewerbsverhältnissen in der EU ist geprägt von einem geringen Problembewusstsein in diesem Bereich. Weder der EuGH noch die EG-Kommission haben sich eingehend mit dieser Abgrenzung auseinandergesetzt.

Nach Ansicht des EuGH und der EG-Kommission haben die Maßnahmen eines Herstellers im Rahmen von laufenden Geschäftsbeziehungen oder selektiven Vertriebssystemen kooperativen Charakter. Unerheblich für diese Einschätzung ist, ob die Händler die Maßnahmen billigen, befolgen oder umgehen. Es kommt

759 United States v. Schrader's Son, Inc, 252 U.S. 85 (1920).
760 Copperweld Corp. v. Independence Tube Corp., 467 U.S. 752 (1984).

lediglich auf die Kenntnis der Händler von der Vertriebspolitik des Herstellers an. Durch welches Verhalten ein Händler es vermeiden kann, als Teil einer kooperativen Verhaltensweise eingestuft zu werden, ist nicht klar. Dies ist für den Händler jedoch ohne weitere Bedeutung, da die EG-Kommission Geldbußen regelmäßig nur gegen den Hersteller verhängt.

Insgesamt erscheint die Entscheidungspraxis der EG-Kommission und des EuGH in erster Linie teleologisch motiviert. Maßnahmen, die der Förderung des Gemeinsamen Marktes zuwiderlaufen, werden kritisch betrachtet und gegebenenfalls über den Hebel des Artikel 81 EGV unterbunden; dabei wurden häufig Maßnahmen in vertikalen Verhältnissen beanstandet, weil diese leicht dazu führen können, den Handel zwischen den Mitgliedsstaaten zu beeinträchtigen. Ob das beanstandete Verhalten wirtschaftlich sinnvoll ist, wurde bisher von der EG-Kommission und dem EuGH nur zum Teil untersucht.

In der Haltung insbesondere der EG-Kommission zu vertikalen Wettbewerbsbeschränkungen lässt sich allerdings ein Wandel erkennen. Die EG-Kommission hinterfragt in zunehmendem Maß die wirtschaftlichen Auswirkungen von vertikalen Wettbewerbsbeschränkungen. So stellt die neue Gruppenfreistellungsverordnung über vertikale Wettbewerbsbeschränkungen maßgeblich darauf ab, ob die beteiligten Unternehmen über Marktmacht verfügen. Vertikale Vereinbarungen, die von Unternehmen ohne Marktmacht eingegangen werden, sind grundsätzlich freigestellt, wenn nicht bestimmte Tatbestände der "Schwarzen Liste"[761] erfüllt sind oder die EG-Kommission im Einzelfall die Freistellung durch die Gruppenfreistellungsverordnung entzieht.[762] Vereinbarungen, bei denen die Beteiligten über Marktmacht verfügen, fallen aus dem Anwendungsbereich der Freistellungsverordnung heraus.

Allerdings ist nicht zu erwarten, dass die EG-Kommission und der EuGH ihr Verständnis der Abgrenzung zwischen einseitigen Maßnahmen und kooperativen Verhaltensweisen im Zusammenhang mit vertikalen Wettbewerbsbeschränkungen in absehbarer Zeit ändern werden. Aus Sicht einer wirtschaftlich argumentierenden Kartellrechtspolitik ist die Gruppenfreistellungsverordnung über vertikale Wettbewerbsbeschränkungen ein Schritt in die richtige Richtung.[763] Praktisch

---

761 Siehe oben Kapitel III.A.1.c).

762 Ein Entzug der Freistellung ist insbesondere dann möglich, wenn die kumulativen Wirkungen von nebeneinander bestehenden Vertriebsnetzen negative Auswirkungen auf den Handel haben; vgl. Artikel 6 der Verordnung.

763 Die Entwicklung in diese Richtung wird begrüßenswerterweise weitergehen. Gegenwärtig wird in Erwägung gezogen, das derzeitige Freistellungssystem des Artikel 81 Absatz 3 EGV durch ein System direkt anwendbarer Freistellungen zu ersetzen und eine *ex post*-Kontrolle einzuführen; wie die Umstrukturierung des EG-Kartellrechts aussehen wird, bleibt abzuwarten; siehe dazu Griffiths, A Glorification

bedeutet die Gruppenfreistellungsverordnung, dass die bisherige Entscheidungspraxis der EG-Kommission und der europäischen Gerichte verfestigt wird: Maßnahmen, die im Zusammenhang mit vertikalen Vereinbarungen getroffen werden, werden regelmäßig unter Artikel 81 Absatz 1 EGV fallen und werden über Artikel 81 Absatz 3 EGV und die neue Gruppenfreistellungsverordnung freigestellt.

C. Lösungsvorschlag

Die Anwendbarkeit von Artikel 81 EGV und von Section 1 Sherman Act erfordert das Vorliegen einer kooperativen Verhaltensweise von zwei selbständigen Unternehmen. Eine klare und überzeugende Abgrenzung zwischen einseitigen Maßnahmen und kooperativen Verhaltensweisen ist jedoch nur schwer zu treffen. Dementsprechend willkürlich und miteinander in Widerspruch stehend erscheinen auch viele Gerichtsentscheidungen, bei denen diese Abgrenzung eine Rolle spielt.

Eine sinnvolle Lösung des Problems setzt voraus, dass man sich zuerst über die Ziele des Kartellrechts klar wird. Sobald man darüber Klarheit hat, ist zu prüfen, wie diese Ziele umgesetzt werden können. Dabei stellt man fest, dass ein Abstellen auf formale Aspekte bei dieser Umsetzung - wie zum Beispiel das Vorliegen einer kooperativen Verhaltensweise - wenig hilfreich ist. Dies deshalb, weil einseitige Maßnahmen häufig die gleichen Auswirkungen auf den Wettbewerb haben wie kooperative Verhaltensweisen. Wenn man auf formale Kriterien abstellt, beruht es oft nur auf Zufälligkeiten, ob eine Maßnahme kartellrechtswidrig oder kartellrechtskonform ist. Alle Versuche, eine sinnvolle Abgrenzung zwischen einseitigen Maßnahmen und kooperativen Verhaltensweisen zu finden, kranken daran, dass es im Bereich der vertikalen Wettbewerbsverhältnisse wirtschaftlich nicht darauf ankommt, ob eine einseitige Maßnahme oder eine kooperative Verhaltensweise vorliegt.

Um Zufälligkeiten bei der Beurteilung der Zulässigkeit von Maßnahmen im Bereich der vertikalen Wettbewerbsverhältnisse zu vermeiden, sollte ein neuer Weg im US- und EG-Kartellrecht beschritten werden. Dieser neue Weg sollte so aussehen, dass in beiden Rechtsordnungen ein System der Behandlung von vertikalen Wettbewerbsverhältnissen entwickelt wird, das dem des deutschen GWB ähnelt. Dies erfordert, dass die Kartellrechtsnormen in den USA und der EU dahingehend geändert werden, dass neben das Verbot von vertikalen Wettbewerbs-

of de minimis – The Regulation on vertical Agreements, [2000] E.C.L.R. 241 m.w.N.

beschränkungen auch bestimmte Empfehlungs- und Druckverbote in die jeweiligen Kartellgesetze aufgenommen werden.

Peter Lang · Europäischer Verlag der Wissenschaften

Guido Hobert

Datenschutz und Datensicherheit im Internet

Interdependenz und Korrelation von rechtlichen Grundlagen und technischen Möglichkeiten
2., durchgesehene Auflage

Frankfurt/M., Berlin, Bern, Bruxelles, New York, Oxford, Wien, 2000. 302 S.
Europäische Hochschulschriften: Reihe 2, Rechtswissenschaft. Bd. 2501
ISBN 3-631-36130-0 · br. € 50.10*

Unsere Zeit ist geprägt durch den alles beherrschenden Einfluß der digitalen Medien. Kommunikationsforscher sprechen vom Beginn einer neuen technischen Ära: dem Zeitalter der totalen Informations- und Kommunikationsgesellschaft. Diese wird jedoch in Zukunft nicht nur höchste Anforderungen an die multimedialen Technologien stellen, sondern auch neue Fragen im Bereich der Gesetzgebung und Rechtsprechung aufwerfen. In den Mittelpunkt des Interesses rücken in diesem Zusammenhang Schutz und Sicherheit der Datenübertragung. Die Arbeit beschäftigt sich mit dem Spannungsverhältnis von technischer Entwicklung (Datensicherheit) und normativen rechtlichen Vorgaben (Datenschutz). Ziel der Arbeit ist eine Gesamtdarstellung der aktuellen Problematik des Datenschutzes und der Datensicherheit im Internet. Eine Bewertung des vorhandenen Datenschutzes und der bestehenden Datensicherheit sowie ein Ausblick auf deren künftige Entwicklung bilden den Abschluß des Buches.

Aus dem Inhalt: Entstehung, Funktionsweise und Dienste des Internets · Daten und Risiken der Internet-Kommunikation · Technische und rechtliche Möglichkeiten der Gefahrenabwehr · Kryptographie, Digitale Signaturen, Electronic Commerce, Home Banking · Gesamtsituation und Bewertung von Datenschutz und Datensicherheit im Internet

Frankfurt/M · Berlin · Bern · Bruxelles · New York · Oxford · Wien
Auslieferung: Verlag Peter Lang AG
Jupiterstr. 15, CH-3000 Bern 15
Telefax (004131) 9402131

*inklusive der in Deutschland gültigen Mehrwertsteuer
Preisänderungen vorbehalten

Homepage http://www.peterlang.de

FSC
www.fsc.org
MIX
Papier | Fördert gute Waldnutzung
FSC® C083411

Kolibri 360 GmbH
Ferdinand-Jühlke-Straße 7
99095 Erfurt, Deutschland
produktsicherheit@kolibri360.de

Druck:
CPI Druckdienstleistungen GmbH
im Auftrag der
Kolibri 360 GmbH
Ferdinand-Jühlke-Str. 7
99095 Erfurt